Yog'entreprise

DU MÊME AUTEUR

Valeurs et Conscience, un tournant dans le management, éditions Jets d'Encre, 2007

Le terme Yog'entreprise a été déposé par l'auteur à l'INPI sous le numéro : 09 3 699 740

Editions Jets d'Encre
1 bis avenue Foch
94100 Saint-Maur-des-Fossés
www.jetsdencre.fr

ISBN : 978-2-35485-168-2

Romary Sertelet

YOG'ENTREPRISE

Raison d'être intérieure en lien avec raison d'être extérieure

Préface de Jean-Marie Pelt

JETS D'ENCRE
ÉDITIONS

Je dédie ce livre

à Catherine, mon épouse, pour son aide et ses conseils,

à mes enfants Aurélie et Célestin,

à Maman, qui a retrouvé le bonheur et me soutient,

à mes sœurs Dominique et Béatrice, et à leurs enfants,

à Maurice Daubard, l'un de mes maîtres en yoga, pour tout ce qu'il m'a apporté,

à tous les yog'entrepreneurs qui font l'effort du travail sur soi pour aller vers les autres, enrichir leurs collectivités d'appartenance et apporter un bien-être durable à notre planète ainsi qu'à tout ce qui y vit.

Sommaire

Préface

de Jean-Marie Pelt

« Nous devons être le changement que nous voulons voir dans le monde. » Cet aphorisme célèbre de Gandhi, Romary Sertelet se l'applique à lui-même et à son entreprise. Féru de yoga, ouvert aux traditions orientales, sensible aux valeurs portées par l'écologie, l'auteur nous offre ici un ouvrage qui, avant d'avoir été écrit, a d'abord été vécu. Loin des dichotomies sommaires qui, depuis le début de l'ère industrielle, opposent les patrons et les ouvriers, il dépasse dans la pratique de son métier d'entrepreneur ces barrières sociologiques et s'applique à rechercher dans son entreprise les valeurs de l'humanisme et de la convivialité. Alors que les médias ne cessent d'évoquer le mal-être au travail qui aboutit souvent à des suicides, c'est le mouvement rigoureusement inverse qui nous est ici proposé.

La lecture de cet ouvrage, où la modernité de l'approche s'enracine dans la richesse des traditions orientales, a suscité mon admiration. Nous parlons beaucoup de développement durable, mais nous approchons ce concept avec technicité et sans grand souci des valeurs qu'il porte en lui-même. Ici, ces valeurs sont lumineusement mises en avant et rejoignent la fameuse règle d'or commune aux textes sacrés de toutes les spiritualités du monde : « Ce que tu veux que les autres fassent pour toi, fais-le toi-même pour eux. » Apparaît alors la clé qui ouvre la porte à une humanité nouvelle et régénérée, émergeant enfin, comme le lotus, des eaux boueuses de la double tyrannie de l'argent et du pouvoir.

En lisant Romary Sertelet, je me suis senti en profonde communion avec lui, et je ne doute pas qu'il en sera de même pour tous ses lecteurs.

INTRODUCTION

« Ce que vous cherchez, vous le trouverez si vous en avez une telle soif qu'elle aiguise toutes les fibres de votre être. » (Ma Ananda Mayee, Infos Yoga, *n° 69, octobre 2008)*

« Quiconque dans l'action dédie ses œuvres à l'Esprit suprême, en écartant tout intérêt égoïste dans leur résultat, n'est pas plus atteint par le péché que la feuille de lotus n'est affectée par l'eau. » (Bhagavad-Gîtâ, verset 5.10)

Après plusieurs expériences au sein desquelles j'ai ressenti un manque de considération du facteur humain et où je me sentais moi-même partie prenante d'un processus qui faisait fausse route quant au bien-être des hommes dès lors que la finance dictait ses lois[1], j'ai décidé de réagir

1. Lire mon premier livre, *Valeurs et Conscience, un tournant dans le management*, Jets d'Encre, 2007.

en m'investissant vis-à-vis des consciences. C'est fin 2005 que j'ai compris que je devais m'extirper de cette culture traditionaliste du monde industriel qui entretient les clivages syndicats/patrons, ouvriers/patrons et encadrements. Cela m'a conduit à écrire mon premier livre, qui soulignait toute l'importance qu'il y a à agir sur le facteur humain sans pour autant que cela soit antinomique avec le fait d'atteindre des résultats financiers.

Depuis la sortie de cet ouvrage, je m'adonne à des conférences où je peux « ouvrir » les consciences, semer dans le mental humain, passer un message, pour susciter des déclics chez des personnes ayant des responsabilités à l'égard d'autrui. Je me suis ainsi détaché de mon « moi » antérieur, j'ai décidé de faire des concessions pour rétablir ma situation intérieure compromise et je ressens désormais une sensation intense de liberté, la conviction d'une mission à accomplir, d'un devoir envers l'humanité.

Insensiblement, depuis le début de ma carrière, j'ai assisté à une évolution de la relation humaine en entreprise et j'ai constaté la progression du monde de la finance, du pouvoir de l'argent, qui accentue la paupérisation d'un côté et l'enrichissement des plus aisés de l'autre. Comment fermer les yeux devant la souffrance du monde ouvrier, que le système oppresse de plus en plus sous prétexte de mondialisation, de conjoncture économique ? L'argent appelle de plus en plus l'argent ; la mutation de l'actionnariat vers les fonds de pension, entre autres, conduit à moins de sentiments encore. Seul le mot « rentabilité » compte – mais seulement celle de l'argent. Ce terme n'a aucune considération pour la condition humaine, notamment celle des plus démunis.

La conscience de ce mal-être que beaucoup ressentent m'a amené à me remettre en question, à prendre de la distance par rapport à un contexte qui me semblait jusque-là sécurisant, à travailler sur moi pour mieux comprendre les autres, à m'engager dans une démarche d'éveil vis-à-vis d'eux, à replacer l'homme au cœur des actions et de l'entreprise. Plus on va vers cet état de bienveillance altruiste, plus on se sent bien : notre esprit s'ouvre, nos incertitudes renforcent notre volonté d'aller de l'avant et notre quête de spiritualité.

Certes, il n'est pas toujours aisé de défendre nos opinions et de nous battre pour un monde meilleur, plus juste, plus équitable, car on atteint surtout ceux qui sont convaincus de détenir un pouvoir, on les dérange dans leur moi sécurisé. Pourtant, la persévérance nous fait rencontrer des personnes qui ont les mêmes sentiments, qui elles aussi veulent faire bouger les choses pour plus de bien-être.

Pour ma part, j'ai la nette conviction de m'être réinitialisé intérieurement, d'être beaucoup plus dans la présence, de « m'élever en conscience », et d'aider les autres à aller dans cette voie, de les guider pour qu'ils soient plus attentifs à leur chemin de vie et à tous les signes qui le jalonnent.

Si le XXe siècle a été agressif pour notre planète, je suis convaincu que le XXIe siècle sera celui de la conscientisation – un processus qui conduira un certain pourcentage de l'humanité à œuvrer en toute connaissance de cause pour calmer la planète. Je sais que ma démarche n'est pas individuelle : nous sommes beaucoup à progresser en ce sens.

C'est ma rencontre avec Maurice Daubard[2], yogi de l'extrême et du dépassement de soi de renommée mondiale, qui m'a fait faire le premier pas vers la découverte du travail intérieur. J'ai définitivement décidé que, si je devais progresser au plan professionnel, cela devait avant tout bénéficier aux autres. J'ai donc changé. Mon mental s'est ouvert. Aujourd'hui, je ressens une liberté de penser au-delà du périmètre établi par le système, hors des conventions sociales qui nous cantonnent dans un moule. Mon épouse, force d'encouragement, m'aide beaucoup dans ma démarche.

L'ouverture de mon mental est d'autant plus avérée que j'ai aussi choisi de prendre soin de mon corps. Chaque matin, dès le réveil, je bois un grand verre d'eau osmosée et dynamisée. Après m'être rasé, je prends une douche froide de vingt minutes ; en plus du lavage, je procède à une série de respirations diaphragmatiques (le diaphragme

2. Maurice Daubard est évoqué dans *Valeurs et Conscience, un tournant dans le management*, *op. cit.* Il a un site Internet : www.mauricedaubard.com.

est le deuxième cœur de l'homme : le stimuler est favorable au calme intérieur), j'émets les sons « a, e, i, o, u[(3)] » en me tapotant la poitrine avec les mains auxquelles je donne un effet de ressort, je pratique le rire tibétain[(4)] et je finis par de la méditation et des sons « AUM », liés au violet et à la couleur or, qui font vibrer le chakra coronal – ceci afin de remercier la puissance créatrice pour cette simplicité de bonheur, bienfaisante du point de vue de la santé et du bien-être.

Après la douche, je fais cinquante vraies pompes, puis trois quarts d'heure de postures de yoga en écoutant de la belle musique et une demi-heure de méditation. On sait que les postures de yoga agissent d'abord sur le physique pour insensiblement lénifier le mental, jusqu'à ce que le processus s'inverse et finisse par n'être plus que mental, en intervenant sur les pensées. Cette maîtrise du mental est un niveau de discernement que les sages connaissent. Quant à moi, à la suite de ce programme matinal, je me sens bien, réjoui, empli

3. Les sons « a, e, i, o, u » sont reliés aux chakras et à des couleurs : « a » au chakra du cœur, *anahata*, et au vert ; « e » au chakra de la gorge, *vishuddhi*, et au bleu clair ; « i » au chakra frontal, *agnya*, et au bleu indigo ; « o » ouvert au chakra du plexus solaire, *manipura*, et au jaune ; « o » fermé au chakra sacré, *swadhistan*, et à l'orange ; « u » au chakra racine, *mûladhara*, entre sexe et anus, et au rouge vif. Les chakras et les couleurs sont ainsi visualisés pendant l'émission des sons.

4. Le rire tibétain a pour principe de solliciter le diaphragme assez fortement. On commence par émettre des « a », puis des « aa », puis des « aaa », puis des « aaaa », pour finir par rire vraiment, jusqu'à en avoir mal au diaphragme. Celui-ci, ainsi stimulé, apporte de la chaleur intérieure.

de bonheur, prêt à m'investir pleinement dans les tâches que la journée me réserve, à me monopoliser pour les autres ; je suis envahi par un sentiment de liberté et de légèreté. Enfin, le soir, avant de dîner, je fais une séance de trois quarts d'heure à une heure de postures, une série de respirations conscientes puis de la méditation pendant trente à quarante-cinq minutes.

En ce qui concerne mon alimentation, je consomme de préférence des produits bios, cuisinés avec talent par mon épouse, qui s'efforce de nous apporter une nourriture saine et diversifiée. Il n'y a que lorsque je dois aller au restaurant pour des raisons professionnelles que je fais exception à ce régime, en faisant toutefois en sorte de manger léger et de respecter l'équilibre des acides gras (rapport oméga-3/oméga-6)[5]. Je m'attache à être

5. Lors de la digestion des graisses, les plus petites unités qui composent les matières grasses, les acides gras, sont séparées par les enzymes digestives pour pouvoir circuler tant dans la lymphe que dans le sang. Ce sont les acides gras qui sont importants pour l'équilibre de l'organisme et qui donnent leurs propriétés aux graisses. Ils sont ensuite recombinés par l'organisme sous trois formes : triglycérides, phospholipides et stérols (dont le fameux cholestérol). Les trois familles d'acides gras sont les acides gras saturés, les acides gras mono-insaturés et les acides gras poly-insaturés. Cette distinction se fait en fonction de leurs capacités à pouvoir accueillir d'autres atomes sur leur chaîne carbonée. Plus les acides gras ont la capacité de s'unir avec d'autres atomes ou d'autres molécules, plus ils sont insaturés et moins ils ont de chances de se déposer ou d'encrasser l'organisme. Les acides gras saturés sont d'origine animale ; les acides gras insaturés (mono et poly) sont essentiellement d'origine végétale. Le rôle des acides gras est important : ce sont eux qui diminuent les phénomènes inflammatoires et dégénératifs, maintiennent l'élasticité de la peau et des artères ; ils protègent aussi des maladies cardiovasculaires, de l'obésité, des dysfonctionnements hormonaux, immunitaires et cérébraux. Les acides gras oméga-3 et 6 sont également appelés acides gras essentiels car

dans la présence, à manger en conscience, à remercier pour cette chance que j'ai de pouvoir me nourrir avec des produits non trafiqués, non pollués par la chimie, au cours d'une majorité de repas.

Au travail, je m'implique à fond pour mes collaborateurs – lesquels, fonctionnant maintenant sur un mode participatif, se sentent en confiance. Ainsi, j'essaie de les mettre à l'aise pour qu'ils soient libres d'afficher leurs sentiments authentiques, pour pouvoir découvrir ce qu'ils ressentent réellement, pour leur parler d'égal à égal, en toute simplicité, tout en leur instillant les principes de vie saine qui me sont chers.

À la fin de la journée, avant d'aller me coucher, je bois un grand verre d'eau osmosée et dynamisée afin d'informer positivement mon corps pour la nuit, notamment pour les phases de sommeil paradoxal.

L'expérience vécue au sein de l'usine K[6] m'a conduit à me demander comment progresser en phase adulte. Par le travail sur soi – telle est la réponse qui m'est venue. Dès lors que je travaille beaucoup sur moi, j'ai décidé de m'investir fortement dans le processus de conscientisation.

ils sont aussi indispensables à l'organisme que le sont les vitamines, les oligoéléments ou certains acides aminés. Référence : Cirdav (Centre international de recherche et de documentation sur l'aliment vivant).

6. Voir le chapitre III de *Valeurs et Conscience, un tournant dans le management, op. cit.* De manière plus globale, le « K » inhérent au concept d'« usine K » reflète l'image d'un sablier, la partie supérieure recevant des éléments de l'extérieur et étant sensible à l'apport de la conscience universelle, la partie inférieure restituant en conscience vers les salariés ce qui est propice à leur épanouissement et à leur bien-être.

Ce livre est composé de trois grandes parties. La première, « Corps sain et esprit sain », s'intéresse principalement à l'individu et à l'attitude qu'il est bon d'adopter pour être vraiment sain de corps et d'esprit. La deuxième, « Individus sains et entreprise saine », évoque la manière d'aller vers des entreprises saines, dignes du développement durable, dans une démarche humaniste pour qu'une cohérence s'établisse entre le fait d'éveiller les consciences pour que nous vivions sainement et notre implication pour que l'entreprise en fasse de même. La troisième partie, « Entreprises saines et monde sain », traite du contexte général dans lequel se trouve le monde et de l'importance qu'il y a à encourager les entreprises et toute autre forme d'entités humaines à fonctionner sainement – et ainsi contribuer au changement tant nécessaire à la planète. Notons que la conjonction « **et** » symbolise le lien, qui caractérise aussi le yoga.

Le concept de yog'entreprise concerne autant l'individu, qui est l'entrepreneur de son corps, que l'entreprise, la société en général, pour lesquelles le fonctionnement en phase adulte constitue l'aboutissement d'une démarche de remise en question et représente un principe de vie saine, équilibrée, éthique, un principe d'« élévation en conscience » et en spiritualité.

Se voir attribuer cette appellation de yog'entreprise, cela signifie être à même de démontrer que la gestion de l'entité considérée est fondée sur un rapprochement de son fonctionnement avec la philosophie du yoga. Nous entrevoyons ici une notion d'épanouissement qui nous amène à faire un parallèle avec le lotus. Il s'agit en effet de la seule plante aquatique dont la fleur est au-dessus de l'eau – se distinguant ainsi des nénuphars, dont la fleur flotte sur l'eau. Le lotus plonge ses racines dans la boue, où il puise sa nourriture, puis s'épanouit au-dessus de l'eau, où il s'est auparavant purifié : plus la tige de la fleur monte en surface, plus l'eau est limpide. La fleur de lotus évoque ainsi l'ouverture de l'esprit : les choses prennent naissance dans la matière pour s'orienter vers la lumière et s'épanouir dans l'espace. La boue représente les troubles, la non-rigueur, le manque d'expérience et de connaissance qui rappellent la phase enfance ; l'eau, quant à elle, peut être assimilée à la phase adolescence, où les choses se précisent, s'éclaircissent, mais qui peut aussi être rapidement troublée dès lors que la boue se trouve remuée, que l'adolescent a la nostalgie de l'enfance. L'épanouissement de la fleur à l'air libre, hors de l'eau, évoque bien, lui, la phase adulte : avoir « la tête hors de l'eau », c'est penser et agir de manière juste, recevoir de la lumière et renvoyer la sienne.

La fleur de lotus peut également être rapprochée de l'échelle des chakras – *mûladhara*, le premier d'entre eux, représentant l'innocence, le désir pur, la sagesse, la joie intérieure, *sahasrara*, le septième, situé au niveau de la fontanelle, représentant la conscience collective, l'harmonie, l'union au Soi. Enfin, une autre particularité du lotus est que la graine et la fleur apparaissent ensemble : c'est la simultanéité de la cause (la graine) et de l'effet (la fleur) dans la loi de causalité de l'univers, qui est l'un des concepts majeurs de la philosophie bouddhique (référence : Wikipédia). D'ailleurs, le lotus est souvent utilisé comme symbole de la beauté divine. Le déploiement de ses pétales suggère l'épanouissement de l'esprit : l'émergence de sa pure beauté à partir de ses origines matérielles – la boue – représente une promesse spirituelle bienveillante.

Le lotus est donc très évocateur de la démarche de travail sur soi traitée dans cet ouvrage. Il symbolise « la pureté du corps, de la parole et de l'esprit, comme flottant au-dessus des eaux boueuses de l'attachement et du désir ». On voit en cette plante l'atteinte de l'état de *samâdhi*(7), huitième et dernier membre du yoga selon Patanjali(8), ainsi qu'un fonctionnement naturel en phase adulte. La

7. État d'unité, de pure conscience.

8. Selon certaines références, Patanjali serait un savant qui aurait vécu en Inde vers le IIe siècle avant JC, à la fois grammairien, médecin et yogi. Pour d'autres, Patanjali serait l'œuvre, le résultat de la transmission orale de compréhensions issues des méditations de plusieurs yogis. Les Yoga-Sûtras, représentant un fil conducteur pour la pratique, notamment là où les connaissances étaient éparses, auraient été écrits ainsi. Ils demeurent une vérité intemporelle tout en offrant sans cesse des nouveautés de compréhension au fur et à mesure des lectures et des analyses. L'ensemble des milieux culturels hindous se réfère aux Yoga-Sûtras, sortis des frontières de l'Inde et désormais évoqués dans le monde entier.

contempler, c'est comprendre ce que l'on peut attendre d'une yog'entreprise, et ce que l'on peut faire soi-même pour devenir un yog'entrepreneur vis-à-vis des autres mais aussi de ses propres corps[9].

Je souhaite que ce livre puisse susciter chez ses lecteurs l'envie d'agir sur eux-mêmes pour faire changer les lieux où ils travaillent et pour les amener à fonctionner de manière saine, œuvrant pour un développement et un bien-être durables de la planète et de l'humanité.

9. En sanskrit, les différents corps qui nous constituent sont appelés *kosha*. Ils sont au nombre de cinq et représentent les différentes couches de l'être :

- *Annamaya kosha* : corps physique, organique, charnel, notre véhicule ;
- *Pranamaya kosha* : corps énergétique et émotionnel, notre activité nerveuse ;
- *Manomaya kosha* : corps mental, celui de la logique. Il est le siège des émotions et pensées automatiques. Ce corps porte l'ego, lequel domine le mental ;
- *Vijnanamaya kosha* : corps intuitif, de l'intelligence et du discernement, celui de l'analogique. Ici, l'impérialisme de l'ego est relâché ;
- *Anandamaya kosha* : corps de joie, béatitude, félicité ;
- *Purusha* : le Soi indestructible par rapport à la nature (appelée *prakriti* en sanskrit).

Ce sont la résonance, l'harmonie de ces différentes couches qui apportent la bonne santé et la spiritualité. La réactivation d'une émotion, d'une mémoire dans l'une d'elles peut déclencher un état maladif pouvant se répercuter sur les autres couches.

Première partie

Corps sain et esprit sain

Préambule

> *La conscience est une, mais produit cependant les formes variées du nombre », Livre IV, sûtra 5. « Quand la maîtrise du mental et le facteur maîtrisant sont en condition d'équilibre réciproque, il s'ensuit un état de fixité sur un seul point », Livre III, sûtra 12. (Cité dans* La Lumière de l'âme. Les Yoga-Sûtras de Patanjali, *Alice A. Bailey, Éditions Lucis Trust, 1993)*

De manière à lever toute ambiguïté, je souhaite donner ici mon interprétation des termes « conscience », « esprit » et « mental ».

La conscience existe et possède une puissance ; c'est la puissance souveraine en nous et hors de nous. Elle est au cœur du travail sur soi – le but étant d'entrer en contact avec notre vraie nature, d'obtenir une vision de l'ultime réalité. Et notre vraie nature est trouvée dans ce qui est le plus permanent, c'est-à-dire la conscience.

La conscience universelle (*atma* en sanskrit) est l'essence de la vie. Elle est informelle, transcendante et immanente, à la base de toute création de matière, quelle qu'elle soit ; elle se réfère au macrocosme. Notre conscience personnelle (*jivatma*) est la conscience incarnée dans le mental et la matière ; elle se réfère au microcosme. Elle est aussi appelée âme.

Nous sommes constitués d'un corps physique et d'un mental fonctionnant grâce au cerveau : j'appelle cela notre structure matérialisée. Celle-ci est un produit de la conscience sous son aspect de puissance, cette dernière étant en effet la cause « matérielle » du mental et de la matière. *Purusha* (voir note 9) représente l'aspect statique : il est le témoin observant, immobile et en silence, la nature (*prakriti*). Il est l'habitant de la structure matérialisée, l'essence ultime de l'homme, le Soi. Selon la philosophie du *samkhya*(10), *jivatma* est en lien avec *atma* par l'intermédiaire de l'éther (*akasha*). Nous pouvons examiner notre corps physique, mais nous ne sommes pas celui-ci ; nous pouvons observer notre mental, mais nous ne sommes pas non plus celui-ci. Nous sommes *jivatma* et avons tendance à oublier, du fait de notre nature humaine, le lien avec *atma*. Tant que nous ressentons notre corps

10. L'un des six systèmes de la philosophie indienne (*shaddarshana*). C'est une science spirituelle en lien avec les vingt-cinq éléments de la création.

physique et que nous nous identifions au mental, nous sommes loin de notre être profond.

L'interaction entre le corps et le mental est claire, et peut s'expérimenter grâce à certaines pratiques – le yoga en particulier. « Au laboratoire de neurosciences de l'université du Wisconsin, Richard Davidson et son équipe ont montré que le simple fait de visionner des images déclenche des émotions négatives comme la peur, l'anxiété ou la colère, provoque une stimulation de la partie antérieure du cerveau droit, le cortex préfrontal droit. Automatiquement, le système nerveux sympathique est stimulé. Celui-ci prépare notre "réponse au stress". Il en résulte une augmentation de la production d'adrénaline et de cortisol par les glandes surrénales. Le corps mobilise son énergie, ses forces musculaires et ses défenses immunitaires pour réagir par la fuite ou le combat. La démonstration est faite : une pensée négative génère une émotion négative qui active le processus du stress et met le corps en état d'alerte. De la même manière, lorsque les images projetées par l'équipe de Davidson provoquent des émotions positives comme la joie ou l'enthousiasme, c'est le cortex préfrontal gauche qui s'active préférentiellement, entraînant une stimulation du système nerveux parasympathique. Il s'ensuit un relâchement des tensions corporelles, la mise en route des mécanismes de réparation et de récupération de l'organisme, et la stimulation des défenses immunitaires, en particulier les cellules

NK (*natural killer*), sortes de gendarmes qui circulent dans le corps en permanence à la recherche de cellules "anormales", infectées ou cancéreuses. Il existe donc une véritable continuité entre nos états psychiques et physiques[(11)]. »

Dans cet ouvrage, je considère que « mental » et « esprit » sont synonymes, alors que pour certains l'esprit serait plutôt la conscience incarnée. Les expressions « éveil de la conscience », « prise de conscience », « élévation en conscience », telles que je les ai évoquées dans mon autre livre *Valeurs et conscience, un tournant dans le management*, témoignent de notre progression : notre structure matérialisée se trouve à l'instant considéré à un certain degré de cheminement vers notre conscience. D'abord, nous nous égarons dans notre structure matérialisée du fait de notre activité mentale, jusqu'à ce qu'apparaisse une période de désillusion par rapport au monde, qui débouche alors sur une meilleure compréhension de soi, pour aller ensuite vers son être profond et entrer en contact avec *jivatma*. Il est bien de s'initier à la reconnaissance de notre structure matérialisée et de *jivatma* : c'est en éduquant notre structure matérialisée qu'elle adoptera un nouveau mode de vie – plus ou moins difficilement en fonction de nos archétypes mémorisés ayant une composante émotionnelle forte. Notre structure matérialisée est le véhicule de *jivatma*,

11. Article de Thierry Janssen, *Nouvelles Clés*, n° 53, mars 2007.

qui, par sa puissance, lui apprend à se transformer. Savoir écouter son intuition constitue un facteur clé pour réussir l'intégration de *jivatma* et de la structure matérialisée ; une intégration qui doit se faire à un rythme compatible avec soi, dès l'instant que les peurs affectent la structure matérialisée.

À force de travail sur soi, celle-ci intègre le bien-fondé d'une observation de soi dénuée de tout jugement. C'est ainsi qu'elle se place plus naturellement dans la lumière, sans même que nous ayons à intervenir. Le corps et le mental deviennent plus sains.

Tous les êtres vivants ont le même champ vierge, la conscience universelle, laquelle est donc un champ d'expérience du mental. Celui-ci obscurcit la lumière de la connaissance ; c'est un voile qui nous place dans l'illusion. Si la conscience est l'écran de cinéma, le mental est le film projeté sur cet écran. Pour qu'il y ait mental, il faut qu'il y ait conscience ; quand le mental est supprimé, il ne reste que la conscience. Celle-ci est le champ d'expérience dont nous sommes issus. La conscience porte l'expérience, mais n'est pas l'expérience. Ceci explique pourquoi il est nécessaire d'essayer de ne pas s'identifier à son mental, pour se détacher de ses croyances et de ses illusions afin d'acquérir de plus en plus de connaissance.

L'humain porte en lui les lois de la nature et se trouve confronté à deux états : d'une part, l'identification aux fluctuations de son mental (celui-ci s'identifie à son contenu) ; d'autre part, le contact avec sa vraie nature, qui a la qualité de la permanence (conscience), alors que la structure matérialisée, elle, est impermanente. Il est bien de s'intéresser non au contenu, mais au processus de son mental.

Le travail sur soi, un enrichissement pour la collectivité

> *« Sans connaissance intime de soi, il est impossible de dépasser les limites de notre mental. » (Jiddû Krishnamurti, cité dans* Les Sept Lois spirituelles du yoga, *Deepak Chopra et David Simon, J'ai Lu, 2005)*
>
> *« Dans le silence, l'âme trouve le chemin vers une lumière plus claire, et ce qui est insaisissable et trompeur se résout dans une clarté totale. » (Mahatma Gandhi, cité dans* Les Sept Lois spirituelles du yoga, *ibid.)*

Travailler sur soi, changer ses habitudes, cela implique un déplacement de l'extérieur vers l'intérieur de soi. Le phénomène de conscientisation se met en marche et notre intérieur se dévoile. Nous commençons ainsi à lever le voile de nos certitudes et à comprendre à quel point il est nécessaire d'avoir un frein efficace – une humilité entière et authentique.

Petit à petit, notre esprit s'organise : il fait du rangement pour avoir plus de place et laisser du champ à l'« élévation en conscience ». Notre façon de voir se dilate. Nous réalisons que, physiquement, nous ne sommes rien au regard de l'immensité de l'univers – mais comprenons aussi que tout est en tout, que tout est en nous. « Connais-toi toi-même et tu connaîtras l'univers et les dieux », est-il écrit sur le fronton du temple de Delphes. Le travail sur soi nous conduit à entrevoir nos ressources originelles pour ensuite les fertiliser. Nous prenons conscience de la clarté et de la pureté qui résident à l'état latent au plus profond de notre être, constituant ce que j'appelle notre humanité primitive(12), notre miséricorde, notre univers intérieur, immuable, perpétuel. Cela révèle en nous notre propension à considérer les autres, à les respecter, à les aider, à les aimer, à leur donner, à ne pas les jalouser... Un véritable bonheur nous gagne ; notre esprit s'ouvre. L'important, c'est donc bien d'être en harmonie avec cette humanité primitive.

Le fait de bien commencer le jour procure efficacité, écoute et disponibilité pour autrui. Il est donc important de se charger en énergie et en joie de vivre, pour se formater, en quelque sorte, pour toute la journée. Je suis intimement convaincu que, si nous la terminons d'une manière apaisée, en prenant le recul nécessaire pour apprécier et analyser le sens de la vie, nos pensées sont plus

12. Notre humanité primitive est la part d'humanité que nous avons de façon innée lorsque nous venons au monde : elle est originelle. C'est ce qu'il y a de fondamental en nous, le lien naturel avec la puissance créatrice. C'est *purusha*, évoqué dans la note 9.

positives, nos actions plus probes, notre esprit est moins confus. Pour ma part, c'est ce que m'apporte ma méditation du soir, durant laquelle je me repasse le film de la journée, avant de m'adonner à une méditation avec support. Je fais le point sur ce que j'ai fait de bénéfique et sur ce que j'ai à corriger ; je m'arrête sur ce qui a initié tel évènement, tel comportement – et j'essaie de trouver en moi la façon de corriger, d'améliorer, de peaufiner mes paroles, mes attitudes, mes réactions.

Une telle pratique permet de se sentir mieux, d'évoluer, de « s'élever en conscience » et en spiritualité, de méditer sur les vérités de l'existence et sur sa propre vie, en essayant de comprendre sa mission et la longue route qui mène certains d'entre nous à la sagesse. Car face à nous-mêmes, nous ne pouvons tricher : nous savons lorsque nous nous mentons, lorsque nos démons intérieurs s'activent pour tenter de nous écarter de notre chemin.

Une action satisfaisante – venir en aide à quelqu'un ou, plus globalement, s'attacher à ses valeurs à tout moment de sa vie (au plan personnel et professionnel, dans son couple et au sein de sa famille, à l'égard de ses amis mais aussi de l'humanité tout entière et de notre planète) – procure du bien-être et favorise notre karma[13]. En effet, selon

13. Principe fondamental des religions indiennes, qui repose sur la conception de la vie humaine comme maillon d'une chaîne de vie, le *samsara*, chaque vie étant déterminée par les actes accomplis dans la vie précédente (d'après le Petit Larousse, édition de 1991).

le bouddhisme, nous sommes la résultante exhaustive des actes que nous avons accomplis jusqu'au moment présent : ce que nous avons fait de bien nous bonifie ; en revanche, l'accomplissement d'actes mauvais nous dégrade. La loi du karma consiste à minimiser les actes mauvais du passé en réalisant de bonnes actions dans le présent et l'avenir. Toutes nos actions, paroles et pensées sèment en nous des graines susceptibles d'attendre plusieurs vies, voire d'autres formes de vie, pour germer : ce sont des futurs potentiels, pour soi-même ou pour d'autres s'ils se trouvent en résonance par rapport à l'émetteur et en état de recevoir – d'où l'importance d'une action, parole ou pensée réfléchie et faite en conscience.

La loi du karma s'applique à tout être humain, quels que soient sa couleur, son appartenance, son origine, son rang social, sa condition physique et mentale. Comment faire des différences entre des êtres qui ont une multitude de vies les conduisant dans la même direction en les faisant passer par toute une succession d'expériences, bonnes et mauvaises ? Nous comptons tous pour un et sommes égaux devant la puissance créatrice, cette force supérieure qui place l'humanité, depuis son origine, face à des questions pour lesquelles nous n'avons que des hypothèses de réponse. Nous pouvons mesurer de ce point de vue l'impact de notre rapport à l'autre : se couper de lui fait souffrir, nourrit une forme d'ombre, alors qu'aller vers lui, même s'il ne nous convient pas, nourrit la lumière. Comme le conseillait Confucius, sage chinois des VI-Ve siècles avant JC, si l'on constate quelque chose de bien chez l'autre, essayons de le copier ; mais si l'on constate quelque chose de mauvais, analysons ce qui en nous est similaire. Ainsi, un effet miroir se ressent par rapport à ce que nous renvoie l'autre, ce qui est roboratif pour le karma. Faire passer l'autre avant soi-même, développer l'altruisme et la compassion donne du bonheur et permet de s'épurer pour atteindre des dimensions supérieures sur la Terre, planète de libre arbitre où l'esprit a la possibilité de s'améliorer, chacun dans son domaine et à sa manière. Une telle attitude contribue à la réussite d'un projet, ou, plus globalement, à l'atteinte d'un état d'être, quels que soient les circonstances ou les défis. Toutefois, il faut veiller à ne pas se nier, car cela conduirait à des attitudes sclérosantes pour soi-même, et non épanouissantes.

On obtient d'autant plus de résultats que l'on fait les choses en conscience. Une posture de yoga, par exemple, sera d'autant plus bénéfique qu'elle sera réalisée en conscience – de même pour toute action, relation, réflexion ; même le fait de respirer devrait toujours se faire en conscience, par stimulation du diaphragme.

Comprendre l'autre, c'est faire un pas vers lui, aller à sa rencontre ; le tolérer, c'est accepter sa différence ; l'aider, le soutenir, c'est faire preuve de compassion – celle-ci évoquant le respect de la dignité humaine. Car la compassion est la véritable énergie de l'esprit, rayonnant depuis l'humanité primitive : elle nous extirpe de l'obsession du moi et de l'âge de l'ignorance pour nous faire progresser vers l'âge mûr, celui de la phase adulte[14].

Cette démarche vers l'autre demande une inclination à la fois à la sagesse et au courage. On voit la souffrance de l'autre et on cultive le « lâcher-prise ». Selon Maurice Daubard, la valeur de l'homme réside dans sa démarche, quelle qu'elle soit. Pour mieux se faire comprendre, il m'a raconté l'histoire suivante : à une période de sa vie, il faisait des plongeons dans l'eau depuis une tour métallique de trente mètres de haut, puis faisait don de l'argent récolté à l'abbé Simon[15] à des fins humanitaires. Il parvenait au sommet de la tour en escaladant la structure métallique, qui faisait environ trois mètres par trois de section ; cette ascension lui demandait bien évidemment des efforts, de la volonté. Puis, arrivé tout en haut, il marchait sur une planche large de trente centimètres. Être dans la démarche, c'est avoir du discernement et monopoliser tout son esprit sur l'action : il essayait de ralentir le temps et de combattre

14. Voir le chapitre IV de *Valeurs et Conscience, un tournant dans le management, op. cit.* C'est le concept des trois phases : enfance/autoritarisme/compréhension des valeurs/éveil de la conscience ; adolescence/consultatif/assimilation des valeurs/prise de conscience ; phase adulte/participatif/appropriation des valeurs/« élévation en conscience ».

15. L'abbé Simon était surnommé « l'abbé volant » car il était lui-même adepte de tels plongeons. C'est lui qui avait poussé Maurice Daubard dans cette expérience.

ses démons intérieurs qui lui enjoignaient de ne pas y aller. Enfin, il faisait le dernier pas puis crochetait ses gros orteils à l'extrémité de la planche de manière à bien maîtriser le déclenchement du plongeon. Et c'était le saut de l'ange. Tout le mérite de Maurice Daubard demeurait dans le moment entre l'ascension de la tour et le lancement dans le vide, sans compter l'entraînement et la concentration lors des jours précédents : c'est dans la démarche qu'il avait le plus de valeur – car, une fois dans le vide, « il n'y a plus qu'à » se concentrer sur l'arrivée dans l'eau, et donc rester pleinement dans la conscience de l'action. Dans une moindre mesure, bien évidemment, je ressens également cela avant d'aller sous une douche froide ou dans l'eau glacée. En fait, savoir quoi faire ne suffit pas ; il faut le faire. La démarche est l'instant qui succède au discernement. Savoir pourquoi on est dans la démarche donne du bonheur et rejette la paresse et/ou la complaisance.

La vie en elle-même est une démarche. Avoir confiance en la vie, c'est refuser les regrets ; être vigilant par rapport à eux, c'est avoir la volonté de changer d'attitude, de travailler sur soi. Et ne pas accepter les regrets conduit à la satisfaction et à la joie de vivre. Le passé est un support pour ne pas répéter les mêmes erreurs, non un facteur de focalisation qui risque de mener à la déprime si l'on y reste accroché, si l'on ne lâche pas prise.

L'amitié, quant à elle, prend en compte les avis des individus concernés. Une amitié profonde apporte du sens à la vie : fondée uniquement sur l'intérêt de l'autre, elle favorise la compassion – et ne perdons jamais de vue que s'investir pour autrui, c'est travailler sur soi. La méditation, elle, apporte de l'amitié à l'égard de soi-même. Ceci, ajouté à la compassion pour les autres, amène la confiance, éloigne l'agression et l'ambition, procure de la satisfaction.

Le monde d'aujourd'hui, qui tend à occulter les valeurs humaines pour mieux promouvoir l'argent et son corollaire, le pouvoir, est générateur de stress et d'insatisfaction. Mais l'introspection permet de viser la satisfaction pour chacune de nos actions, de comprendre ce qui engendre les difficultés de la vie – des défis qui permettent à l'âme de grandir –, et le fait que nous possédons tout en nous pour y faire face et avoir notre esprit en paix. Ainsi, le véritable bonheur vient de notre capacité à travailler sur nous-mêmes, non de plus de confort matériel. En effet, la maîtrise du mental et de ses fluctuations permet de trouver l'apaisement, et donc un bien-être plus ou moins important qui peut aller jusqu'au sentiment de bonheur, lui-même correspondant à un état d'harmonie entre nos différents corps (physique, émotionnel, mental et spirituel).

La discipline est également source de confiance. Au début, le sentiment d'une corvée prévaut souvent ; mais, au fil du temps, à force de pratique, on y prend goût car on en ressent les bienfaits. Cela a clairement été mon cas concernant les douches froides, les postures de yoga et les exercices de respiration. La discipline sous-entend la rigueur : elle éloigne le doute, qui assombrit notre sagesse, pour élargir notre esprit.

Accuser, faire des reproches à autrui, se plaindre instaure l'insatisfaction dans notre for intérieur. Lorsque l'on affronte des problèmes, que l'on est dans la peine, que les difficultés de la vie nous agressent, le fait de se dire, au contraire, que d'autres vivent la même situation en même temps que nous permet de relativiser. Car blâmer l'autre va à l'encontre du développement de notre esprit et contribue à nous affaiblir : plus on procède ainsi, plus la souffrance nous gagne – car plus on produit de négatif, en pensée et/ou en acte, plus l'effet boomerang vis-à-vis de l'émetteur s'accroît. Cela est dû à l'effet miroir : sauf à être pervers ou sadique, la souffrance de l'autre ne peut laisser insensible. Même si on ne la ressent pas toujours, ou si le retour n'est pas immédiat, elle est bien présente et nous ronge subrepticement – jusqu'au jour où elle déclenche en nous une réaction qui peut prendre la forme d'un refus, d'une remise en question, mais aussi, pour certains, d'une maladie voire d'un suicide. Car plus on reproche à l'autre, plus on s'accuse soi-même, au risque de ne plus se supporter. On voit toujours la paille qui est dans l'œil de son voisin et rarement la poutre qui est dans le sien... Alors que considérer l'autre, l'aimer, s'efforcer de ne pas l'admonester rend plus vertueux, donne la maturité et oriente vers la sagesse. Le sentiment de compassion grandit en nous, notre cœur s'ouvre et l'amour pour l'autre est privilégié. L'amour est ici à entendre dans le sens de l'*agapè*[(16)] : rien n'est attendu en retour. Nous renouons ainsi avec notre humanité primitive, notre pureté la plus profondément ancrée. Agir en conscience, avec discernement et discipline, favorise ce processus. Mais cela demande un travail sur soi conséquent tant cela s'oppose à nos habitudes. Ainsi, petit à petit, nous apprenons à voir la vie différemment. Avoir la volonté de changer des habitudes sclérosantes ou qui n'ont plus lieu d'être rend libre et procure de l'allégresse.

Les exercices de respiration constituent un apport capital à ce phénomène de conscientisation : l'« expir » calme le mental, l'« inspir » le stimule – et respirer en conscience facilite l'assimilation des substances subtiles contenues dans l'air. La respiration machinale sert uniquement à la survie du corps physique, quand la respiration en conscience nourrit l'esprit. Il s'agit d'un outil très important avec lequel on ne peut jouer, mais qui peut être associé à d'autres pratiques tel que le chant, que l'on retrouve dans toutes les cultures et les traditions.

16. *Agapè* est le terme grec correspondant à l'amour divin, spirituel, inconditionnel. Il complète la liste des mots grecs pour dire l'amour : *eros* (amour physique), *storgê* (amour familial) et *philia* (amour absolu). Les philosophes grecs du temps de Platon utilisaient ce terme dans un sens supposé universel, c'est-à-dire opposé à un amour personnel. Cela peut signifier l'amour de la vérité, ou de l'humanité (référence : Wikipédia).

Le but est de maîtriser le souffle pour mieux dynamiser l'esprit, dans le sens où le souffle est le lien subtil entre le corps et l'esprit : plus on relie l'esprit au souffle, plus on a d'assise dans sa vie, plus la vision est claire, plus on est solide ; un courant d'énergie se fortifie au plus profond de notre être, qui éloigne le négatif, les mauvaises pensées, les soucis. Selon la culture indienne, nous sommes des consciences incarnées dans des corps physiques ; ceux-ci sont donc à entretenir au mieux pour favoriser notre destin : le corps physique est l'instrument du travail sur soi.

Notre système nerveux, et donc notre esprit, est nourri par tout ce qui pénètre en nous grâce à nos cinq sens. En effet, la vue, l'ouïe, le goût, l'odorat et le toucher sont en lien direct avec l'extérieur et, si l'on s'efforce de les solliciter en conscience, on facilitera le rejet des pollutions externes : images choquantes ou vilaines, sons stridents, musiques binaires déstructurantes, goûts fades ou chimiques, odeurs nauséabondes, toucher artificiel… Faisons en sorte de ne pas ajouter de réaction négative à ces pollutions : cela ne ferait qu'accroître leur agression.

Utiliser ses sens en conscience, c'est s'ingénier à regarder plutôt ce qui est beau ; à écouter de la belle musique, les bruits de la nature ; à manger le plus possible biologique et de préférence végétarien ; à respirer de bonnes odeurs, les senteurs des saisons, de l'encens naturel, des parfums naturels pour le corps ; à toucher, serrer, embrasser de manière sincère, non ostentatoire... Cet agissement en conscience nous place dans la présence : d'un point de vue énergétique, la moindre impression devient plus subtile, plus fine, car en entrant en nous elle devient plus dense, plus intense, plus riche, plus vivante. Et agir en conscience, être dans cette présence conduit à l'élévation en spiritualité – ce que les religions ont compris, bien que trop de concepts soient aujourd'hui galvaudés. Bien utiliser son corps, pour soi-même et non pour l'apparat, c'est donc être vigilant sur ce qui y pénètre, c'est fortifier son mental. Le yoga répond parfaitement à cela : comme maîtrise du corps liée à l'attention, il demande de veiller à équilibrer les contraires (par exemple, aisance et fermeté dans les postures), à pratiquer en conscience, à être dans la présence.

Être dans la présence, c'est se relier de manière continue à tout ce qui nous entoure, à tout ce qui active nos sens : si l'on est dans la présence, on ne peut occulter ce qui s'offre à nous. L'anecdote du musicien des rues illustre bien cette idée.

Ce musicien jouait du violon dans une station de métro par un matin d'hiver. Des classiques célèbres étaient à son programme. Plusieurs milliers de personnes sont passées à côté de lui, pour la plupart dans une indifférence totale. Peu l'ont remarqué, et moins encore lui ont donné une pièce. Un enfant s'est arrêté, interloqué par la qualité de ce qu'il entendait ; sa mère l'a secoué pour qu'il avance. D'autres enfants ont eu à peu près la même attitude. Mais personne n'applaudissait à la fin des morceaux. Une seule personne a reconnu ce musicien talentueux : c'était Joshua Bell – l'un des meilleurs violonistes du monde, jouant sur un Stradivarius à trois millions et demi de dollars ! Deux jours plus tôt, il se produisait au théâtre de Boston : les places coûtaient alors quelque cent dollars.

Ceci est une histoire vraie : il s'agissait d'une expérience montée par le *Washington Post* pour une enquête concernant la perception. L'enseignement à retenir, c'est cette question : si l'on n'est pas capable de remarquer de telles prestations dans des contextes inhabituels, combien de choses sublimes manquons-nous quotidiennement ? Veillons à ne pas réduire notre champ de conscience, exerçons notre vigilance pour être dans la présence des choses. N'oublions pas que chaque moment manqué est un moment non vécu.

Entretenir son corps physique, c'est donc être attentif à ce qui y entre ; mais c'est aussi apporter de la créativité à l'extérieur – car plus nous exécutons correctement un travail physique, plus nous devenons conscients de notre corps. Ce travail est fondamental pour que l'introspection porte ses fruits : les deux sont intrinsèquement liés. Cela permet de fortifier la volonté et l'intellect en favorisant le discernement et la compassion.

Se réjouir du bonheur de l'autre, l'aider pour qu'il soit plus heureux et donc plus rayonnant, est une source de joie pour soi-même, car nous voyons une image positive, nous entendons rire... Un sentiment de chaleur humaine naît entre l'autre et nous, le stress s'amenuise. Nos sens sont positivement informés et apportent une nourriture saine à notre esprit. De là naît un amour véritable, l'énergie naturelle de l'esprit inactif – une ressource intarissable qui a la possibilité d'émerger grâce à la discipline et au discernement. Cette forme d'amour apporte la confiance, permet d'être constructif – et par conséquent non destructeur –, d'évoluer vers la sagesse, pour ainsi nous permettre de refuser d'être sous l'emprise de nos productions mentales : elle institue une ouverture d'esprit plus large. Plus nous faisons un travail sur nous-mêmes, plus nous enrichissons notre sentiment de compassion, le but étant d'en éprouver aussi pour ses ennemis. Pour être efficace, cette manière d'aimer doit être dénuée d'attachement ; il faut refuser les émotions négatives et les opinions faussées.

Cette démarche – travail sur soi, compassion, sagesse – nous sort de l'ignorance et nous conduit au bonheur durable. La mission d'un être humain averti est d'en assurer la transmission à autrui. La première étape du travail sur soi consiste à être attentif d'abord à ses pensées, qui nourrissent des formes pensées et des égrégores(17), lesquels génè-

17. Selon le Dr Antoine Achram, les pensées et les émotions ne sont pas distinctes des réactions chimiques hormonales et immunologiques dans le corps physique. Antoine Achram est docteur en médecine depuis vingt-

rent des répercussions sur ceux qui se trouvent au même niveau vibratoire. L'attention aux actes vient ensuite. Puis l'interaction corps/esprit s'installe.

cinq ans, en quête d'une approche globale qui respecte le patient tout en recherchant les causes profondes de sa maladie. Il pratique depuis plusieurs années les « soins esséniens », méthode à la fois ancestrale et futuriste. Il a uni ses compétences à celles d'Anne Givaudan, auteur et coauteur de dix-neuf livres, afin de mettre à disposition de ceux qui cherchent à réconcilier science et conscience des ouvrages et des séminaires (référence : Éditions Sois et Aura-Sois Formations).

Le système immunitaire n'est pas indépendant des autres systèmes de l'organisme. Des recherches sur la chimie du cerveau ont permis de découvrir une grande quantité d'hormones et de protéines cérébrales fabriquées en réponse à nos émotions et à nos pensées, avec des répercussions spécifiques sur plus d'une centaine de zones corporelles. Chaque évènement, depuis la conception jusqu'à la mort, est détecté par nos cinq sens, et l'information recueillie est dirigée vers le cerveau limbique, plaque tournante au niveau du cerveau. Si cette information est inconnue, nouvelle, elle sera dirigée vers le néocortex pour être analysée par les deux hémisphères, le droit et le gauche. Là, elle sera comparée à d'autres évènements connus pour déterminer s'il s'agit d'un élément favorable ou défavorable, agréable ou désagréable. Le résultat de l'analyse est transmis à la mémoire émotionnelle dans le cerveau limbique, qui va par exemple déclencher une action de survie par la fuite ou la riposte si la donnée est défavorable. À chaque expérience émotionnelle vécue depuis notre conception, nous mémorisons une conclusion au niveau du cerveau limbique qui nous fait réagir d'une façon inadéquate parce qu'inadaptée au moment présent. Chacune de nos réactions inadaptées correspond à des émotions incomprises et mémorisées comme telles, puis stockées dans notre mémoire émotionnelle. Ce sont elles qui alimentent à chaque activation les formes pensées non guéries que nous traînons autour de nous, au niveau de nos corps subtils. Les formes pensées sont souvent appelées « valises » dans le langage populaire et proviennent de nos vies antérieures et des générations de notre famille qui nous ont précédés. Les formes pensées alimentent des égrégores, c'est-à-dire un ensemble de formes pensées du même ordre. Un égrégore est donc une entité collective créée, imprégnée, nourrie par la pensée de tous les individus appartenant à un groupement, à un peuple, à une religion… Toute forme pensée positive (telle l'amour) ou négative (telle la haine) alimente l'égrégore correspondant. À l'inverse des égrégores d'amour, les égrégores « négatifs » constituent une pollution pour notre planète car ils empêchent son ascension et celle de ses habitants vers des dimensions supérieures.

L'observation de ses pensées peut se comparer à celle d'un trafic de voitures sur une autoroute. Des exercices de yoga appropriés permettent, à force de pratique, de percevoir le domaine séparant les pensées de la pleine conscience, de comprendre que l'agitation inhérente aux pensées et aux émotions ne repose sur rien, et que c'est justement ce rien qui nous manipule et nous pollue l'existence. Il est important pour notre équilibre de prendre conscience que nous ne sommes ni nos pensées ni nos émotions, quelles qu'elles soient.

En nous impliquant pour procurer du bien-être à l'autre, nous contribuons à enrichir moralement notre famille, notre entreprise, le groupe de personnes au sein duquel nous œuvrons, ce qui se répercute ensuite positivement sur notre être et accroît notre joie de vivre et notre réussite.

Ainsi, sur notre lieu de travail, nous pouvons commencer la journée en étant dans la présence, en ayant conscience de la raison pour laquelle nous travaillons, en nous donnant le temps d'y réfléchir. Bien sûr, gagner de l'argent est fondamental pour faire vivre nos proches et nous-mêmes, mais il n'y a pas que cela : il y a notre contribution au bien-être de nos collègues. Il est bon de faire le calme en soi pendant quelques minutes et de fixer son esprit sur cette prise en considération des autres. Certes, nous pouvons voir des défauts chez chacun : certains font des erreurs ou sont en porte-à-faux par rapport aux valeurs humaines, d'autres ont peut-être un rendement inférieur à ce qui est souhaité. Mais ces travers font partie de la vie : même si le nivellement par le haut est à privilégier, il n'est pas bon de laisser l'aversion nous envahir, car on nourrit alors le négatif. On peut « s'élever en conscience » à cet égard, viser la magnanimité, bannir l'omnipotence, chercher tout au long de sa journée à être le catalyseur du bien-être d'autrui en ne disant plus « et moi, alors ? » mais « et vous, alors ? ». Marc Aurèle, dans *Pensées* I, 1, le confirme : « Se comporter en adversaire les uns des autres est contre nature, et c'est agir en adversaire que de témoigner de l'animosité et de l'aversion. »

Oser vivre par-delà l'espérance et l'appréhension revient à reconnaître la non-permanence des choses, des évènements, de tout ce qui a été érigé de manière grandiose. C'est saisir la vérité de l'existence, entraîner son esprit à occulter les limites et à dénuer tout problème de tout caractère absolu. C'est comprendre que la vie est dans une mouvance perpétuelle. Cette instabilité nous force à progresser, à prendre conscience que l'on passera une partie de l'existence à regarder s'altérer ce que l'on a passé du temps à construire, extérieurement parlant et contrairement à l'intériorité, qui, elle, se construit constamment. Paradoxalement, ceci nous procure une stabilité d'esprit.

L'approche systémique est clairement en phase avec tout cela. Il s'agit d'une méthode de raisonnement global qui permet, au travers des pensées, d'aller au fond des choses pour en comprendre les moindres détails. Elle met en relation ce qui est déconnecté et en évidence ce qui est relié. Edgar Morin, dans le premier volume de *La Méthode*, *La Nature de la nature* (Seuil, 1977), écrit : « L'approche systémique nous permet, au travers des interactions, liens et complexités qu'elle repère, d'apprendre à articuler les points de vue disjoints du savoir en cycle actif. C'est un principe organisateur de la connaissance, réorganisant le système mental afin de réapprendre à apprendre. » Ce principe mène à une ouverture aux choses afin de bénéficier de leur enseignement et d'en découvrir les mystères. L'approche systémique prend en compte les comportements, les évènements imprévisibles, sans aucune résistance, en acceptant ce qui est pour d'autant mieux analyser. Pascal, dans ses *Pensées* sur la connaissance, affirme : « Pour connaître l'un, il faut connaître l'autre. Toutes choses étant causées et causantes, aidées et aidantes, médiates et immédiates, toutes s'entretenant par un lien naturel et insensible qui lie les plus éloignées et les plus différentes, je tiens impossible de connaître les parties sans connaître le tout, non plus que de connaître le tout sans connaître particulièrement les parties. » L'approche systémique s'intéresse aux systèmes tels que les entreprises, les collectivités, les familles, les agglomérations, un corps vivant, un organe, une cellule... On le voit, la notion de système est vaste, lequel ne se justifie que dès l'instant où sa finalité est reconnue, imminente et à même de créer une interaction entre ce qui le constitue et ce qui lui est extérieur. Ludwig von Bertalanffy[18], à l'origine de la théorie générale des systèmes, voyait des systèmes partout et en soulignait l'ouverture et la fermeture. Un système ouvert échange avec son entourage, un système fermé ne génère pas d'échanges. L'approche systémique considère qu'un système n'est jamais ni définitivement fermé, ni totalement ouvert, mais qu'il est les deux à la fois, dans des proportions à analyser. Selon Bertalanffy, « chaque système est caractérisé par deux fonctions inverses : l'homéostasie, qui est la tendance au maintien de la cohésion du système, et la capacité de transformation. Le jeu de ces deux fonctions maintient le système en équilibre instable et provisoire propice à des possibilités d'évolution/dégradation et/ou de vie et/ou de mort ». Au regard de ces considérations, du plus génère du plus, du moins génère du moins, et une modification hors contrôle est susceptible de perturber définitivement le système. Nous comprenons là toute l'importance de l'homéostasie pour que les limites supportables par le système ne soient pas dépassées. En fait, la vie résulte du

18. Ludwig von Bertalanffy (1901-1972), biologiste et théoricien pressenti pour le prix Nobel de physiologie en 1972, fut le père fondateur et un organisateur majeur du mouvement systémique, né dans les années 1950 aux États-Unis. Il est aussi l'acteur de ce mouvement qui exprime le mieux la diversité de ses dimensions, et ses difficultés d'ordre relationnel paraissent sans issue (référence : *Une biographie non officielle de Ludwig von Bertalanffy*, David Pouvreau, BCSSS, Vienne, 2006).

maintien du déséquilibre ; cela explique la raison d'être de l'évolution.

Crainte et espoir ne sont que pure conceptualisation. Le monde que nous concevons par le biais de nos illusions et de nos désirs est artificiel car nous sommes téléguidés par un système manipulateur. C'est pourquoi il nous faut changer d'attitude, nous « élever en conscience », pour prendre de la hauteur par rapport aux vicissitudes de la vie, à ce qui place le moi dans un état de dépendance dès lors que l'on confond besoins fondamentaux et compensations ou bien satisfactions de l'ego. La meilleure des possessions est notre propre conscience – comprendre cela donne de la liberté et renforce le karma. Plus nous méditons, plus nous nous accoutumons au lâcher-prise : nous nous attachons de moins en moins aux choses et aux gens, car nous prenons conscience que nous ne possédons rien, que rien n'est permanent ; ainsi, nous progressons vers la sérénité. Toutes les théories reposent sur des hypothèses, l'homme est toujours en quête de vérité. Je me souviens des multiples exercices de physique où l'on appliquait strictement la théorie des cours pour ensuite poser des hypothèses puis prendre des coefficients correcteurs bien souvent conséquents pour les applications numériques.

La technique du lâcher-prise permet de prendre de la distance par rapport aux évènements et aux autres, de « s'élever en conscience », d'être plus juste, d'avoir un avis mieux adapté à la situation. L'esprit est ainsi plus reposé, moins rigide, et converge vers une reliance avec notre humanité primitive. Notre vision des choses se déconnecte de notre moi ; tout en privilégiant le détachement, nous plaçons l'autre au centre de nos préoccupations, et non plus nous-mêmes. Le travail sur soi est donc à pratiquer de manière régulière, en conscience et dans la présence par rapport au contexte vécu. En effet, il rend ses adeptes plus équilibrés et contribue à leur faire percevoir le côté illusoire de la nature humaine et de ses expériences, et le fait que seule la vie a de l'importance.

Agir sans intérêt personnel, dans le détachement, contribue à valoriser la collectivité, la phase adulte, la gestion participative des individus. Par « détachement », il faut entendre le fait de ne pas attendre un quelconque retour vers son ego, ou bien de faire de son mieux sans se préoccuper des fruits de son action, lesquels ne nous appartiennent pas.

Nous constatons tous que nos émotions négatives, lesquelles résultent de nos pensées négatives, rendent malheureux notre entourage et nous-mêmes. Avec le temps, le travail sur soi fait prendre conscience que l'on peut éviter de les répercuter vers autrui. C'est donc en développant notre discipline que l'on parvient à ne plus polluer les autres d'un point de vue vibratoire, et à garder pour soi ses manifestations négatives en les transcendant ou en les transmutant pour qu'elles n'attaquent pas nos organes. Car les émotions négatives influent sur le physique : mal de poitrine dû à l'anxiété, point dans le dos causé par une contrariété... Une telle manière de vivre transparaît dans la conception du bonheur décrite par Montaigne dans ses *Essais* (livre III, chapitre 13) : la volonté de vivre l'instant présent y est indéniable.

Selon Selim Aïssel (*Science et Conscience* n° 18, été 2005), les émotions négatives sont plus ou moins ancrées en nous. Elles découlent en particulier des cinq traits principaux négatifs du caractère : l'orgueil, l'avidité, le mensonge, la peur et l'abus de sexe dans l'irrespect de l'âme et du corps. Il faut dire ici que l'énergie sexuelle est l'énergie créatrice la plus puissante que possède l'être humain. Dans des conditions normales, le centre sexuel se trouve en interaction harmonieuse avec les autres centres du corps, lesquels contribuent à son activité. Dès que ce n'est plus le cas, cette relation est altérée et aboutit à une attitude anormale, à un aspect négatif de la sexualité, excessif, déviant. Le centre sexuel n'a donc rien de négatif en lui-même ; ce n'est que lorsqu'il est en lien avec le côté négatif des autres sens que perversions et abus sexuels se concrétisent.

On distingue trois types d'émotions négatives, lesquelles peuvent être endogènes ou exogènes :

– les émotions négatives profondes : dépression, haine, rancune, méchanceté, malveillance, angoisse, violence, envie, jalousie, sentiment que rien n'a de sens ;

– les émotions négatives médianes : vanité, colère, rage, apathie, nostalgie, mélancolie, apitoiement sur soi, soucis continuels, défiance, méfiance, bouderie, antipathie, aversion, répugnance, rancœur, sentiment de culpabilité ;

– les émotions négatives superficielles : agacement, irritabilité, indignation, déception, ennui, indifférence, gêne, embarras, objection, esprit de contradiction, petites envies, tracas, petits soucis, petits ennuis, petits dépits, le fait d'être froissé ou blessé, impatience, énervement.

Apprendre à se connaître physiquement est l'une des phases du travail sur soi : comment son corps réagit-il devant tel évènement, telle sollicitation ? De ce point de vue, les douches froides sont un excellent test à sensations : moi, je sens mon corps qui s'habitue au froid, qui s'y plaît même, pour restituer d'autant plus de chaleur *a posteriori*. Les postures de yoga constituent un autre moyen d'être attentif à son corps, à la fois en prévention et en soutien d'une guérison. Bien entendu, il existe de multiples autres possibilités : les massages, les arts martiaux, la danse telle que pratiquée par les derviches tourneurs (une sorte de transe qui permet d'entrer dans un autre état de conscience)... L'essentiel, c'est encore une fois de pratiquer en conscience, pour être détendu et favoriser le lâcher-prise. Il est également crucial de commencer ces activités physiques par une concentration méditative sur la respiration, afin de bien prendre conscience que le souffle, c'est la vie. Ce sont ces conditions préliminaires qui ouvrent la voie et font progresser intérieurement.

Plus cette attention est portée sur le physique, plus les pensées sont perceptibles – *a fortiori* les négatives. Avec l'habitude, on les sent venir ; on apprend alors à les maîtriser pour ne pas les transmettre aux autres, ce qui ne ferait qu'accroître son mal-être. En pratiquant ces exercices, on perçoit de mieux en mieux la relation de réciprocité entre le corps et l'esprit. C'est ainsi que l'attention portée aux pensées, en ne se laissant pas dominer par les pensées négatives, procure un bien-être physique.

L'introspection habitue à être présent à soi, à ne plus être sous la domination de ses émotions et de ses pensées, à restituer du positif vers autrui. C'est la base de notre chemin de vie, l'essence même de la phase adulte. C'est ce qui fait entrer en nous la lumière céleste, ce qui nous élève en spiritualité par le biais d'un phénomène vibratoire. Notre aura, en effet, contient nos pensées : plus celles-ci sont positives, constructives, plus elles sont lumineuses, permettant alors à ce « bouclier » vibratoire d'être en correspondance avec des vibrations d'ordre supérieur. Bien entendu, chacun pratique son propre chemin : nul ne peut juger la démarche de quiconque, même quand il ne se donne pas de but dans la vie. Tout ce que l'on peut essayer de faire, c'est l'aider à progresser, quel que soit le niveau de compréhension où il se trouve. Car il ne faut pas brûler les étapes dans l'« élévation en conscience », mais viser quelque chose d'atteignable et avoir la volonté d'y arriver – puis de continuer. Dès lors que l'on est prêt, le travail sur soi durera jusqu'à la fin de sa vie, tout en sachant que, quel que soit le niveau de conscience et de spiritualité atteint, ce ne sera jamais qu'une infime partie de la réalité divine.

Selon le Bouddha, nous ne pouvons appeler « moi » notre corps physique, composé de sang, d'os, de chair, auquel s'associent les émotions, souvenirs, perceptions ou pensées. C'est l'ignorance qui crée une illusion, qu'elle dénomme « le moi », et qui implique de l'attachement, de la peur, de l'orgueil et nous lie au matérialisme. Tout ceci induit des émotions négatives émanant de ce moi illusoire.

Rechercher le moi est une tâche sans fin, tout comme l'univers qui est en nous : c'est comparable au fait d'avancer pour atteindre l'horizon. C'est notre mental qui a élaboré l'individu que l'on croit être. Le travail sur soi contribue à prendre conscience de cela et à se libérer de ce moi. Alors seules les richesses de l'esprit subsistent. Les émotions négatives déstabilisent, la méditation associée à la discipline stabilise. En effet, s'insurger contre l'autre, lui faire des reproches, le déconsidérer, tout cela ne fait que fabriquer du moi ; mais refuser ce type de comportement négatif envers l'autre, c'est corriger l'erreur du moi.

Travailler sur soi permet de comprendre combien notre mental fabrique tout ce qui nous entoure, de percevoir la consistance du « non-moi », de prendre conscience à quel point la possession et la manipulation sont superficielles et flattent uniquement l'ego. On mesure l'importance de ne pas se laisser dominer par ses émotions négatives pour, au contraire, aller plus profondément en soi et se mettre en harmonie avec les vérités que l'on y trouvera, notamment celle du non-moi. Plus on va profondément en soi, plus on se rapproche de son humanité primitive, d'une bonté pure. Ceci est la seule réalité. En prendre conscience nous rend moins naïfs, nous ouvre sur le monde, nous conduit à accepter les autres tels qu'ils sont, sans *a priori*, pour mieux les comprendre, mieux nous comprendre. Nous parvenons ainsi à privilégier le rapprochement avec autrui, à être en empathie avec lui, plutôt que perdre notre temps à le jalouser, à le toiser, à le dénigrer, à lutter contre lui. Nous marchons ainsi sur la voie de la sagesse et nous efforçons de rechercher ce qu'il y a de bon chez l'autre, ce qu'il y a à découvrir : on s'aventure dans cette quête de l'autre, qu'il soit noble ou clochard, intelligent ou simple d'esprit, bon ou mauvais... Pour cela, il faut surtout s'abstenir de porter un quelconque jugement sur ce qui constitue l'aspect extérieur : cela ne ferait que renforcer l'illusion de notre moi. Ce changement d'attitude abolit les frontières entre l'autre et moi. Et, bien entendu, la réciproque est vraie : si l'autre travaille aussi sur lui, il s'intéressera d'autant plus à moi et contribuera à mon bonheur, à mon bien-être.

Le travail sur soi nous amène à viser l'idéal de l'esprit sain. C'est d'autant plus possible que le corps est sain, entretenu physiquement et naturellement, pour permettre l'élévation en spiritualité et recevoir, peut-être, l'Esprit saint... Plus l'esprit est sain, moins on attend des autres en retour : nous donnons sans intérêt personnel. Lorsque l'on évolue sur la voie de la sagesse, on fait de plus en plus de rencontres ; les autres s'intéressent de plus en plus à nous de manière naturelle, car notre aura est moins polluée par les formes pensées négatives. Le sentiment de confiance prend corps. Cette démarche vis-à-vis de nous-mêmes conduit à nous réjouir d'une nouvelle rencontre, même si nous n'avons pas encore découvert l'autre. Notre mental est plus libre, nous vénérons la vie et redoublons alors d'énergie : c'est le fruit de l'implication. En effet, s'impliquer dans la vie des autres, s'associer à leurs sentiments, à leurs émotions et à leurs pensées, conceptualiser son appartenance à la vie, à l'univers, apporte plus d'espace, de liberté dans sa vie. Mais attention, la vigilance est requise concernant l'état psychique de l'autre : lui servir d'« éponge » peut présenter un danger si l'on n'a pas suffisamment de protections. C'est le cas pour certains thérapeutes.

Se laisser aller à ses émotions a trait à la phase de l'enfance, période « Jean qui rit, Jean qui pleure » pour des choses d'importance mineure. Dans la phase adulte, celle où l'on prend conscience du rôle du travail sur soi, on se sent en harmonie avec son environnement. Nous comprenons que nous sommes en tout et que tout est en nous. C'est cette confiance qui nous pousse à niveler par le haut, à favoriser l'« élévation en conscience » et en spiritualité, pour que la collectivité n'en soit que meilleure, pour que l'esprit d'équipe se solidifie, dans le respect de l'autre et l'abstraction du moi. Libérés d'un conditionnement égoïste, nous respirons la vie à pleins poumons, nous rayonnons, et ces rayons réchauffent le cœur des autres ; la collectivité s'émancipe, se renforce, ressent davantage de bien-être. Ce processus a un effet positif qui revient vers nous pour solidifier notre joie et notre bonheur intérieur. Nous créons ainsi une spirale de positivité, de bien-être, de compassion, de confiance qui fera que les êtres qui travaillent ensemble pour une même cause verront la motivation se décupler et seront fiers d'appartenir au groupe de femmes et d'hommes dans lequel ils œuvrent.

En agissant de la sorte, nous forçons notre destin dans le sens positif : du fait des lois universelles d'attraction et de répulsion en fonction de l'onde, de l'énergie, de la vibration émises, les évènements qui nous sont favorables s'amplifient. Il n'y a pas de hasard : c'est parce que nous agissons de telle manière, dans la conscience du non-moi, que notre environnement nous renvoie du positif et que nous connaîtrons des éléments déclencheurs qui enrichiront notre chemin vers la connaissance de soi, des autres et de l'univers. Cette disponibilité à l'égard de ce qui nous entoure favorise la communication et un retour constructif et authentique vers nous-mêmes. Plus on travaille sur soi, plus on perçoit les signaux que le monde nous adresse, l'importance d'être dans la présence, combien le passé n'est qu'une remémoration active dans le moment présent, et le futur un écho de ce que l'on ressent au présent. Notre action, notre pouvoir résident dans le présent. C'est là également que le travail sur soi trouve sa raison d'être.

Être présent à soi-même, c'est concevoir que ses états de conscience sont fondamentaux. Le yoga aide à se retrouver avec soi-même, à ressentir son sang battre dans ses artères en écoutant les sensations subtiles de son corps dans son fonctionnement physique et/ou physiologique (un état de conscience physique subtil). Lorsque nous sommes attentifs aux paroles des autres, nous prenons conscience qu'il y a autre chose que les mots : nous entendons ces mots, mais aussi l'arrière-plan silencieux. Cet état de vigilance à chaque instant est notre vraie conscience. D'un point de vue mental, la vigilance est surfacique : elle donne forme, parle, voit... La conscience sous-jacente est profonde, immobile, calme, dénuée de forme ; elle est reliée à *purusha*. L'état de conscience est en relation avec l'ambiance. Pour ressentir cela, il est bien, par exemple, de prendre le temps de vivre l'ambiance de digestion : c'est une réalité échappant au mental, c'est donc en sollicitant notre conscience sous-jacente que l'on pourra l'appréhender. De même, on peut pratiquer des respirations lentes et alternatives, à la base du nez, à la pointe des narines, de la narine gauche uniquement, puis de la droite, ensuite des deux… En respirant avec la narine gauche, il est intéressant de ressentir ce qui se passe dans la partie gauche de son corps, de même à droite. La narine droite est reliée au cerveau gauche, au yang, à l'énergie de l'action, celle du corps physique, au système parasympathique, lequel utilise l'énergie du corps ; la narine gauche, elle, est reliée au cerveau droit, au yin, à l'énergie du mental, au système sympathique, qui stocke l'énergie, la met en réserve en cas de besoin physique et/ou psychologique. Respirer par l'une ou l'autre des narines favorise donc ce qui s'y rattache et nettoie les canaux d'énergie (*nâdis*) correspondants.

Cela aide à comprendre que le monde de l'énergie dépend du changement d'état de conscience : où la pensée va, l'énergie va ; la pensée est énergie. Sur un plan physique, nous voyons l'autre d'une certaine manière : grand, petit, blond, brun, roux, gros, fin… Sur un plan énergétique, nous le ressentons différemment et mesurons combien chaque niveau d'énergie nous fait vivre dans un plan de conscience différent. Il existe des exercices pour bien se rendre compte de cela – par exemple, partant d'un poing serré, ouvrir progressivement la main pendant vingt minutes ou une heure, ou encore se donner une heure pour faire un pas. Nous accédons ainsi à des réalités différentes et percevons mieux ce que signifie l'expression « être dans la présence ». L'important est d'être présent à chaque instant, là où l'on est, par rapport à ce que l'on fait, sans se projeter sans cesse là où l'on voudrait aller, vers ce que l'on voudrait faire. Il est bien de faire l'effort d'être présent à la présence, aux différents plans et niveaux : pensées, conscience, cosmos, énergies, cœur à cœur, âme à âme... Chaque fois qu'une nouvelle phase apparaît, elle ne peut exister qu'en ressaisissant la matière, car c'est dans la matière que réside la potentialité de la vie, le stade du mental dans lequel nous sommes en train de balbutier.

Le travail sur soi amène à comprendre que le mental s'occupe en général principalement de la matière, et que le fait de ressentir les énergies conduit à le mettre sur la longueur d'onde de la vie. Plus nous nous « élevons en conscience », plus tous les échelons sont à ressaisir, à revivifier pour qu'ils donnent encore plus, pour que nous fonctionnions à la fois avec la matière, le mental et les énergies de vie. La matière est énergie, elle est même conscience : à nous de le comprendre et d'en tenir compte dans nos pratiques, de yoga entre autres.

Être dans la présence, c'est se dire que chaque instant est le but, qu'il y a de la conscience en tout et que l'on a toujours le choix, c'est-à-dire le libre arbitre de prendre une décision plutôt qu'une autre. Marc Aurèle, dans *Pensées* II, 14, évoque l'importance du présent et précise : « Dusses-tu vivre trois fois mille ans, et même autant de fois dix mille, souviens-toi toujours que personne ne perd d'autre existence que celle qu'il vit et ne peut pas davantage en vivre une autre que celle qu'il perd. Ainsi la plus courte et la plus longue reviennent au même. Le présent est le même pour tous et ce qu'on perd est donc égal, il apparaît de la sorte infinitésimal. On ne saurait perdre, en effet, le passé ni l'avenir, car ce que nous n'avons pas, comment pourrait-on nous le ravir ? Souviens-toi donc de deux choses : d'abord, que tout, de toute éternité, est d'aspect identique et repasse par les mêmes cycles, et qu'il importe qu'on assiste au même spectacle pendant cent ou deux cents ans ou de toute éternité ; ensuite, que l'homme le plus chargé d'années et celui qui mourra le plus tôt font la même perte, car c'est du moment présent seul qu'on doit être privé, puisque c'est le seul qu'on possède, et qu'on ne peut perdre ce qu'on n'a pas. »

Nous avons tous une certaine manière de voir, de percevoir les choses et les autres, consciemment ou non : c'est ce qui guide notre façon d'être dans le quotidien. Changer notre attitude, c'est aussi changer notre façon de voir les choses – par exemple, mourir n'est pas une catastrophe ; la mort nous concerne tous. C'est la manière de mourir, les circonstances, qui effraie. Mais, dès l'instant où l'on comprend que la mort est un changement d'état de conscience, la phase d'abandon de l'enveloppe charnelle pour ne garder que celle, lumineuse, de l'âme, on réalise que ce n'est pas une catastrophe, mais un moindre mal pour un bien supérieur. Notre questionnement à ce sujet, notre peur viennent surtout du fait que l'on ramène à notre ego la mort des autres. Sachons remettre en cause nos croyances pour réexpérimenter à l'aide de gens, d'écrits, etc. que l'on rencontre.

Les valeurs universelles aident les gens à progresser, mais rien n'est vérité. C'est par son expérience qu'un individu acquiert quelque chose, une certaine réalité. Mais il ne faut pas s'attacher au soi-disant traditionnel. C'est en changeant son regard sur les évènements, plusieurs fois dans une vie, que l'on grandit en conscience et en spiritualité : cette façon d'exprimer son ressenti, de dire les choses, n'est pas *la* vérité – mais *sa* vérité…

Tout départ d'expérience est un bon début : cela vaut le coup d'évoluer, c'est possible. Si l'on s'ouvre au plan énergétique, alors on évolue. Le mental est complètement indispensable pour cela. Le yoga contribue à l'assimiler car il se fonde sur le principe de la double conscience – la superficielle, reliée par exemple au côté physique des postures, et la sous-jacente, qui permet d'y être attentif, d'être à l'écoute de son corps, d'être présent à son propre fonctionnement et à ce qui se dit dans sa tête, d'apprécier l'espace de silence, de ressentir l'énergie, qu'elle soit d'ordre physiologique ou conséquence du ressenti.

Soyons dans la vérité de chacune des couches de notre être, dans la lumière, soyons présents à l'autre, soyons conscients que la vérité de l'univers est infinie, soyons créatifs : comme le soulignait Sri Aurobindo, grand yogi d'Inde (1872-1950), « celui qui est maître en créativité obtient une vitalité infinie. Ouvrons-nous à la plénitude de ce qui est déjà là, prenons conscience de notre infinie unité avec tout être et tout devenir : cette attitude nous place dans un état d'être, avec tous les jeux d'énergies et les niveaux de conscience de notre être, elle laisse la présence nous guider, en ayant le discernement ». Toute cette démarche de travail sur soi fait passer du concept « je suis moi et il y a les autres » au concept « je suis un avec tous les autres et tout le reste ».

La pratique du yoga, si le fond y est et quelle que soit sa forme, est une aide certaine pour progresser dans cette démarche. Comme le disait le yogi Babacar Khane au cours de l'un de ses enseignements, les diverses voies du yoga ne visent pas à la conversion de leurs adeptes ; elles se proposent seulement de les aider à se concentrer pour faire d'eux de meilleurs chrétiens, de meilleurs musulmans, de meilleurs athées, si tel est leur choix – ou bien encore de meilleurs PDG, de meilleurs chefs, de meilleurs participants à une équipe, de meilleurs artisans, de meilleurs sportifs. En Inde, précisait-il, on appelle Ishta-devata l'aspect du divin sur lequel on choisit de concentrer sa dévotion, tout en sachant que ce n'est qu'une facette du divin unique. L'évolution n'a pas pour objet de nous couper de nos racines, mais de bonifier notre manière d'être et de penser. C'est la voie de l'éveil aux énergies latentes, subtiles, et à l'épanouissement du bonheur, qui fait que l'on ne ressent pas le besoin d'avoir des paradis artificiels.

Si nous ressentons des difficultés pour accepter l'autre tel qu'il est (son comportement, ses attitudes) ou un évènement, un contexte, des circonstances, alors nous susciterons des émotions. Une émotion est un processus mental d'accusation, donc de refus. Accuser l'autre, ou s'accuser nous-mêmes, revient à laisser notre ego prendre le dessus sur notre cœur, donc sur notre bonté naturelle qui émane de notre humanité primitive, voire de notre divinité primordiale. Ce phénomène d'accusation est induit par le fait que nous ne sommes pas d'accord avec l'autre ; le mental devient souverain et la colère s'installe, laissant d'ailleurs libre cours à d'autres émotions négatives qui lui sont liées – agressivité, impatience, intolérance, frustration, voire rancune et haine. Cela débouche finalement sur de l'amertume, du remords, du chagrin, du désespoir. Il est alors bien de visualiser un rayon lumineux partant du chakra du cœur et dissolvant cette énergie sombre et destructrice tant pour l'émetteur que pour le récepteur – voire les récepteurs : il y a en effet d'autres individus en état de résonance, réceptifs à la vibration émise, qui voient alors leur état émotionnel se détériorer parce qu'ils étaient déjà en position de faiblesse. Une des finalités du travail sur soi, c'est de privilégier les sentiments au détriment des émotions, pour ainsi agir sans juger, que ce soit les autres ou soi-même. C'est la clé du bien-être. Un sentiment a plutôt une connotation de ressenti : on observe sans accuser, sans mettre son mental à contribution. Il ne faut toutefois pas perdre de vue qu'un sentiment est une émotion conscientisée, qu'il faut tout de même savoir gérer.

Nous nous faisons des blessures quand l'autre agit différemment de ce que nous attendions ; mais une personne qui nous est proche, que l'on apprécie, n'est pas toujours censée nous plaire, même si elle nous estime, nous aime. Personne ne doit assumer les conséquences des autres – en revanche, on a la responsabilité d'assumer les siennes. Et si l'autre décide de ne pas aller dans notre sens, c'est son droit, sa responsabilité : il ne sert à rien de s'en offusquer. Ce n'est pas pour autant qu'il ne nous apprécie pas. Ne pas comprendre cela donne des émotions et pousse à culpabiliser l'autre. Nous sommes également blessés quand nous avons une impression d'injustice, ou bien de non-atteinte du niveau de perfection que l'on s'était fixé chez l'autre, car nous craignons principalement d'être jugés nous-mêmes. C'est ce qui se produit, par exemple, quand on se projette dans l'avenir de ses enfants et qu'ils se détournent de la voie envisagée : que vont penser les autres ? Dans ce cas, nous souffrons parce que notre ego est atteint, non parce que l'autre agit différemment, même si cela risque de lui causer plus de désagréments ou de difficultés dans la vie. Mais nous ne sommes pas autorisés à dicter aux autres la façon de vivre leur vie, ce qu'ils ont à faire (je parle ici de leur évolution personnelle, non d'une relation hiérarchique, quand, en usine par exemple, un programme de production, des procédures d'organisation, une stratégie sont à établir par certains et à appliquer par d'autres). Si nous leur faisons confiance, cela les aidera à évoluer sur leur chemin de vie, car ils savent au plus profond d'eux-mêmes quels sont leurs besoins. Quelles que soient leurs décisions, ils apprendront quelque chose qui leur servira un jour. Bien entendu, nous pouvons les conseiller, les orienter, mais il est bon aussi de savoir lâcher prise de manière à ne pas laisser les émotions nous gagner si quelqu'un a une opinion différente de la nôtre. Nous procédons ainsi différemment que nous l'aurions souhaité. Cela est vrai aussi pour nous-mêmes quand nos agissements ne sont pas en phase avec ce que notre ego nous recommande. En somme, il faut savoir se regarder dans une glace pour se voir tel que l'on est, avec ses aspects négatifs et positifs, en se disant qu'il n'y a pas que le positif qui soit acceptable et le négatif inacceptable. Le but est d'en prendre conscience, de découvrir notre vraie nature, ce qui est ancré profondément en nous. Il faut surpasser notre ego car ce qui est négatif pour nous-mêmes peut s'avérer positif pour un autre individu. Cet effet miroir nous est très instructif : il nous aide à accepter tous nos aspects, nous fait comprendre que, en reprochant quelque chose aux autres, en pensant être différents, les autres nous accusent en fait de la même chose. L'estomac est lié aux émotions, le cœur aux sentiments : quelque chose qui ne passe pas, d'un point de vue alimentaire ou psychologique, nous donne des difficultés de digestion au sens propre ou au sens figuré. Il est important de savoir ce que c'est et de nous placer dans l'acceptation.

Cette interrogation nous amène à prendre conscience que personne en ce monde n'est là pour toujours honorer nos vœux, nos attentes ; réciproquement, notre mission ne consiste pas à répondre aux leurs. Cette manière de voir les choses améliore nettement les relations et procure du bonheur.

Le travail sur soi est à l'« élévation en conscience » et en spiritualité ce que la prière est à la religion. C'est avant tout un acte personnel, une profonde remise en question de soi, pour être plus disponible aux autres. Toutefois, s'il est communicatif, si celui qui le pratique s'en ouvre aux autres pour les inviter à prendre cette route de la sagesse, longue, pleine d'embûches mais aussi d'enseignements et de joies, alors cela renforce les liens de la collectivité ; on ne se sent pas seul et on est heureux de partager ses expériences pour favoriser l'émulation inhérente à cette démarche et alimenter la spirale ascendante de positivité. Il ne suffit pas de dire « je travaille sur moi », d'avoir le sentiment que notre précieux petit moi a accompli ses devoirs de conscience, de spiritualité. Décidément non, ce serait trop facile ! D'un point de vue théologique, le « nous » précède le « moi » ; par conséquent, notre mission à tous est d'agir avant tout pour les autres : c'est la seule façon de leur apporter du bien-être. Tout groupe au sein duquel nous œuvrons (entreprises, écoles, associations, ONG, clubs, cercles de pensée...) ne peut être appréhendé comme un agrégat d'individus, mais comme une collectivité. Nul n'est une collectivité à lui tout seul. Le travail sur soi n'est pas seulement l'affaire d'un « je », car c'est parce que l'individu qui le pratique le fait dans le souci du bien-être d'autrui qu'il s'en trouvera lui-même grandi. Cela contribue à œuvrer pour soi, sans intérêt personnel, afin d'être en harmonie avec soi-même, pour d'autant mieux restituer vers les autres.

LE YOGA, UNE AIDE AU TRAVAIL SUR SOI

« Le yoga est un ciseau de sculpteur. Aussi subtil qu'un rayon de lumière, acéré comme une lame, il cisèle inlassablement la matière brute du corps pour en faire jaillir la perfection. » (Shri Mahesh, cité dans Yoga et Vie, *n° 139, mars 2009)*

« La sagesse... Venons-y. C'est bien de cela qu'il s'agit quand on s'adresse au yoga : enfin trouver un peu de sagesse. » (Christiane Berthelet-Lorelle, La Sagesse du désir. Le yoga et la psychanalyse, *Seuil, 2003)*

« L'art est manière de faire, le yoga est manière de se faire. » (Paul Masson-Oursel, cité dans Traditions indiennes, *Patrick Mandala, Dangles, 2004)*

En sanskrit[19], *yoga* signifie « lien ». Le mot comporte une connotation d'unité et de conscience

19. D'origine indo-aryenne, langue sacrée et littéraire de l'Inde ancienne. Le mot *sanskrit* lui-même signifie « langue parfaite ».

de soi ; c'est un signe vital de transformation. Les pratiques fondamentales du yoga visent toutes à recréer un lien entre le corps et l'esprit, entre les hommes, entre un individu et la spiritualité, entre une entreprise ou toute forme d'entité humaine et des individus. Les outils développés sont essentiellement des moyens pour se relier dans différents domaines, établir une relation, faciliter notre connexion avec les autres.

Le yoga est l'un des six piliers de la pensée indienne. Aujourd'hui, il est reconnu comme l'une des multiples thérapies cognitivo-comportementales. Il permet de parvenir à un état de calme et de paix intérieure, et se retrouve au niveau de toutes les actions des pratiquants. C'est clairement un mode de vie qui permet d'évoluer vers la pleine santé.

Il est né lorsque l'humanité s'est interrogée sur la composition du corps humain, sur son fonctionnement, sur la dimension énergétique, sur le lien de celle-ci avec la dimension physique et matérielle, mais aussi sur la cause présidant à la création de la matière et des différents éléments, à l'âme, au moyen de parvenir à la transcendance, à la libération, à la liberté. C'est une voie d'accès à la connaissance sous toutes ses formes (physique, psychique, spirituelle). La méditation en constitue le meilleur moyen.

Le but est de s'opposer à l'ignorance, qui génère des déséquilibres chez les individus et au niveau collectif. Il est important, dans notre monde actuel, d'apporter le yoga là où on en a besoin – et c'est principalement le cas du collectif. La planète requiert cette pratique pour se rééquilibrer, c'est pourquoi il est souhaitable qu'un maximum d'entre nous s'investisse pour remettre du sens dans la vie. Ne restons pas hypnotisés par nos individualités, et prenons conscience que c'est le facteur humain qui a déséquilibré la Terre.

Le yoga est à considérer comme une impulsion scientifique pour comprendre qui nous sommes et nos interactions avec l'environnement. Nous sommes en effet des distillateurs de l'énergie solaire. Notre matière appartient à la matière universelle : nous sommes issus de l'impulsion primordiale, du big-bang originel, et possédons les molécules du système solaire. Nous sommes des êtres collectifs, une expression de la nature, qui est collective. L'antique métaphore consiste à dire que les structures et les organisations sont comme un organisme vivant, qu'elles sont régies par les mêmes lois ; une vision qui a prévalu en Orient (en Chine) et en Occident (en Grèce). La matière qui nous constitue peut exprimer une certaine individualité, mais cela n'est pas vrai pour le domaine psychique, qui est un état vis-à-vis de l'environnement. Le psychique s'oppose à notre individualité. Chacun de nous doit se libérer de sa « boîte noire », trouver son concept personnel pour se relier à l'environnement. Grâce aux multiples méditations de grands sages et de yogis, le yoga a compris depuis des millénaires comment fonctionne scientifiquement l'être humain et défini des pratiques agissant sur les déséquilibres perçus dans nos différents corps. C'est, en quelque sorte, la barre du funambule. Jules Barthélemy-Saint-Hilaire, dans son avant-propos aux *Pensées pour moi-même* de Marc Aurèle, met très bien en évidence cette nécessaire transmission : « Quelque puissante que soit notre raison, quelque droite que soit notre conscience, nous ne pouvons nous suffire entièrement et nous contenter de nos méditations solitaires ; les méditations d'autrui nous sont indispensables pour augmenter nos lumières et nos forces. Il n'est que faire de s'examiner bien longuement, pour s'apercevoir que l'on doit presque tout ce qu'on pense à la société dans laquelle on naît, et aux traditions sans nombre que cette société a reçues, pour les accroître à son tour. Ce serait un aveugle orgueil, et une erreur fatale, de croire que l'on tire tout de son fonds personnel, et qu'on peut impunément ignorer les trésors amassés par l'expérience et la sagesse des âges écoulés. »

Nous baignons principalement dans l'impermanence. Dans *Critias*, Platon donne sa conception de la cité idéale dans le but de prouver à ses contemporains que la Grèce était sortie victorieuse de conflits qui l'opposaient à des ennemis puissants menés par des rois prodigieux. Le philosophe les mettait en garde contre la décadence éventuelle de la cité, pour peu qu'elle renonçât aux règles qui avaient fait sa force. La notion d'impermanence apparaît ici clairement. La permanence ne peut se trouver que dans le domaine psychique qui lui est universel, telles les vaguelettes sur la mer qui disparaissent puis reviennent, faisant toujours partie du même collectif. Le yoga cherche à nous ouvrir sur notre réalité, à nous aider à débusquer nos croyances. L'humain a en effet beaucoup de désirs et de croyances qui l'installent dans le mécanisme des illusions. Le yoga lui permet d'étudier chacune de ses propres couches pour comprendre sa globalité et aller vers l'unification de son être. Il contribue à nous placer dans un état de vigilance permanent, pour réduire les turbulences du mental, le diriger et faire en sorte que ce soit de moins en moins l'inverse, qui constitue pourtant la tendance naturelle chez l'humain.

La rigidité mentale est l'un des obstacles dans le yoga : le mental fonctionne en effet par rapport à nos sens, non par rapport à notre conscience. Il n'est pas statique mais dynamique, et varie selon cinq états différents : la fainéantise, l'état dissipé, la phase intermédiaire entre dissipation et concentration, la concentration, le hors limites. Quand le mental est perturbé, il est injuste d'en blâmer les autres. Bien souvent, c'est que l'homme ne veut pas faire face à sa vie intérieure et se subordonne à des souffrances (*kleshas*) dont il veut ignorer les causes. Les cinq causes de souffrance sont l'ignorance (*avidya*), l'ego (*asmita*) en tant que sensation de solitude empêchant toute connexion, l'attachement (*raga*) nous plaçant dans le passé et le futur mais peu dans le présent, l'aversion (*dvesha*) et la peur de la mort (*abhinivesha*). Toutes ces causes sont autant d'excuses pour ne pas faire face à son mental. Être vigilant, c'est être dans le temps présent, seule possibilité pour exercer notre libre arbitre, sans ressasser le passé, sans imaginer le futur. Le mental utilise la mémoire pour comprendre l'évènement en cours : nous nous servons en permanence d'une base de données remplie d'archétypes du passé – et c'est de cela qu'il nous faut nous détacher. Le subconscient détermine nos comportements ; le yoga travaille sur lui pour le remettre dans la conscience.

À travers ses multiples pratiques, le yoga aide à se familiariser avec la méditation et permet de réfléchir à un certain nombre de questions : pourquoi sommes-nous venus sur Terre ? S'il est vrai qu'il n'y a pas de hasard, y a-t-il un sens caché à cela ? Pourquoi possédons-nous un corps humain et des facultés supérieures, semble-t-il, à celles du monde minéral, végétal et animal ? Tous les êtres vivants ont une conscience, laquelle est reliée à la conscience universelle ; au plan mental, il existe les deux aspects, logique et analogique. Ce qui différencie l'humain des autres êtres vivants, c'est le développement du mental logique. Les animaux n'utilisent que le mental analogique, associé à l'intuition ; c'est pourquoi ils font toujours la même chose et se font prendre par les chasseurs, qui repèrent leurs comportements. Le mental analogique est celui de notre prime enfance. Le mental logique, lui, se construit avec l'éducation et l'expérience. La société moderne a contraint l'homme à devenir uniquement logique, et donc à faire des écarts de perception. Le yoga vise à rééquilibrer le logique et l'analogique. Nous sommes tous capables de comprendre que trois éléments principaux nous composent : le corps physique, qui devra mourir un jour, la conscience incarnée, *jivatma*, qui est immortelle, pure et céleste, et le mental, qui est positionné entre les deux premiers et meurt en même temps que le corps physique. La méditation agit comme une purge mentale ; c'est une expérience psychique forte pour réunir les êtres humains. Le but n'est pas de se rendre maître de son mental, de s'opposer à lui, mais de le laisser devenir notre ami. C'est en le pacifiant que nous pouvons contribuer à la pacification du monde ; il nous faut nous poser en observateur et rester impartial à son endroit.

Le corps, qui est inerte, subit un cycle de transformations incontournables : naissance, croissance, existence – c'est-à-dire la vie –, puis décomposition due à la mort. Ce corps physique héberge l'âme, laquelle s'en ira lorsqu'il aura atteint l'instant ultime de son cycle de transformation. C'est parce que tout est en nous – y compris, donc, le divin – que nous devons en prendre soin. Le mental est constamment en effervescence et s'assimile au flux des pensées toujours reliées à nos connaissances, à notre mémoire, donc à notre corps subtil. Il est à l'origine de l'attachement ou du lâcher-prise, du bonheur ou de la peine. Il influe sur notre état en fonction de nos croyances, qui sont la conséquence de conditionnements socioculturels ou de traumatismes émotionnels. L'être humain a la faculté de pouvoir orienter ses pensées vers un concept, une finalité, un principe de vie, et d'en modifier le caractère. C'est ainsi que, en privilégiant le positif, il transformera sa vie et favorisera la réalisation de soi[20].

Par l'intermédiaire de nos cinq sens, le mental peut être dirigé vers l'extérieur. En se focalisant sur notre intérieur, il peut modifier la nature de nos pensées, donc avoir une action qualitative. En s'intéressant à ce qui nous entoure, il peut agir sur nombre de pensées, donc avoir une action quantitative. C'est en changeant notre façon de penser et de voir les choses que nous sommes susceptibles d'accéder à une vie de meilleure qualité. La pratique du yoga et le travail sur soi permettent d'entraîner le mental à être source de bonheur et non de détresse. Le mental connaît plusieurs états et rythme notre vie, depuis la stupidité, la confusion, l'agitation jusqu'à la méditation en passant par le plaisir lié aux sens, la concentration et la focalisation. Notre vision de ce qui nous est extérieur est fonc-

20. Je renvoie le lecteur au chapitre précédent, autour du passage sur les formes pensées.

tion de notre état d'être. Selon notre état mental, nous pouvons avoir une sensation positive ou bien négative. Si nous faisons l'effort de nous demander comment notre mental perçoit telle personne ou telle situation, plutôt que de savoir si elle est bonne ou mauvaise, alors nous serons d'autant mieux disposés à mettre en valeur son côté positif. Nous comprenons ainsi qu'il est important pour notre bien-être de prendre également soin de notre mental. Le corps et l'esprit sont interdépendants et non durables ; notre seule réalité est l'âme qui nous habite pour poursuivre sa bonification. C'est en assainissant nos pensées, qualitativement et quantitativement, que nous aidons l'âme à émerger, à se manifester. La respiration en conscience, fondement du yoga, conduit à mieux percevoir la portée de cette interdépendance entre le corps et le mental, et donc à avoir un meilleur contrôle de son mental.

Le flux de nos pensées est naturellement important : une vingtaine de celles-ci peuvent traverser notre esprit en une minute. Se concentrer sur sa respiration permet de se focaliser sur une seule pensée pour arriver à la conserver le plus longtemps possible – et ainsi, avec de l'entraînement, ne plus se laisser dominer par le mental. Le but n'est pas de contrôler les émotions négatives, mais d'en modifier la nature après les avoir identifiées, en les considérant comme de simples objets, en les observant puis en les mettant de côté. Car être lucide de ses faiblesses rend fort. On peut aussi, grâce à la méditation, arrêter de penser momentanément, visualiser un tableau blanc, pour mieux se ressourcer : « Le yoga est l'arrêt de l'activité automatique du mental », pour citer Patanjali.

Notre corps astral (mental, intellect, ego, pensées) découle du contexte dans lequel il s'est concrétisé : si son corps astral est tourné vers la philosophie, un individu aura un esprit philosophique ; si c'est plutôt vers la science, il aura un esprit scientifique. Le mental est gouverné par l'instinct – notamment de survie, physique et psychologique ; il est en permanence en questionnement par rapport à l'extérieur et à l'intérieur de l'individu. L'intellect apporte l'aptitude à décider et à raisonner sur des éléments passés et présents, voire des projections dans le futur. Le discernement, d'après les Yoga-Sûtras de Patanjali, vient avec la spiritualité.

Quelle que soit sa forme, le yoga aide à s'élever en spiritualité, pour mieux comprendre les autres, les aider et les motiver pour agir ensemble, sans arrière-pensées ni intérêt personnel. C'est pourquoi il peut apporter beaucoup à la vie d'une entreprise ou de toute autre entité humaine. Dans l'esprit du yoga, l'intention est un progrès ; chacun est là où il est. Il est à pratiquer pour soi, non pour se montrer aux autres ou se glorifier. Il n'y a de ce fait pas de compétition : il est accessible à tous. C'est un courant de pensée, un principe de vie, qui apporte une hygiène, le sens des valeurs humaines, voire une orientation spirituelle. Le yoga apprend à rester humble : la pratique des postures (*âsana*) nous fait découvrir nos limites, mais aussi le fait qu'avec du travail, de la volonté, de la persévérance, le progrès est possible. Une des définitions du yoga est également d'aller d'un point à un autre : c'est un chemin et un état.

La méditation (abstraction des pensées) et la concentration (visualisation d'une seule pensée) apprennent aussi à mieux se maîtriser, et entraînent notre mental à être moins agité pour être plus disponible aux autres et à soi-même. Le yoga permet de comprendre que la spiritualité est accessible à tous ; elle n'est pas réservée à des initiés, les religieux par exemple : au contraire, elle est le but sur Terre, celui d'être de nouveau relié à la source créatrice. La spiritualité est un état d'esprit intériorisé, un état d'équilibre intérieur. Le yoga nous apprend que nous ne devons pas nous dérober face à la vie mais, au contraire, l'affronter avec vigueur et bravoure, et aussi avec sérénité, discernement et volonté. Lorsque je parle de ma pratique du toumo[(21)] – mes douches froides et autres

21. Le toumo, encore appelé « yoga du froid », est le premier yoga au Tibet. C'est celui du feu intérieur, une puissance flamboyante et dévorante. Il a une connotation spirituelle : il vise un état psychique d'unité, où les forces qui dorment en nous évoluent vers une irrésistible ardeur. Les Tibétains disent que le toumo arrache l'homme au sommeil de la satisfaction terrestre, brise les limites de notre étroite individualité et du monde que nous avons nous-mêmes créé. Il nous conduit à nous purifier pour « extraire la bille d'or qui est en nous », c'est-à-dire tenter d'éliminer tout ce qui est négatif en nous. Le toumo est un moyen naturel pour redevenir son propre thérapeute car il stimule les défenses immunitaires, ralentit le vieillissement et entraîne l'individu vers la non-identification au mental. Comme

expériences telles que marches en montagne à des températures inférieures à zéro degré juste vêtu d'un short, bains de neige, nage en eau glacée... –, ou tout simplement de mon programme quotidien de yoga, de nombreuses personnes se plaignent de ne pas avoir le temps, ou bien répondent qu'elles ne peuvent concevoir le contact avec l'eau froide, ou encore disent qu'elles n'aiment pas être seules pour s'adonner à ce genre d'activités. En fait, elles s'écoutent – dans le mauvais sens du terme – et cherchent des justifications à leur manque de volonté. C'est en allant en soi, en étant attentif aux signes extérieurs et à ses jalons de vie (par exemple, les personnes qui nous alertent, qui nous font prendre conscience de certaines choses, qui nous orientent ou nous réorientent), que l'on se remet en question, que l'on ne s'accorde plus d'excuse ni de complaisance, que l'on progresse ; c'est ce que dit Maurice Daubard.

Le yoga ou le toumo permettent de s'améliorer physiquement, socialement et spirituellement, et de se fixer des buts précis, de traiter les problèmes avec tolérance et persévérance. Il est préférable de s'efforcer d'être régulier dans ces pratiques, de faire ces exercices à tel moment de la journée et pendant tant de temps, selon ses capacités du moment et sans attendre de résultat, sans se surestimer, en

toutes les méthodes de soins naturelles, il confère au pratiquant la possibilité de retrouver sa nature originelle. Il est plus vaste et plus performant que n'importe quel équipement électronique ou médicament chimique. Il donne confiance en la vie.

étant toujours à l'écoute des alertes données par son corps, si insignifiantes soient-elles.

Depuis des milliers d'années, le yoga vise à se libérer de la loi des causes et effets qu'est le karma, des obstacles inhérents à la condition humaine, pour trouver une existence en conscience. Il s'appuie, entre autres, sur cent quatre-vingt-quinze sûtras, des aphorismes révélant notre vraie nature : ils sont un fil conducteur dans la transmission du yoga. Ce travail donne une vision fertile du monde dans sa globalité et de la manière d'être en reliance avec lui ; il procure un effet miroir. Les Occidentaux que nous sommes ont besoin de yogis avertis, avec une expérience reconnue, pour assimiler cette pédagogie et l'accomplir de manière bénéfique. Pour nous, les sûtras sont porteurs d'un message sur notre relation aux autres et à nous-mêmes. Leur signification est très enrichissante dans notre vie, qu'elle soit sentimentale, professionnelle, relationnelle, psychique, et dans la pratique de nos activités physiques. En fait, le yoga est un moyen à la portée de tous, concret et efficace pour nous permettre de devenir plus conscients et plus diligents, de vivre et d'agir dans la présence, de rechercher au fond de nous la lumière qui émane de la sagesse universelle. Il nous aide à retrouver ou à conserver un corps sain, il contribue à la communication, et aussi à la réalisation de soi à laquelle est destiné l'être humain. À noter que ceci est fonction de la durée et de l'intensité de la pratique, et dépend de la constitution et des dispositions de l'individu : le pratiquant doit percevoir ce travail comme une démarche longue et régulière, dont les progrès ne seront perceptibles qu'après plusieurs années de postures, de réflexions et de méditations assidues – mais qui procurera à celui qui aura persévéré un état d'accomplissement.

Selon Patanjali, le yoga est composé de huit « membres » (*ashtanga-yoga*) :

– *yama* : contrôle, maîtrise, observance, règle, discipline ; ce membre représente les règles de vie dans la relation aux autres ;

– *niyama* : répression, limitation, contrainte, règle, observance ; celui-ci a trait aux règles de vie dans la relation à soi-même.

– *âsana* : posture, fait d'être installé dans une posture ; donc pratique de cette posture, chacune ayant une action spécifique sur une région donnée de l'organisme ;

– *prânâyâma* : discipline d'allongement du souffle, sans lequel rien n'existe ; c'est-à-dire pratique de la respiration contrôlée, chaque technique ayant elle aussi une action spécifique sur l'organisme ;

– *pratyâhâra* : retrait des sens, écoute intérieure ; ce membre correspond au fait de soustraire à volonté les fonctions sensorielles (de perception et d'action) des objets.

– *dhârana* : exercice de la concentration du mental focalisé sur un point, éventuellement

accompagné de l'arrêt du souffle ; c'est la relation d'attention du mental à un secteur déterminé ou non ;
– *dhyâna* : état de méditation permettant l'acte juste, adéquat, qui ne génère pas la souffrance ;
– *samâdhi* : état d'unité, de pure conscience ; c'est l'intégration complète avec l'objet de la méditation, la béatitude.

Le troisième membre, *âsana*, et le quatrième, *prânâyâma*, sont considérés comme indispensables pour maintenir le corps et l'esprit sains et capables. *Prânâyâma* est particulièrement important : sans le souffle, il ne peut y avoir de vie. Respirer correctement, en conscience, permet d'être présent à soi. En sanskrit, *prâna* désigne la vitalité, l'énergie vitale, la nature de tout ce qui existe, manifesté ou non. *Prânâyâma* évoque donc le contrôle, la maîtrise, la régulation de cette énergie grâce à différents exercices où l'on retrouve des inspirations, des expirations et des rétentions (des pauses poumons vides ou pleins) utilisées selon les cas. Par exemple, les inspirations lentes et profondes ont pour effet de purifier l'organisme (le cerveau, notamment) en en chassant les toxines. Les processus respiratoires sont fonction du choix et des possibilités du pratiquant. Il en existe une quinzaine, qui permettent de faire passer le mental d'un état agité à un état de calme, pour ainsi aboutir à des états supérieurs de conscience. Le mental influe sur le physique et réciproquement. La respiration nous apporte la possibilité de rétablir des déséquilibres et surtout de maintenir un lien entre le physique et le mental. Par ailleurs, ressentir la respiration aiguise notre curiosité, laquelle génère la motivation qui elle-même apporte la patience.

L'expiration décontracte naturellement le corps. La rétention poumons vides permet d'écouter nos vibrations intérieures, mais aussi celles qui nous sont extérieures. En pratiquant de tels exercices de respiration, la décontraction gagne petit à petit l'ensemble du corps. Le sang circule mieux et l'oxygénation est maximale. La respiration devient harmonieuse et l'on peut atteindre un état interne de conscience supérieure, une supraconscience – ceci dit, ce n'est pas systématique !

Pour le yoga, l'air est le principal véhicule de l'énergie vitale, et surtout celui de la conscience. Tout au long de la journée, le souffle alterne d'une narine à l'autre toutes les quatre-vingt-dix minutes environ ; c'est un phénomène automatique et inconscient. Comme déjà évoqué, la narine droite et la partie droite du corps sont liées à l'hémisphère gauche du cerveau ; à l'inverse, la narine gauche et la partie gauche du corps sont en relation avec l'hémisphère droit. Quand on respire par la narine droite (aspect solaire), on est orienté vers l'extraversion, on devient plus actif, plus créatif sur les plans de l'abstraction et de l'organisation, plus apte à l'écriture, à la lecture, au discours clair et rationnel. Quand on respire par la narine gauche (aspect lunaire), on est orienté vers l'introversion, la sensibilité esthétique visuelle et auditive, on devient plus intuitif, affectif, émotif, imaginatif, on a une perception d'ensemble, une pensée analogique et associative, un sens pratique concret. Enfin, lors des moments de transition entre les narines gauche et droite, les deux hémisphères travaillent en harmonie. La conscience subit alors de profonds changements liés à notre état du moment. Maîtriser la respiration, c'est favoriser plutôt le côté gauche, ou le droit, ou les deux, en sachant simplement choisir le bon moment.

L'équilibre est une notion majeure du yoga. Dans ses sûtras, Patanjali propose une approche très claire de ce travail qui conduit insensiblement le pratiquant vers un certain aboutissement, une sensation de liberté intérieure, de bien-être profond. Le yoga est une perception de l'être humain et de sa psychologie : il agit sur le corps, la physiologie et le psychisme. Les postures sont très bénéfiques pour la colonne vertébrale – l'axe nerveux –, les os, les muscles et les articulations ; elles contribuent aussi à une bonne régulation des fonctions viscérales.

L'analyse de ce qui se passe entre des personnes pratiquant le yoga est intéressante, qu'il s'agisse de la relation entre le professeur et ses élèves ou entre les élèves eux-mêmes, car, bien évidemment, le mental et l'émotionnel de chacun sont mis à l'épreuve. Le professeur, au-delà de son enseignement, a un rôle de guide, parfois de thérapeute. Chaque élève, pour sa part, a ses attentes propres. Pour pouvoir bien y répondre, le professeur procède avec vigilance en proposant à chacun des attitudes actives, des pratiques à cultiver au quotidien, pendant longtemps, patiemment, afin de se transformer petit à petit, en laissant la personne exprimer son ressenti. En yoga, il faut privilégier l'observation et la compréhension. Dans *Yoga et Vie* n° 139, Colette Poggi donne une belle définition de cette pratique : « Si l'on regarde un jet d'eau, la ligne se confond avec l'élan, car c'est bien l'énergie impulsée à l'eau qui dessine dans l'espace son trajet. Dans l'expérience du yoga, les postures répondent parfaitement à cette manière d'envisager formes et lignes. Le geste est tracé dans le sillage d'un élan fait de conscience et d'énergie intimement mêlées, alors la posture est vivante car elle est tissée de lignes, irriguée de souffle. Le corps, la main, le visage… bénéficient de cette énergie guérissante, régénérante, qui relie l'homme à l'univers, et le rend un et entier. »

J'ai la chance d'avoir comme professeur à domicile mon épouse, laquelle a pris certains cours auprès de Maurice Daubard ; elle est diplômée de l'école Viniyoga ainsi que de l'Institut de yogathérapie, dirigé par le Dr Lionel Coudron. Si elle a été mon premier professeur, Maurice Daubard, lui, est un maître. Chaque fois que l'on se voyait, il semait des graines dans mon mental et attendait patiemment de les voir germer. J'ai découvert tout doucement cette discipline en accompagnant mon épouse à des stages et en m'intéressant aux informations qu'elle me faisait partager.

Baignant dans le monde industriel, j'ai longtemps été frustré car je me sentais déconnecté d'un monde qui, pourtant, ne me repoussait pas. Puis, avec le temps et force communication, je me suis familiarisé avec le yoga et je me suis dit que ses principes fondamentaux pouvaient être bénéfiques pour le fonctionnement d'une entreprise autant que toute autre forme de groupe humain. Aujourd'hui, je peux parler de yoga dans le monde de l'industrie et d'industrie dans le monde du yoga… Si la mise en place d'une charte des valeurs constitue une base solide pour rassembler des individus autour d'une cause et atteindre des objectifs gagnants, le travail sur soi permet de construire sur elle de manière fiable et durable. La collectivité résulte alors de cette consolidation de l'ensemble des individus qui, tous, font l'effort de se remettre en question pour le bien-être des autres et d'eux-mêmes.

C'est parce que j'ai compris que le yoga est un moyen éprouvé de travail sur soi que je me suis mis à pratiquer cette discipline, à l'analyser, à en parler, car j'étais enfin prêt. Il en est de même pour le toumo. Être prêt, c'est ressentir au fond de soi que sa vie va changer. C'est à ce moment-là que j'ai décidé de me prendre en main, de cesser de me trouver des excuses ou de me rassurer en me disant qu'une semaine de ski en hiver et quelques marches le week-end m'apportaient suffisamment d'un point de vue sportif. Le yoga apporte ce retour à soi, avec ses conséquences dans le temps. On se retrouve en symbiose avec ce qu'il y a de plus vrai en soi.

Même s'il y a toujours une différence entre la posture pratiquée et l'image interne que l'on ressent, l'apport du yoga est sans conteste positif pour essayer de résoudre l'énigme de sa vie, de lever des non-dits, de se positionner par rapport aux autres, à sa famille, à ses amis. J'ai compris que, même s'il faut des signes extérieurs pour se remettre en question, la véritable clarté sur soi vient de l'intérieur. Subrepticement, nos interrogations s'élucident au fur et à mesure des exercices de respiration : la maîtrise du souffle est un réel guide personnel. Les principaux buts du yoga consistent à faire une rétrospective sur soi-même, à trouver le détachement, à se réorienter, à percevoir ce que vivre signifie vraiment.

Au sein de sa famille, par exemple, on peut, en travaillant sur soi et donc en essayant de comprendre les origines d'un mal-être, crever certains abcès, faire prendre conscience aux autres de sa propre identité, mettre sur la table les problèmes, abus de pouvoir, troubles et confusions émanant des non-dits, eux-mêmes pouvant d'ailleurs sauter les générations. Bien entendu, cela peut avoir des répercussions au plan professionnel, car le monde du travail peut lui-même générer des non-dits. Mais en adoptant une charte des valeurs, l'entreprise sera vigilante à l'égard des individus qui la composent. Ainsi, le yoga contribue à faire naître chez le pratiquant une vision saine de sa relation au monde extérieur, et inversement ; il recrée le lien avec son humanité primitive, il l'aide à se détacher des obstacles de son chemin de vie. Ce travail apporte la possibilité de lire en soi. Comme le dit Maurice Daubard, « découvrir un homme, c'est ouvrir un livre ». Certes, il faut oser ouvrir le livre de sa vie, s'avouer ses vérités, même les plus noires ; mais avec la pratique et un bon enseignant, les choses se décantent : on progresse. Notons toutefois que, si le problème est profond, il est préférable de se faire accompagner par un professeur de yoga-thérapie, voire un psychologue.

Lorsque l'on se trouve sur le tapis de yoga pour pratiquer postures, respirations et méditations, on se retrouve avec soi-même, on est présent à soi, au rythme de ses respirations, et on prend conscience de la relation entre le corps, le souffle et le mental. Comme dans beaucoup de sports, le yoga permet de ressentir le phénomène d'oxygénation dû au souffle ; mais en plus – et c'est là tout l'intérêt de cette discipline –, il procure la sensation d'être poussé, porté par ce souffle, pour faire le point avec soi-même, se libérer de ses certitudes, se laisser guider par des forces supérieures. Le yoga est une alimentation psychique et mentale parfaitement saine. Après une longue et patiente pratique, on peut alors transmettre à d'autres notre ressenti et favoriser une émulation au niveau énergétique.

Je suis désormais parfaitement à l'aise parmi les yogis, car ma philosophie du management et mon orientation humaniste sont en totale adéquation avec les fondements du yoga tels qu'ils viennent d'être exposés. Le yogi porte, sans convoitise et avec passion, l'énergie vitale à son paroxysme. C'est également ce que j'essaie d'accomplir en agissant sur le facteur humain, en nivelant par le haut, en m'impliquant pleinement pour avoir une équipe gagnante, saine et tout simplement humaine, dans le sens le plus noble du terme.

L'eau, lien de vie indispensable

« La vie est l'électronique de l'eau interne de l'homme. » (Louis-Claude Vincent, cité dans Purifiez votre eau de table, *Nadette et Richard Haas, Le Grand Livre du mois, 2008)*

« Quand elle n'est pas là, l'eau, c'est ce qui manque ; c'est ce qui manque même si son tempérament la dispose à être non seulement ici, cher ami, mais partout. L'eau ne sait que toucher. Elle touche mieux que tout. » (Roland Dubillard, Yoga et Vie, *n° 139, mars 2009)*

*« La manière dont les sociétés veilleront à la qualité de l'eau en dira long sur leur hiérarchie des valeurs et leur souci de pérennité. » (*Le Monde diplomatique, *« La ruée vers l'eau », septembre-octobre 2002)*

Les religions et les mythologies ont toujours associé l'eau aux principes universels de vie, de propreté, interne comme externe, de purification ; des rites tels que le baptême le rappellent. Les civilisations se sont implantées là où l'eau était présente. Et pourtant, mesurons-nous parfaitement ce qu'elle représente ?

Il n'est pas évident de rencontrer le bonheur depuis l'extérieur : la recherche du bonheur, c'est une recherche de soi. Un voyage intérieur contribuera plus à l'apport du bonheur que des déplacements aux quatre coins de la planète. Un travail sur soi assidu amènera un individu à se souvenir de l'innocence, de la quiétude, du bien-être qu'il vivait quand il était enfant, quand le temps pour lui n'existait pas. Une pratique très régulière de la méditation peut aussi ramener à notre mémoire notre vie de fœtus dans la matrice, quand nous nous sentions bien dans ce milieu aquatique dont le liquide amniotique a de grandes vertus, notamment pour le développement du bébé. Se retrouver avec soi-même en savourant la vie donne une énergie positive purifiant l'eau qui s'écoule en nous et qui constitue en moyenne 70 % de notre organisme(22). Lui procurer du bonheur vitalise le système immunitaire et contribue à une vie saine.

Cette sensation, qui va grandissant avec la pratique du travail sur soi, permet de développer et de concrétiser nos possibilités tant manuelles qu'intellectuelles, notre être étant à la fois corps et psychisme. Nous parvenons ainsi à porter notre

22. Les bébés sont plus proches de 80 % ; les personnes âgées, qui ont tendance à se dessécher, sont proches, elles, de 60 %. Le cerveau est constitué d'eau à 90 %.

attention sur ce qui fonctionne, sur nos forces, pour les renforcer d'autant plus. Plus il y a d'individus pratiquant cela au sein d'une collectivité, plus celle-ci s'enrichit et décuple ses potentialités. C'est particulièrement important pour une entreprise, dont la raison d'être est de rester prospère, pérenne, bienveillante pour les individus qui la composent et pour son environnement. Or, privilégier son propre bonheur, en conscience, en étant dans la présence de ses actions, se répercute sur autrui de manière positive. Les paroles, les pensées ont une importance capitale pour le bien-être des personnes. En revanche, émettre des paroles ou des pensées mauvaises, négatives ou même simplement contraignantes ne génère pas une belle résonance sur nos molécules d'eau ni sur celles d'autrui : cela déstabilise et agit contre la confiance. À l'inverse, des paroles et des pensées positives, constituées de beaux mots, de belles images, apportent de la chaleur, de l'énergie positive ; nos molécules d'eau vibrent intensément et forment des cristaux magnifiques, en pleine vie.

Dans l'univers, tout ce qui existe vibre sur une seule et unique fréquence qui lui est propre. Les humains ont la faculté de penser et de parler, donc d'ajuster aussitôt leur propre longueur d'onde sur tout ce qui existe dans l'univers, au moment précis de l'émission des pensées et des paroles. Ainsi, leur vibration a une influence notoire sur notre être, sur les autres, sur le monde – ceci par la transmission dans l'eau. Comme nous, l'univers est constitué à 70 % d'eau, où elle est apparue il y a environ douze milliards d'années. Nous sommes en reliance permanente avec lui. Nous sommes en lui, il est en nous. La communication s'établit au moyen de l'eau, liquide fondamental à la vie, de loin plus important que tout ce que l'homme peut exploiter sur la planète. C'est pourquoi la plus grande des vigilances est requise à l'égard de l'eau, qui doit être pure et vivante pour procurer des effets bénéfiques. La meilleure de nos possessions est l'eau qui nous constitue, que nous devons préserver de toute forme d'agression alimentaire ou mentale, de tout ce qui est néfaste pour nos sens. Elle est à considérer comme un sujet vivant et non comme un objet. C'est pourquoi il est primordial de ne pas polluer celle qui nous est externe et de veiller à rendre la plus saine possible celle que nous absorbons. Ne perdons jamais de vue que l'eau est le vecteur de communication universel, d'où l'importance de la qualité vibratoire et des informations qu'elle véhicule et transmet. Ce principe pourrait s'expliquer par le concept de « résonance morphique », une expression inventée par Rupert Sheldrake[23] pour décrire ce qui, selon lui, réside dans « le fondement

23. Rupert Sheldrake, né en 1942, est docteur en biologie et auteur, originaire du Nottinghamshire, en Angleterre. Il se sent plus à l'aise avec les modèles téléologiques et mécanistes de la réalité, et préfère la métaphysique à la science, tout en croyant s'adonner à la première en l'habillant du manteau de la seconde (référence : Wikipédia).

de la mémoire dans la nature [...], l'idée qu'il existe de mystérieuses interconnexions de type télépathique entre organismes, et une mémoire collective des espèces ».

Comme le yin et le yang, malheur et bonheur sont liés ; ils appartiennent au même processus. La recherche du bonheur demande que nous acceptions le reste, que nous lâchions prise devant les vicissitudes de la vie, que nous nous laissions porter par les évènements, sans rigidité, sans idée préconçue. Nous nous souvenons tous du moment où nous avons appris à nager : nous nous sommes mis à flotter dès l'instant où nous avons lâché prise, où nous nous sommes détendus, où nous avons refusé la panique.

Il suffit de contempler les photos de cristaux d'eau prises par le Dr Masaru Emoto[24] pour comprendre à quel point l'eau change en fonction des évènements, de la longueur d'onde des vibrations, du contexte dans lequel elle se trouve, de la forme d'énergie l'atteignant. Les échantillons sont

24. Le Dr Masaru Emoto est une autorité japonaise incontestée. Après avoir suivi des études de relations internationales à l'université de Yokohama, il a créé IHM Corporation à Tokyo en 1986. En 1992, il a reçu le diplôme de docteur en médecine alternative par l'Open International University for Alternative Medicine, en Inde. Il est aujourd'hui responsable de l'institut de recherche d'IHM Corporation, dont il est également le président. Il est aussi le président du programme « Project of Love and Thanks to Water ». Emoto a publié plusieurs ouvrages présentant des clichés de cristaux de molécules d'eau. Il les interprète comme des preuves que les cristaux réagissent par des changements de structure à diverses influences, telles celles d'un morceau de Bach ou de hard rock, ainsi qu'à de simples mots comme « merci » (référence : Wikipédia).

congelés à – 25 °C et mis de côté pendant deux heures et demie. L'observation au microscope se fait à – 5 °C, avec un grossissement de 200 fois. On a alors deux minutes pour observer et photographier les cristaux, qui s'estompent avec la montée en température. Le Dr Emoto a constaté au cours de ses multiples expériences que l'eau mémorise ce qu'elle ressent, qu'elle est sensible aux fréquences des êtres, des choses, des pensées, des mots, des couleurs, des sons. Ce que nous ressentons, d'une manière ou d'une autre, atteint les autres, et donc les molécules d'eau – les leurs, les nôtres, celles du monde qui nous entoure : l'eau entre en résonance avec ce qui l'influence. En analysant notre système solaire, et aussi notre propre système atomique, on constate des arrangements similaires, des structures fractales obtenues par irrégularité ou fragmentation – par exemple, les flocons de neige, les ramifications des bronches et des bronchioles, les réseaux hydrographiques, les remous d'un cours d'eau, la formation des nuages… et, bien entendu, la formation des cristaux d'eau selon une structure hexagonale.

L'eau est dans toute vie et s'écoule avec elle. Elle véhicule la nourriture et emporte les impuretés. Faire l'effort de comprendre son pouvoir, sa richesse, la considérer comme le fluide universel, divin, la respecter, l'honorer, constitue une aide certaine au travail sur soi et contribue au bonheur, à la confiance, car nous sommes eau. « Quand l'homme se développa parmi les espèces vivantes dans l'eau, il hérita aussi de sa dépendance des propriétés vivantes de l'eau », dit très justement le Dr Fereydoon Batmanghelidj(25). Les premières formes de vie sur la Terre sont apparues en milieu aquatique, grâce à cette eau qui représente notre terrain biologique, qui est à la base de notre métabolisme. Elle nous permet de penser, de respirer, de digérer, de nous mouvoir... de vivre. Ainsi, 2 % d'eau en moins suffisent à diminuer les capacités de la mémoire à court terme ; et le vieillissement est principalement dû à la déshydratation et à l'oxydation par les radicaux libres.

Il est toujours réconfortant de profiter de l'eau, de regarder une cascade, un fleuve, un lac, l'océan, d'écouter le chant de la rivière, les chutes d'eau, le bruit des vagues, de ressentir l'eau d'une cascade ou de la mer nous tapoter ou nous caresser. Tout cela se répercute sur notre mental et sur notre corps. Nous vivons au fil de l'eau de notre organisme, nous apprenons comment vivre, comment agir vis-à-vis des autres, comment nous sentir en harmonie avec l'univers – car l'eau qui coule en nous est la même que celle qui constitue le cosmos. Toute matière a sa propre énergie subtile, laquelle est transmise par l'eau, dont les molécules transportent les messages. La fidélité de la transmission dépend de l'état de l'eau : si elle est impure, elle sera très mauvaise ; si,

25. Cité dans *Purifiez votre eau de table*, *op. cit.*

au contraire, elle est pure, elle sera fidèle et bénéfique. Nous entrevoyons ici tout le problème posé par les produits chimiques supposés rendre l'eau potable : par exemple, le chlore est toxique pour le système nerveux, c'est un oxydant puissant qui détruit la flore bactérienne de l'organisme.

Il est bon de méditer sur le cycle de l'eau, de se représenter ses étapes : la pluie tombe et humidifie ce qu'elle rencontre, s'infiltre dans le sol grâce aux multiples galeries pratiquées par les animaux et la nature elle-même, constitue des réserves souterraines, ressort de terre et crée des rus, lesquels grossissent et deviennent des fleuves qui alimentent lacs, mers et océans, pour s'évaporer et retomber en pluie ou en neige… De même, au sein de chaque être vivant, l'eau a son cycle. Ce sont ces cycles qui lui procurent des qualités hydrodynamiques d'énergie et d'information, du fait des multiples tourbillons auxquels elle est soumise. Une eau stagnante, sous pression, captée par aspiration, transportée en ligne droite, est dépourvue de cela : c'est le cas des eaux de ville et de celles mises en bouteille. L'observation de tous ces cycles révèle une similitude certaine, celle du transport de la vie dans la plus grande des harmonies. Nous n'avons pas le droit d'altérer cela.

L'eau est partout et a trouvé naturellement sa place à l'origine. « Il est difficile de trouver un sujet plus transversal que celui de l'eau », dit Yann Olivaux dans *La Nature de l'eau* (Éditions Marco

Pietteur, « Résurgence », 2007). C'est parce que l'homme a décidé de bloquer ou de modifier ses cours et ses réservoirs naturels que les problèmes sont apparus : soucis d'irrigation, modification voire destruction d'écosystèmes… La couleur de la Terre, dite « planète bleue », est due à l'eau qui couvre les deux tiers de sa surface – plus particulièrement à la liaison hydrogène H-O-H[26]. Essayons d'en prendre soin !

Le fait de saisir l'énergie subtile qui existe en toute chose nous conduit à mieux appréhender le fonctionnement du monde dans lequel nous vivons, à croire objectivement en l'avenir, à comprendre ce qui nous entoure, car l'eau réagit même à l'énergie subtile, d'après le Dr Joan Davis (cité dans *L'Eau, mémoire de nos émotions*, Masaru Emoto, Guy Trédaniel éditeur, 2006). Elle véhicule l'information au sein de l'univers, donc en nous-mêmes. Où qu'elle se trouve, l'eau est en communication avec le restant de l'eau dans l'univers. C'est ce qui explique le fait que nos pensées soient transmises dans l'univers et alimentent des égrégores. Elle révèle ainsi

26. Selon les travaux de Marc Henry, professeur de chimie à l'université Louis-Pasteur de Strasbourg. Il a mis en évidence l'importance fondamentale de l'eau intracellulaire, laquelle ne se comporte pas du tout comme l'eau liquide des chimistes ni comme la glace des physiciens, mais possède des propriétés tellement uniques qu'on l'appelle « eau interfaciale ». Elle permet de comprendre le passage de la matière inerte à la matière vivante. Prendre conscience de l'existence de cette eau interfaciale, très différente de l'eau extracellulaire, amène aussi à s'interroger sur le rôle que peut jouer l'environnement extérieur, *via* l'eau de boisson, sur l'équilibre hydrique très subtil de la cellule. Ceci justifie, selon le professeur Henry, de préférer une eau ionisée.

le chemin à emprunter pour que l'humanité puisse apporter des solutions à ses interrogations. L'eau, c'est la vie. Prendre conscience de cela, de la nécessité de privilégier sa pureté, notamment quand on la consomme, c'est se respecter soi-même ; c'est être digne du dieu que nous sommes censés représenter par rapport au mini-univers qui constitue notre corps. Le Dr Désiré Ohlmann, président du Cirdav (Centre international de recherche et de documentation sur l'aliment vivant), rappelle que, « sans l'eau, les plantes seraient incapables de se maintenir dressées au-dessus du sol, les nutriments nécessaires à la croissance resteraient confinés au ras du sol et la chlorophylle ne pourrait être synthétisée, l'ADN exploserait en mille morceaux, les enzymes ne fonctionneraient pas, les mitochondries tomberaient en panne, le complexe actine-myosine ne pourrait pas se contracter et la kinésine resterait désespérément immobile ».

Vénérer l'eau permet de progresser dans sa démarche d'introspection, de grandir spirituellement. Elle est à la base de l'équilibre de l'humain, de notre planète, de l'univers : lui porter préjudice risque de remettre en cause cette belle harmonie. Sachons mesurer la portée de nos actes envers la nature, rythmée elle-même par l'eau.

Si les yeux sont le miroir de l'âme, l'eau en est le reflet. Les mauvaises pensées altèrent les cristaux de l'eau et, en retour, une eau polluée souille notre âme : l'information donnée à l'eau qui est en nous défie sa qualité, quelle que soit cette information (alimentation, son, pensée, odeur...). De même que chacun des éléments de notre corps a sa vibration, tout aliment a la sienne. Ils résonnent ensemble. Plus l'alimentation est diversifiée et saine, plus nos organes et nos cellules sont influencés positivement. Ainsi, si on prend l'exemple de la musique, nos cellules, constituées d'eau, réagissent à ce qui est écouté : de fait, la musicothérapie est aujourd'hui connue pour favoriser la guérison.

L'état de pollution que connaît aujourd'hui la planète, et par voie de conséquence l'humanité, ne laisse rien augurer de bon si nous ne changeons pas. La notion d'« élévation en conscience » prend ici toute son importance, mais également celle de la prière, essence authentique de l'homme. Il devient vital de recouvrer l'envie, la volonté de respecter l'eau. Consommer une bonne eau, pure(27), bien informée, favorise le maintien en bonne santé. Selon Masaru Emoto, le cycle de l'eau(28) est de trente à

27. Notons cependant que boire de l'eau trop pure ne présente pas que des avantages. Il faut la rendre pure des pesticides et des solvants, mais sans trop la démunir des oligoéléments. En effet, après osmose, l'eau est morte et légèrement acide ; son potentiel redox (capacité d'échange d'électrons d'une réaction chimique entre deux éléments, l'un étant réducteur, l'autre oxydant) est trop élevé. C'est pourquoi il faut la redynamiser, ajouter du sel équilibré (le nigari : du chlorure de magnésium, extrait naturel de sel marin) et mieux encore l'ioniser. L'ionisation permet de fabriquer une eau légèrement alcaline et de lui donner la faculté de livrer des électrons, donc de neutraliser les radicaux libres, qui font vieillir l'organisme.

28. Le temps qui sépare le moment où l'eau tombe sous forme de pluie et celui où elle resurgit sous forme de source après s'être infiltrée dans le sol.

cinquante ans : il est plus que temps de résoudre les problèmes environnementaux.

Même si les procédés de traitement de l'eau du réseau public ont permis d'éradiquer des maladies telles que le typhus ou le choléra, l'eau du robinet contient plusieurs éléments indésirables pour la santé et n'est donc souhaitable ni pour la boisson, ni pour le lavage des aliments à consommer crus, ni pour la cuisson des aliments. Si, dans des pays comme la France, elle est réputée potable, c'est sans doute parce que le lobby de l'eau est puissant, mais aussi parce que sa composition chimique et bactériologique est définie comme étant compatible avec la vie à court terme des populations auxquelles elle est distribuée. Elle peut en effet devenir un facteur de vieillissement pour les consommateurs, qui s'intoxiquent et s'oxydent progressivement du fait de la présence de chlore. Boire l'eau du robinet sans précaution peut conduire à des risques :

– microbiologiques : intoxications par libération de toxines résistant aux traitements, infections virales et microbiennes, risques sanitaires dus à des bactéries comme la légionelle, le colibacille ou les pseudomonas ; de plus en plus de ces bactéries résistent au chlore et, par ailleurs, l'eau véhicule leurs cadavres ;

– chimiques, dus aux métaux lourds, pesticides, résidus de médicaments (antidépresseurs, hormones, somnifères, chimiothérapies anticancéreuses), nitrates, phosphates, résidus de produits chimiques d'entretien, dérivés chimiques issus des produits de traitement de l'eau (chlore, ozone, sels d'aluminium) ;

– physiques, du fait des sols, notamment granitiques, riches en radon et donc susceptibles de pollution radioactive.

Le développement de la pollution majeure que l'on connaît aujourd'hui est très préoccupant, notamment parce que les stations d'épuration ne disposent pas des équipements pour éliminer les éléments nocifs résultant par exemple des médicaments, des pilules contraceptives, etc. Heureusement, les technologies existent pour contrer ces diverses pollutions. Elles consistent à filtrer l'eau du robinet pour l'amener à un degré de pureté optimale sans être pour autant dépourvue de ses oligoéléments, doublée dans le cas de certains appareils d'un excellent niveau énergétique. Seul un appareil performant d'osmose inverse permet d'éliminer des éléments de la taille d'une molécule ainsi qu'une grande part des minéraux insolubles et inassimilables contenus dans les eaux de dureté élevée, dont la France est principalement pourvue. Le processus d'osmose inverse ralentit le flux de l'eau pour trier chaque molécule ; c'est pourquoi il est préférable de la régénérer et de la redynamiser ensuite, pour rapprocher sa structure de celle de l'eau de montagne – qui, elle, est toujours en mouvement, reçoit l'énergie du soleil, de la terre, des roches ; celle-ci est quatre fois plus ionisée qu'une eau stagnante et a une agitation moléculaire mille fois plus intense. Après redynamisation, le réseau des molécules est ainsi réorganisé et les échanges énergétiques intermoléculaires sont accélérés.

L'eau est constituée de petites molécules sans cesse en mouvement, avides de liaison avec les particules rencontrées. Cela explique le fait que la majorité des polluants soit entourée d'un très grand nombre de molécules d'eau, cette dernière perdant alors son énergie et son organisation naturelle de cristal fluide. Dès lors que la dépollution par osmose est accomplie, il faut restructurer l'eau et la faire redevenir comme elle était à la source en ôtant de sa mémoire toute trace de pollution. Il est également important de lui rendre son niveau d'énergie initial en lui faisant retrouver la vitesse des échanges électriques entre ses molécules. Une eau non redynamisée après osmose prend son énergie chez son consommateur ; en revanche, une eau redynamisée[29] retrouve ses qualités énergétiques originelles, qui sont alors retransmises à celui qui la boit. Une telle eau est goûteuse, rafraîchissante, revitalisante, anti-oxydante, comme celle d'une source de montagne.

Dans leur livre *Purifiez votre eau de table*, Nadette et Richard Haas expliquent que l'énergie de liaison des atomes d'hydrogène de la molécule d'eau n'est pas utilisée à 100 %. Elle est liée à

29. Selon le principe de la fontaine Mélusine ou équivalent.

l'atome d'oxygène, avec toutefois une légère part résiduelle qui donne lieu à de faibles liaisons intermoléculaires et crée des groupements de molécules appelés « clusters ». Un corps humain ou animal est contraint de faire baisser la taille de ceux-ci pour que l'eau puisse gagner ses cellules sous forme de molécules libres, ce qui lui fait consommer de l'énergie. Cette perte énergétique sera d'autant plus réduite que l'eau absorbée sera énergétisée et constituée de clusters les plus petits possible, tels ceux de l'eau osmosée et redynamisée. « Cette eau est meilleure à la santé qu'une eau minérale. Une eau minérale est une eau thérapeutique ayant sa propre déstructuration, donc sa propre fréquence, lui permettant, *dixit* les auteurs, d'entrer en résonance avec la maladie spécifique du malade, qu'elle pourra alors soigner, les deux fréquences opposées s'annulant pour favoriser la guérison. » Une telle eau est aussi bénéfique pour un individu non malade quand elle est bue au griffon – par exemple dans les stations thermales –, car elle possède à cet instant son empreinte énergétique et vibratoire propre. Dès qu'elle est stockée en bouteille, ces propriétés disparaissent, elles n'ont plus leur principe actif. Les minéraux présents dans les eaux minérales proviennent de l'oxydation de roches et ne contiennent pas les ferments indispensables permettant leur assimilation. Ceci a été expérimenté par un professeur en hydrologie et bioélectronique, Louis-Claude Vincent (1906-1988), inventeur de la méthode bioélectronique Vincent, qui permet d'évaluer notre terrain face aux maladies. Ainsi, il a prouvé que le calcium ne peut être assimilé par l'homme ou l'animal qu'en présence de ferments et de magnésium. Cette technologie montre donc que 90 % des eaux minérales ne sont pas bonnes à consommer au quotidien. Les minéraux ne sont assimilables par l'organisme que sous forme colloïdale[30] – ce qui est le cas pour les végétaux que l'on mange. Les minéraux contenus dans une eau minérale se stockent à certains endroits du corps et sont susceptibles, selon les terrains des individus, de générer la maladie correspondant au minéral en surdose. C'est pourquoi il est fortement conseillé de changer régulièrement d'eau minérale. De plus, lorsqu'on sait que les contenants en matière plastique se diffusent dans les contenus, il vaut mieux les éviter ! Le PET (polyéthylène téréphtalate), composant du plastique très pratique pour sa souplesse et sa résistance, libère par exemple en quantités non négligeables des perturbateurs endocriniens tels que l'acétaldéhyde, le formaldéhyde et l'antimoine, un métal lourd voisin de l'arsenic. Ces éléments se retrouvent donc dans l'eau mise dans ces bouteilles en plastique. De plus, la concentration augmente

30. Selon Nadette et Richard Haas dans *Purifiez votre eau de table, op. cit.*, « l'état colloïdal est l'état de dispersion de la matière au sein d'un liquide. Les éléments colloïdaux dissous ne se décantent pas, ne se déposent pas, mais planent et restent définitivement en suspension dans le liquide ». Des éléments ne se trouvant pas sous forme colloïdale ont donc une propension à s'agglomérer et à se déposer en petits amas.

avec le temps de stockage, qui plus est s'il se fait à la chaleur. Les contenants en verre sont ainsi sagement recommandés. Notons que c'est aussi pour cela qu'il est préférable de transporter l'eau dans des tubes en cuivre, lequel est bactéricide, plutôt qu'au moyen de tubes en plastique : il vaut mieux minimiser l'adjonction de polluants en amont.

Des tests de sublimation de la glace ont été pratiqués à l'institut Braun, en Suisse, selon la technologie du Dr Emoto. Ils ont permis de mettre en évidence le fait qu'une eau possédant une énergie cohérente – induite de manière naturelle dans le cas d'une eau de source, ou bien redynamisée dans le cas d'un osmoseur tel que la fontaine Mélusine[31] – développe des cristaux de glace dans lesquels apparaissent des symétries complexes, harmonieuses, magnifiques, alors que l'eau de ville ou mise en bouteille plastique donne des cristaux amorphes.

Comme l'explique Yann Olivaux, l'eau est d'une nature complexe et la science n'est pas encore parvenue à l'expliquer complètement. Il est donc prudent de ne pas en faire d'analyse réductrice, d'en proposer sa vision tout en acceptant celle d'autrui. En effet, nous pouvons tous avoir des interprétations et des ressentis différents ; l'essentiel est d'en être

31. Le principe de la fontaine Mélusine, installée en plusieurs exemplaires au sein de l'usine K, est exposé au chapitre « Une eau saine pour le collectif ».

conscient, pour d'autant mieux travailler sur soi et s'en ouvrir aux autres.

Tous les jours, un être humain élimine environ deux litres et demi d'eau, par l'urine, la transpiration, la sudation. Les aliments lui en apportent un litre en moyenne, et il lui faut en boire un litre et demi par jour, ceci dépendant bien entendu de son activité et de la température ambiante. Il est important d'être conscient que l'assimilation de l'eau se fait par l'intestin grêle et qu'il n'est pas nécessaire de la faire stagner dans l'estomac. L'idéal est de boire avant les repas ou après la digestion, quand l'estomac est vide. En respectant cela et si l'eau est pure, elle passera très vite dans le sang. Bien hydraté, celui-ci assimilera alors plus aisément les nutriments provenant de la digestion. En revanche, boire en mangeant, surtout en quantité, a un effet de dilution des sucs gastriques, alors moins efficaces pour digérer les protéines.

L'ALIMENTATION SAINE, LA MEILLEURE DES MÉDECINES PRÉVENTIVES

« Que ton aliment soit ton médicament. » (Hippocrate, cité dans Ces aliments qui nous protègent, *Kathi Dittrich et Claus Lertzmann, Terre vivante, 2001)*

« L'acte alimentaire détermine 70 % des maladies. » (Dr Jacques Fradin, cité dans L'Alimentation ou la troisième médecine, *Jean Seignalet, Éditions François-Xavier de Guibert, 2004)*

« Cherchez la cause des causes. » (Hippocrate, cité dans L'Alimentation ou la troisième médecine, *ibid.)*

« Nous sommes ce que nous mangeons. » (« Sarvam Annam », Traditions indiennes, *op. cit.)*

Une alimentation saine est capitale pour un bon équilibre entre le corps et l'esprit : elle joue un rôle aux niveaux psychique, énergétique et psychologique. La nourriture est la première énergie palpable attribuée à notre corps pour agir, sentir, penser.

Pour un grand nombre de gens, parler d'alimentation saine a une connotation de privation. Ils privilégient en effet l'assouvissement de leurs envies plutôt que le soin accordé à leur santé dans toute sa globalité.

Le mot « régime » est issu du latin *regere*, qui signifie « diriger, réagir » : ce vocable peut avoir trait à la façon de conduire un pays, mais aussi de se diriger soi-même, de prendre sa vie en main, très librement. Le but est d'adopter une attitude juste à l'égard de l'alimentation, de mastiquer(32) et de manger en conscience, de développer une relation sensorielle à la nourriture. Il est bien de rester vigilant afin de ne pas devenir ses envies : préférer dire « j'aime les gâteaux » plutôt que « je suis très gâteaux », pour prendre le recul nécessaire. Aller sur cette voie ne se révèle pas uniquement utile à la connaissance de soi-même, de notre relation aux aliments et au monde, mais aussi à la perception d'où en sont les autres, sans toutefois les juger(33). Cela contribue au travail sur soi.

« Il n'est pas nécessaire d'avoir un cancer pour commencer à prendre sa vie vraiment au sérieux, ni pour en percevoir la beauté. Au contraire : plus

32. Bien mastiquer est essentiel : c'est la seule phase de la digestion que l'on maîtrise. Il est recommandé de bien hacher et écraser les aliments pour favoriser l'insalivation. Par ailleurs, le passage en bouche de la nourriture la relie au psychisme, d'où une double information.

33. Lire *L'Art de vivre en santé, images et recettes du Moyen Âge*, Carmélia Opsomer, Éditions du Perron, 1991.

nous sommes proches de nos propres valeurs et sensibles à la beauté vibrante de l'existence, plus nous nous donnons de chances d'être protégés de la maladie, et aussi de jouir pleinement de notre passage sur Terre. En choisissant un mode de vie plus conscient, nous ne nous faisons pas seulement du bien à nous-mêmes, nous déclenchons de proche en proche de nombreux effets en bout de chaîne[34]. » Autrefois, il y avait pour la plupart des individus une cohérence entre hygiène de vie et santé, santé et environnement, saisons ; la médecine ne négligeait rien, valorisait les méthodes naturelles, le pouvoir des plantes, s'intéressait à l'air environnant, à l'alimentation, aux boissons, à la manière de se nourrir (à satiété, par exemple) et d'évacuer, aux exercices et au repos, aux troubles inhérents à l'esprit. Prenons le cas du cancer : David Servan-Schreiber affirme que les Orientaux ont quelque chose dans leur façon de vivre qui empêche le développement des tumeurs cancéreuses, alors que les Occidentaux ont au contraire quelque chose qui interdit au corps de se défendre efficacement contre ces maladies. Il précise que le cancer est avant tout une question de style de vie, plus que de gènes, responsables seulement à hauteur de 15 %. Le rôle du système immunitaire est primordial ; tout ce qui est bénéfique pour sa stimulation est donc à privilégier. Un mental sain et un corps exercé

34. David Servan-Schreiber, *Anticancer*, Robert Laffont, 2007.

physiquement y contribuent particulièrement. Nous sommes tous porteurs de cellules cancéreuses : sachons organiser notre vie pour qu'elles ne génèrent pas de tumeur. Il est temps de retrouver des valeurs et de nous rapprocher de la nature, de reprendre le dessus sur cette société moderne qui a fait perdre de vue à beaucoup la relation existant entre la façon de régir sa vie et la santé. Devant les problèmes de santé que nous rencontrons tous, si bénins soient-ils, il est bien de faire son analyse et de ne pas entrer systématiquement dans le système déresponsabilisant de la médecine allopathique, qui cherche principalement à supprimer les symptômes en s'intéressant peu aux causes des maladies. En Occident, c'est de l'habitude de soigner avec des médicaments qu'est apparue celle de ne plus prendre en compte l'histoire du malade, ses habitudes de vie, sa force vitale intérieure ainsi que son aptitude à s'autoguérir. L'augmentation des maladies n'est pas à porter au crédit de cette médecine, qui, même si elle n'est pas à bannir, doit accepter ouvertement les pratiques alternatives. L'industrie pharmacologique connaît une croissance à deux chiffres fondée sur l'augmentation des cancers et de la souffrance. Mais le concept de ressenti n'est pas abordé dans les facultés de médecine. Le curatif, qui représente plus de 95 % des dépenses de santé, est malheureusement plus rémunérateur que le préventif…

C'est en travaillant sur soi, en se comprenant de plus en plus, en « s'élevant en conscience », que nous cautionnerons de moins en moins un système qui favorise la santé financière des laboratoires plutôt que notre propre santé physique et psychique. Albert Schweitzer disait, au début du XXe siècle : « Le vrai médecin est le médecin intérieur. » C'est en regardant avec vigilance les causes de nos troubles que nous préservons l'équilibre de notre organisme. Cela conduit spontanément à privilégier une alimentation naturelle et équilibrée, ainsi que l'entraînement physique et psychique. Il est important, vital même, de favoriser la prévention, qui renforce le système immunitaire et l'autoguérison(35). Ceci contribue au bien-être durable et soutient la thèse qu'une nourriture saine est la meilleure des médecines, apportant force et résistance. Le jeûne, quant à lui, peut être pratiqué de temps en temps pour se désintoxiquer – car, qu'on le veuille ou non, le bio à 100 % n'est pas toujours évident : nous sommes désormais confrontés à la pollution partout sur la planète.

Chacun sait que l'ensemble des éléments qui composent notre corps se régénère insensiblement au fur et à mesure de la vie et que ce processus nécessite des nutriments (oligoéléments, vitamines, glucides, lipides et protides) acheminés par notre

35. Notons que la santé dépend de notre alimentation solide et liquide, mais surtout de l'état de nos intestins et des bactéries qu'ils contiennent. Nous avons dix fois plus de bactéries dans nos intestins que de cellules dans tout le corps. La santé de notre organisme, c'est aussi la diversité équilibrée des bactéries qui nous habitent et nous ont précédés dans notre évolution.

nourriture. Elle joue également un rôle de contribution énergétique pour chacune de nos cellules. Une alimentation saine procure une qualité nutritionnelle réduisant les déchets et sollicitant donc moins notre métabolisme. Mêmes si elles ont un rôle plus indirect, n'oublions pas l'action des fibres, présentes dans beaucoup de végétaux (fruits, légumes, céréales, légumineuses), reconnues pour avoir des effets préventifs contre les maladies cardiovasculaires, le diabète, la constipation et les cancers (notamment celui du gros intestin). Elles ont clairement une fonction protectrice de l'organisme et renforcent les défenses immunitaires, assurées par les prébiotiques, c'est-à-dire la flore bactérienne. D'autres substances ont également démontré leur apport bénéfique, comme celles contenues dans des produits lactofermentés tels que choucroutes et yaourts sans probiotiques.

C'est en étant dans la présence – de la mastication, de la digestion… –, à l'écoute de notre corps, que l'on apprend à mieux le connaître et ainsi à expérimenter ce qui lui convient, à trouver quels aliments lui sont bénéfiques ou bien néfastes. On comprend alors tout l'intérêt qu'il y a à privilégier la qualité plutôt que la quantité. Par exemple, deux tranches de pain au levain naturel sont bien plus nutritives qu'une baguette industrielle à la levure chimique. Le pain au levain naturel apporte une bonne nourriture à notre corps, mais aussi à notre mental, en éveillant des sensations, des émotions, en réveillant notre humanité primitive. Le boulanger consciencieux s'efforcera de veiller à la pureté de l'air qui aère la pâte, à la qualité de l'eau – qu'il choisira de source –, au sel marin, à la farine garantie comme provenant de céréales cultivées en terre propre, exempte de pesticides, et de préférence obtenue sur une meule de pierre. Mon épouse et moi-même avons fait un stage chez notre ami Henri Granier(36), un boulanger qui fait son pain entièrement à la main en y mettant tout son cœur, en veillant scrupuleusement à la gestualité et en n'utilisant que des produits naturels non traités. Pour lui, un pain est bien fait s'il a été bien pensé – comme cela est le cas pour beaucoup de choses de la vie. L'amour qu'il met dans sa fabrication est le même que celui qu'il témoigne aux autres, que son souci quotidien de leur bien-être.

Autrefois, les populations vivaient de leurs ressources locales et s'adaptaient aux denrées de leurs régions. Le XXe siècle a changé la donne en mondialisant l'alimentation : l'homme d'aujourd'hui ne se nourrit plus comme autrefois. Des maladies qui étaient jadis inhabituelles sont désormais hectiques : obésité, diabète sucré, allergies, cancers, maladies auto-immunes. La nourriture occidentale est particulièrement montrée du doigt. N'en déplaise aux multinationales de l'agroalimentaire,

36. Henri Granier a écrit un livre, *Apprendre à faire son pain au levain naturel*, Éditions Ouest-France, 2003.

il est important de préférer le sain, le biologique – même si la pollution est désormais présente partout, jusqu'au plus profond des océans.

Certes, la pollution est générale ; mais un fruit qui subit des injections de produits chimiques plusieurs fois par an n'est pas comparable à un fruit qui n'est confronté qu'à la pollution ambiante, avec une dilution insignifiante par rapport à l'autre. C'est parce que nous sommes de plus en plus en présence de pollution, de manière inéluctable, notamment dans les grandes villes, où l'air irrespirable est récurrent, qu'il est indispensable de nous détoxiquer. Des décoctions et des tisanes de plantes telles que le thym ou la reine-des-prés, le jus de radis noir et la sève de bouleau ont démontré leur efficacité à ce sujet. Toutefois, ceci est d'autant plus avéré que le régime alimentaire est sain. Efforçons-nous de donner à notre corps la possibilité de compenser les pollutions auxquelles il est contraint de faire face.

La dangerosité des méthodes employées par l'industrie agroalimentaire a été mise en évidence par, entre autres, le Dr Catherine Kousmine, notamment les insuffisances en vitamines(37),

37. Le Dr Désiré Ohlmann souligne que les vitamines naturelles considérées comme des catalyseurs sont toutes lévogyres (elles font tourner le plan de polarisation de la lumière dans le sens inverse des aiguilles d'une montre) dans leur formule chimique : l'organisme les reconnaît. Les vitamines fabriquées par la chimie sont dextrogyres (elles font tourner le plan de polarisation de la lumière dans le sens des aiguilles d'une montre) : elles ne sont pas reconnues par nos cellules et ne font qu'exciter le corps. C'est pourquoi il est recommandé de consommer des compléments alimentaires d'origine naturelle.

en minéraux, en acides aminés, et la recrudescence des additifs et autres produits chimiques. L'équilibre vitaminique est bien meilleur dans les produits bios car ils sont issus de terres travaillées, soignées, fertilisées avec le respect que l'on doit à tout ce qui vit. Cet équilibre influe positivement sur notre corps, accroît notre résistance, notre vivacité, et, par voie de conséquence, améliore notre santé. Avoir le réflexe bio, c'est contribuer à la protection de la nature, c'est être conscient que l'on emprunte la terre à nos enfants, c'est faire preuve de civisme en favorisant l'agriculture de proximité adepte du non-gaspillage, en participant à la réduction de la pollution de l'eau et de la planète dès lors que tout produit chimique contenu dans les aliments, mais aussi dans les produits de nettoyage et d'entretien (peinture, vernis, etc.), est transmissible durablement. Notons ici que des produits de nettoyage à base de micro-organismes efficaces (EM) sont fabriqués en Allemagne ; leur rôle est de digérer les produits impropres, champignons et moisissures. Enfin, le monde du bio favorise la convivialité, le contact, notamment avec les petits commerçants, les artisans, les agriculteurs, les éleveurs. Une relation humaine saine et sincère est tellement bonne pour l'équilibre psychique !

Pourtant, le bio commence à être de plus en plus souvent récupéré à des fins commerciales par les grands groupes. Par ailleurs, on risque un jour de se retrouver avec des cahiers des charges à tolérance « élastique » en ce qui concerne les résidus de pesticides et les OGM. Il faut donc être vigilant face aux marques proposées et aux organismes certificateurs. Tolérer 1 % d'OGM dans l'alimentation a forcément des effets induits sur les produits bios...

Certes, la médecine a fait beaucoup de progrès et de découvertes, mais l'idéal est de privilégier les initiatives préventives : plutôt que d'être dans une logique de traitement de l'effet au moment de son occurrence, il est préférable de s'intéresser à la cause et d'anticiper les actions. S'il est vrai que la longévité s'est accrue, il ne faut toutefois pas perdre de vue que nous avons très peu de recul et que les personnes âgées d'aujourd'hui, dans nos pays, ont vécu sainement pendant une grande partie de leur vie : beaucoup n'ont pas ou peu été vaccinées, elles ont été sélectionnées naturellement, leur mère n'ayant pas subi huit échographies au cours de la grossesse. On constate actuellement que la fréquence des maladies dégénératives s'accentue ; les pathologies liées à la mémoire, comme la maladie d'Alzheimer, sont en augmentation et ne touchent pas que les vieillards. Les effets des téléphones portables ne sont d'ailleurs pas à négliger.

Pour un certain nombre de médecins, dont le Dr Olivier Soulier, homéopathe, acupuncteur et conférencier, les maladies ont un sens. Elles ont pour les individus une intention positive ; c'est le moyen qu'a le corps de survivre et de s'adapter. « Comprenez ce qui vous arrive, cela sera d'un apport évident, mais continuez à vous soigner », dit-il. Il ajoute que, grâce à la psychogénéalogie – l'étude des origines familiales des maladies –, on découvre qu'il s'agit de croyances héritées, de « valises » qui ne nous appartiennent pas, mais que nous pouvons les poser pour vivre notre vie. On retrouve là le lien entre le corps et l'esprit, où ce qui constitue notre corps inspire nos pensées. Les chromosomes sont probablement le support le plus concret de cette connaissance.

Il suffit de lire le livre du Dr Jean Seignalet *L'Alimentation ou la troisième médecine* pour comprendre à quel point une alimentation non naturelle peut influer sur la santé. La plupart des aliments non bios connaissent plusieurs changements au cours de leur fabrication : colorants, conservateurs, anti-oxygènes (contre le rancissement), émulsifiants, épaississants, gélifiants, stabilisants leur sont ajoutés. Les animaux élevés en batterie ou en stabulation sont poussés aux hormones pour accroître productivité et rentabilité ; ils absorbent quatre fois plus d'antibiotiques que les humains, et aussi des tranquillisants avant leur abattage : le goût de la viande en est dénaturé. Quant aux végétaux, là encore pour accroître la productivité et le rendement de manière exponentielle, ils sont traités avec des pesticides, et des engrais chimiques sont répandus dans les champs, ainsi que des herbicides pour tuer les mauvaises herbes. Beaucoup de fruits et de légumes poussent dans des serres et sont récoltés trop tôt. Les quantités de tous ces produits chimiques sont gigantesques, au-delà de notre imagination ; ils polluent le monde vivant, l'humanité en particulier, ainsi que les nappes phréatiques et les eaux usagées acheminées vers les stations de traitement. Enfin, sous prétexte d'allonger le temps de conservation et d'améliorer l'hygiène, certains aliments sont irradiés, détruisant beaucoup de leurs vitamines et transformant certains éléments en substances cancérigènes et en radicaux libres.

Lorsqu'on sait que le fait de cuire des aliments à plus de 80 °C favorise la transformation des molécules pour engendrer certains composés non naturels et complexes, il est préférable de privilégier des aliments naturels, de peu les cuire, et, le cas échéant, de choisir une cuisson à l'étouffée ou à la vapeur. Bien que ne dépassant pas les 100 °C, le four à micro-ondes, lui, est à bannir : il a une action néfaste sur la structure des molécules d'eau et rend les aliments inassimilables.

Le fait d'augmenter artificiellement la croissance des animaux et des végétaux réduit leur aptitude à fixer les minéraux et les vitamines, même si les éleveurs et les agriculteurs leur fournissent des compléments alimentaires. Notre organisme n'est pas conçu pour supporter ces aliments artificiels, déséquilibrés en minéraux, en acides gras saturés et en vitamines, *a fortiori* quand il s'agit d'OGM, qui pourraient être encore plus dangereux que tous ces aliments non naturels, sources de bien des maux de notre monde dit moderne. En fait, ils génèrent plus de déchets nutritifs ou bactériens que les émonctoires du corps peuvent évacuer ; ces déchets vont alors s'accumuler et induire des effets nocifs, un encrassement déclencheur de maladies. Heureusement, de nouvelles approches proposées par le Cirdav vont dans le sens du développement de micro-organismes efficaces pour favoriser la transformation et l'élimination de la plupart des toxines et métaux lourds.

Il est temps de comprendre que notre bien-être passe par le fait de retrouver un mode d'alimentation sain en nous rapprochant des lois naturelles que nos ancêtres savaient honorer. La qualité et la quantité d'aliments influent sur les processus de digestion, de sécrétion, d'assimilation et d'élimination. Du type d'alimentation et de la diversité de notre flore bactérienne dépend la qualité des fluides de notre corps (sang, lymphe, liquides interstitiels), donc de celle de notre métabolisme, le bon équilibre entre toutes les fonctions qui nous régissent.

La nourriture doit contribuer à la protection, à la régénération, au fonctionnement et à l'énergie de l'organisme, en lui procurant tout ce dont il a besoin. Ceci explique l'impérative nécessité qu'il y a à préférer une alimentation qualitative à une alimentation quantitative. Il est bon de savoir, par exemple, qu'il y a autant de protéines dans une cuillère à soupe de graines germées que dans un steak de cent grammes. De plus, les protéines végétales n'ont pas l'inconvénient des protéines animales, génératrices d'urée et de purines, entre autres. Chez l'homme, le foie ne peut assumer seul l'élimination des déchets ; c'est pourquoi il a besoin de l'aide d'émonctoires comme les glandes sudorifères. La protéine animale est très proche de celle de l'homme ; c'est la raison pour laquelle elle est beaucoup plus vite assimilée que la végétale – mais les déchets toxiques le sont également en même temps. La viande bio, élevée en plein air, nourrie avec des aliments naturels, est donc à privilégier pour ceux qui ne souhaitent pas s'orienter vers le végétarisme. Arrêtons de cautionner l'élevage intensif, synonyme de barbarie et de souffrance.

La promotion des produits blancs – sel, sucre, farine, entre autres – est un leurre. Dans le son qui compose l'enveloppe des céréales se trouvent des fibres et de la silice, élément protecteur principal de nos organes. Il est donc aberrant de bluter totalement la farine pour éliminer tout le son. Ainsi, la farine bio n'est pas blanche car des fragments de son subsistent. Notons cependant que les pesticides se logent dans le son des graines : il serait donc néfaste de consommer des pains complets non bios. Le pain blanc, lui, est dénué de valeurs nutritives ; c'est un aliment mort, générateur de gaz dus à la farine blanche et à la levure chimique. Enfin, le sel et le sucre non raffinés ne sont pas blancs. Il est intéressant de comparer au microscope des cristaux de sucre blanc, de sucre roux et de rapadura (sucre brut) : c'est ce dernier qui a le plus beau spectre, qui est le plus vivant. De même, les huiles qu'il faut choisir sont celles produites par première pression à froid et sans solvants chimiques. Les huiles raffinées chimiquement ont des carences en vitamines A et E ainsi qu'en anti-oxydants. Les autres, raffinées naturellement, ne rancissent pas ; certaines sont à conserver au frais.

C'est l'ingestion régulière d'aliments non naturels qui peut rendre malade après un temps plus ou moins long[38]. Ceci dit, nous pouvons tous constater que notre organisme s'adapte de manière générale à toutes sortes de nourriture pendant une durée propre à chacun. Bien souvent, le passage d'une alimentation non naturelle à une alimentation bio déstabilise momentanément l'organisme, qui peut réagir par exemple par des diarrhées, signe d'une réaction de nettoyage. Mais lorsqu'on a fait son expérience, on ne souhaite plus revenir en arrière : l'apport de bien-être et d'énergie, la conscience de notre contribution au bien-être de l'environnement nous donnent une motivation qui va bien au-delà de notre simple personne.

L'oxygène est à la base de la vie dans notre corps et intervient au sein de nos cellules dans la production d'énergie afin de garantir la performance optimale des fonctions automatiques de l'organisme.

38. Cela dépend de la réserve d'anti-oxydants dont dispose l'organisme.

Ceci donne lieu à une réaction chimique appelée « oxygénation » : l'oxygène prend un ou deux électrons aux molécules avec lesquelles il est en relation. Ces molécules oxydées s'activent alors pour récupérer ces électrons perdus. Ainsi, elles sont à leur tour oxydantes, puis de nouveau réduites, donc à même de céder un électron. Ce processus d'oxydo-réduction est d'autant plus important que d'autres substances telles que les radicaux libres(39) sont voleuses d'électrons. Ceux-ci, comme l'oxygène et les molécules oxydées, vont se mettre à la recherche de molécules auxquelles ils vont pouvoir prendre un électron. Dès l'instant où il y a dans notre corps un nombre suffisant de substances(40) capables de donner un électron, l'équilibre est entretenu. C'est le cas si l'état physiologique de l'individu et les conditions environnementales sont corrects. Chacune de nos cellules est agressée dix mille fois par seconde par des radicaux libres ou des composés oxygénés réactifs. Si l'organisme est affaibli, un déséquilibre se crée en faveur de l'oxydation, qui s'amplifie. L'emballement de ces attaques oxydantes peut

39. Les radicaux libres ont un électron libre non combiné à d'autres atomes, donc agressif. Leur présence est toutefois nécessaire car ils contribuent au transfert d'électrons lors des réactions d'oxydoréduction de l'organisme, à la respiration cellulaire, à la destruction des microbes par les globules blancs, à la lutte contre le stress environnemental, aux réactions enzymatiques. Ils sont donc utiles pour la défense de l'organisme, mais ne doivent pas être en excès, car sinon le déséquilibre s'instaure, il n'y a plus assez de cellules protectrices et ils deviennent prédateurs.

40. Les substances capables de fournir des électrons sont l'eau, les antioxydants, les vitamines C et E, les ubiquinones...

déclencher des maladies du système nerveux, ou bien encore des cancers, une cataracte ou un infarctus du myocarde[41], car les réserves anti-oxydantes s'épuisent. Le processus d'oxydoréduction est aussi naturel que la respiration ; les radicaux entrent en nous par l'intermédiaire des aliments ou de l'air que nous respirons, et notre corps en fabrique aussi. Pollution atmosphérique, chlore dans l'eau, tabagisme, drogues, médication chimique, mauvaise nourriture provenant de l'industrie agroalimentaire, alimentation mal équilibrée même si elle est bio sont autant de facteurs générateurs de radicaux libres. Ceci explique la nécessité de stimuler et d'entretenir son système immunitaire. Les anti-oxydants naturels, multiples et en interaction, sont une aide notoire pour combattre les radicaux libres. On les trouve dans les fruits, les légumes, les épices, le thé vert, les plantes aromatiques, les algues. Dès lors que l'alimentation est saine, variée et équilibrée, l'apport d'anti-oxydants est suffisant. La prévention est essentielle pour aider notre organisme à en avoir toujours assez en stock et à optimiser leur action.

La vie moderne, génératrice de stress et de poisons tant physiques que psychiques, compromet l'équilibre entre les anti-oxydants et la santé du métabolisme. Il n'y a donc pas de temps à perdre, pas de concession à faire concernant la protection

41. Selon Kathi Dittrich, nutritionniste, et Claus Leitzmann, professeur à l'Institut des sciences de la nutrition de l'université de Giesen, dans *Ces aliments qui nous protègent*, *op. cit.*

de notre organisme : on devient ce que l'on mange ! Les aliments industriels contiennent souvent des additifs alimentaires et des anti-oxydants synthétiques dont les excès sont néfastes et la toxicité est aujourd'hui prouvée. Soyons prudents et vigilants ! La naturopathie, au contraire, conseille un certain nombre d'aliments correcteurs de terrain réputés pour leurs bienfaits, rééquilibrant le système acido-basique et d'oxydoréduction :

– le pollen, riche en vitamines A, B, C, D et E ainsi qu'en substances antibiotiques, recommandé pour stimuler l'énergie physique et intellectuelle, favoriser la croissance, freiner le vieillissement et la perte d'appétit ;

– le miel, riche en vitamines du groupe B, anti-anémique puissant, légèrement laxatif, qui transmet assez fidèlement les propriétés des plantes butinées par les abeilles ;

– la propolis, à base de substances résineuses, gommeuses et balsamiques, anti-infectieux par excellence ;

– la gelée royale, riche en acides aminés, en vitamine B5 et en acétylcholine, réputée pour améliorer la croissance et freiner le vieillissement ;

– le venin d'abeille, bon pour les rhumatismes (sauf pour les sujets allergiques, évidemment) ;

– l'argile, qui a un double pouvoir, absorbant et adsorbant, excellente pour pomper les toxines et lutter contre les gaz, les poisons intestinaux et autres troubles digestifs. C'est le meilleur abri pour les bactéries de l'intestin et participe de ce fait aux défenses immunitaires. Elle arrête les petits saignements, et s'utilise même pour les tâches ménagères ;

– les algues, reconnues comme les protéines du XXIe siècle, sont aussi pleines de protéines, d'acides aminés, de minéraux, d'oligoéléments, de vitamines (A, E, PP, B1, B2, B3, B12, K, C) et de bêta-carotène. Elles ont un potentiel d'élimination des métaux lourds dus, entre autres, aux vaccinations et aux amalgames dentaires ;

– les jus de légumes frais et bios, bons pour les personnes sensibles des intestins. Comme les légumes entiers, ils sont recommandés pour prévenir les maladies cardiovasculaires et le cancer, et il est plus facile de boire un grand verre que de consommer le kilo de légumes correspondant. Ils sont riches en minéraux, en oligoéléments et en vitamine C, notamment. Les jus de fruits, d'herbes et de céréales germées, obtenus par extracteur et non par centrifugeuse, sont également recommandés ;

– les graines germées, véritables concentrés de vie, pleines d'énergie et qui contiennent tout le potentiel de la plante qu'elles veulent devenir. Elles sont très riches en minéraux, en vitamine C et du groupe B, en glucides et en protides, et sont d'assimilation facile. Il suffit d'acheter les graines en magasin bio et de les faire germer chez soi avec un germoir ;

– les vinaigres, dont l'une des premières vertus est d'ouvrir l'appétit. Ce sont d'excellents conservateurs d'aliments. Ils conviennent pour les lenteurs digestives, les aigreurs d'estomac, les éructations, ballonnements et constipations. Ils contribuent au renouvellement de la flore intestinale, aident à lutter contre les crampes musculaires, préviennent les infections urinaires et permettent de soulager les démangeaisons. Une prise régulière permet d'agir sur l'arthrite et les calculs rénaux ou biliaires ;
– le citron, riche en vitamine C, est un excellent stimulant hépatique et pancréatique, reminéralisant, revitalisant et cicatrisant. C'est un alcalinisant faible. Il prévient des infections, des calculs rénaux, des bronchites et des rhumes ;
– les prébiotiques et probiotiques, substances importantes pour le bon fonctionnement de la flore intestinale et donc des intestins. On les trouve en magasin bio.

Nous avons vu dans le chapitre « Le travail sur soi, un enrichissement pour la collectivité » que plus nous donnons du bon à l'autre, plus celui-ci nous restitue du positif. Il en est de même avec notre corps : si on lui procure des aliments vivants, naturels, alors il sera en forme ; en revanche, l'apport d'aliments morts, artificiels, chimiques sera susceptible de lui créer des troubles plus ou moins graves en fonction du terrain de la personne considérée.

Bien entendu, même si l'on mange entièrement naturel, il faut veiller aux quantités ingérées afin de ne pas fatiguer le foie, qui ne pourrait plus jouer entièrement son rôle. Manger bio conduit à retrouver les goûts du temps de nos grands-mères, avec le risque de favoriser la gourmandise – mais le travail sur soi permet de ne pas trop s'écarter du raisonnable !

Enfin, si l'alimentation saine est à favoriser, elle doit également être équilibrée, pour ne pas être en surdose de vitamines ou d'oligoéléments – ce qui est toutefois une probabilité faible avec les produits bios. L'important est avant tout de raisonner globalement et de comprendre que, même si la nourriture est saine et équilibrée, elle ne peut tout résoudre. Il est fortement recommandé de pratiquer des exercices physiques régulièrement, de bien respirer, de se relaxer, de bien dormir, de profiter du soleil le plus possible, de veiller à avoir une attitude mentale positive, d'éviter au maximum les pollutions physiques et psychiques, et d'avoir une sexualité épanouie.

Deuxième partie

Individus sains et entreprise saine

De la signification d'une entreprise saine

« Le sage connaît directement la production interdépendante et ne prend plus appui sur aucune vue extrême. Il sait que les choses ont des causes, dépendent de circonstances, et que rien n'existe sans causes ni circonstances. » (Le Bouddha, cité dans L'Infini dans la paume de la main, *Matthieu Ricard et Trinh Xuan Thuan, Fayard, 2000)*

« Ne juge pas chaque jour à la récolte que tu fais mais aux graines que tu sèmes. » (Robert Louis Stevenson, cité dans Inventer une économie yin et yang, *Marianne de Boisredon, Presses de la Renaissance, 2006)*

Un raisonnement global conduit à considérer l'entreprise dans son ensemble, un tout étroitement lié à son environnement, de proximité mais aussi plus large, pouvant aller jusqu'à un contexte mondial. Même si l'aspect financier est à ne pas négliger, la pérennité d'une entreprise passe également par la maîtrise des domaines environnemental et socioculturel. Le monde d'aujourd'hui, de plus en plus complexe, demande des capacités d'adaptation d'autant plus rapides et souples. L'action sur le facteur humain devient prépondérante et conditionne davantage la performance de l'entreprise que ce qui pourrait émaner de sa valorisation financière. La création de valeur est désormais clairement liée à la politique sociale menée, à la prise en compte et à la considération de l'ensemble des salariés. La clé de la réussite est l'aptitude de l'entreprise à pouvoir susciter chez les salariés l'envie de se l'approprier, de s'investir pour elle, comme s'il s'agissait de leur affaire personnelle. De plus en plus de structures comprennent qu'il est important d'avoir un bon climat social, que leur progression dépend de la qualité du dialogue dispensé, même si beaucoup de dirigeants sont encore réticents à l'idée de libérer les choses en ce sens.

De mon point de vue, si l'entreprise sait positionner son identité en privilégiant l'aspect humain, alors elle se distinguera des autres, de ses concurrents, dès l'instant où la mise en place d'une charte, fondée principalement sur des valeurs humaines, aura été initiée. Certes, le positionnement sur le marché a son importance ; mais la force qui se dégage de la constitution d'une équipe soudée, cohérente, fonctionnant en phase adulte, fera la différence.

L'instauration d'une charte des valeurs humaines est à cet égard une idée novatrice. Elle permet à l'entreprise de pouvoir appuyer son management, son fonctionnement, sur une base solide, sur des repères collectifs homogènes. Il est bon de noter que ce type de démarche humaniste est souvent initié au niveau individus/équipes, et qu'il est important qu'elle le soit au niveau de l'être.

Max Weber, économiste et sociologue allemand, promoteur d'une sociologie compréhensive, notait dans *Économie et Société* (1922) que les analyses concrètes des croyances collectives s'appuient sur trois postulats : « Une croyance collective se forme lorsque son contenu fait l'objet d'une adhésion de la part des individus ; elle fait l'objet d'une adhésion de la part d'un ensemble d'individus lorsqu'elle fait sens pour chacun d'entre eux en particulier ; elle fait sens pour un individu lorsqu'il a des raisons fortes de l'accepter. » Pour lui, « les raisons que l'individu a d'adopter une croyance sont les causes de ladite croyance ».

Le principe de fonctionnement en phase adulte se fondant sur l'appropriation d'une charte des valeurs, sur un processus de conscientisation, et privilégiant un mode de management participatif contribue à définir une identité à l'entreprise, à la distinguer des autres, pour ne pas la fondre dans un modèle stéréotypé mais au contraire la singulariser. Mon expérience vécue au sein de « l'usine K », comme je la nomme dans mon premier livre, montre combien cette singularité, cette identité sociale, est source d'appartenance, de progression psychique des individus, lesquels se révèlent dans leurs différences. Cela assoit la culture de l'entreprise. Dès lors que les salariés s'approprient une démarche liée à une charte des valeurs, ils restituent au bout d'un certain temps leurs propres valeurs à la collectivité. Cela crée une émulation généralisée, un effet de spirale ascendante vers la réussite. La phase adulte contribue au fait que la charte ne soit plus uniquement considérée comme référence externe.

C'est la diversité des individus qui constitue la richesse sociale de l'entreprise. Nous sommes à la fois égaux face à nos droits en tant qu'êtres humains, mais aussi uniques au regard de notre monde intérieur. Le but n'est pas de devenir tous semblables, tels des clones qui reproduiraient machinalement les attitudes d'autrui. Non, il s'agit bien au contraire de tendre vers une émulation positive, nivelant ainsi la collectivité par le haut. Que ce soit pour une personne ou pour une entreprise, il est constructif d'afficher son identité. Le travail sur soi pour l'individu ou la remise en question régulière pour parfaire la culture d'entreprise conduisent l'entité considérée à progresser pour être davantage en osmose avec les autres, avec l'environnement, tout en s'en distinguant, en préservant son unicité due aux gens qui la composent.

L'aspect fédérateur d'une charte des valeurs est donc primordial pour l'évolution d'une entreprise ou toute autre forme d'entité humaine. Une entreprise mature, fonctionnant en phase adulte, reconnaît chacun de ses salariés dans sa différence et l'invite à faire part de toute idée nouvelle pour favoriser l'amélioration continue. Une charte des valeurs singularise l'entité qui l'a mise en place, particulièrement lorsque la phase adulte est atteinte, en laissant l'initiative aux individus, en les responsabilisant et en veillant à ne pas tomber pour autant dans le conformisme. L'entreprise bénéficie ainsi du maximum de créativité des salariés, lesquels n'hésitent pas à mettre en commun leurs idées au sein de groupes de travail, à échanger naturellement pendant leur temps de travail mais aussi en dehors, à s'exprimer dans leur différence en respectant celle d'autrui, à lâcher prise quand cela est nécessaire et à se remettre en cause, à restituer aux autres en toute honnêteté, en disant la vérité. Travail sur soi et développement personnel les aident d'autant mieux à procéder ainsi.

Les entreprises vivent de plus en plus de complexités, que ce soit aux plans technologique, environnemental, mais aussi législatif, qui impose des lois de plus en plus draconiennes. C'est pourquoi le dirigeant, aidé de son responsable des ressources humaines (RRH ou DRH), doit s'investir pour ses équipes afin d'harmoniser au mieux l'individuel et le collectif : définition de règles collectives correspondant au mieux aux aspirations individuelles, mise en place de démarches pour inviter les individus à travailler sur eux-mêmes pour apporter le plus positivement possible à la collectivité. Une charte des valeurs est un excellent moyen de développer le sentiment d'appartenance à l'équipe dont fait partie le salarié, à son service, à son entreprise, à la société, au groupe. La notion de collectivité est en effet vaste, et il est certainement préférable de raisonner au niveau de la collectivité la plus élargie possible – ceci pouvant s'étendre à la société en général, pour laquelle il est nécessaire de s'interroger sur ce que l'on cautionne, sur notre part de contribution au bien-être du vivant et de la planète.

Une entreprise fonctionnant en phase adulte – appropriation des valeurs, « élévation en conscience », management participatif, participation des salariés en tant que force de proposition – est susceptible de devenir un lieu de ressourcement, d'être attractive. Le *« staff turnover »* (rotation des effectifs) est faible, le personnel se sent bien et souhaite rester. L'organisation n'est pas pyramidale, elle est composée de processus opérationnels et transverses fonctionnant de manière matricielle, où le dirigeant a un rôle d'entraîneur plutôt que de manager.

Une telle entreprise prend conscience de la nécessité de favoriser l'énergie féminine. Les femmes fonctionnent naturellement avec les deux hémisphères de leur cerveau, le droit et le gauche(42),

42. Mode gauche du cerveau : verbal, analytique, symbolique, concret, temporel, rationnel, digital, logique, linéaire. Mode droit : non verbal, syn-

quand l'homme utilise d'abord le gauche. Une entreprise qui sait mettre en valeur l'énergie féminine sera beaucoup plus créatrice, saura prendre du recul, avoir un raisonnement global, faire preuve d'abstraction et d'intuition. Promouvoir l'énergie féminine, c'est bien évidemment essayer d'employer autant de femmes que d'hommes ; c'est aussi inviter les hommes à développer leur part féminine – ce qui n'a rien de choquant quand on sait qu'hommes et femmes ont du féminin et du masculin en eux. La femme, pour sa part, doit renforcer sa place dans la société en général, s'affirmer davantage, particulièrement au sein de toutes corporations. Cette place se trouve dans l'égalité et non dans l'infériorité, comme cela est encore trop souvent le cas dans bien des lieux de la planète, dont les pays dits développés.

Pour les femmes, tout le problème réside dans le cumul des travaux professionnels et familiaux. Leur reconnaissance ne passe pas forcément par des postes professionnels au même rythme que pour les hommes. Reconnaître la femme, c'est accepter son statut de mère pendant le temps voulu en parallèle d'un statut professionnel : il est nécessaire de ménager les deux, alors que le problème, en France notamment, est d'être ou tout l'un ou tout l'autre. Certains pays ont pris

thétique, analogique, abstrait, intemporel, irrationnel, spatial, intuitif, global.

conscience que l'équilibre des enfants en bas âge passait par la présence indispensable de la mère, et du fait que les crèches, nounous et autres gardes ne devaient pas être systématiques car alors le choix pour la femme est absent. À noter que, au sein de l'usine K, nous avons embauché une femme en CDI alors qu'elle était enceinte au moment du recrutement.

Le monde a besoin d'un changement, et celui-ci sera d'autant plus possible que les femmes auront le courage de dire ce qu'elles pensent, de faire des vagues sur le plan culturel et social. Que les hommes « élevés en conscience » et sachant fonctionner aussi avec leur cerveau droit les y aident ! Bien que les rênes du pouvoir soient détenues « en surface » par une majorité d'hommes, ceux-ci sont autant victimes du déséquilibre entre les sexes que les femmes. Certains sont résistants et inquiets face à la résurgence du féminin ; ceux qui occupent des postes clés craignent de voir des femmes s'élever au même statut et au même niveau de rémunération que le leur. Pourtant, l'équilibre entre les hommes et les femmes apportera une nouvelle forme de liberté, plus d'ouverture d'esprit face aux problématiques qui s'imposent aujourd'hui à l'humanité. Aux entreprises d'en prendre conscience et d'œuvrer pour cette considération du féminin, pour la reconnaissance de l'énergie féminine. Cet équilibre, avant d'être numéral, doit surtout être qualitatif, avec une réelle volonté d'écouter les femmes, de leur assurer, quel que soit leur nombre, le même poids qu'à l'ensemble des hommes de l'entité considérée. Le mode de fonctionnement de la société occidentale d'aujourd'hui est principalement cerveau gauche : on parle en effet de gestion, d'action, de choses concrètes et matérielles, de logique... Une charte des valeurs, notamment humaines, se trouve plutôt régie par le cerveau droit. Elle est donc encline à promouvoir l'énergie féminine pour apporter un équilibre au collectif concerné.

Si l'équilibre en nombre peut être atteint, ce n'en est que mieux. Au sein de l'entreprise dont j'ai la responsabilité, il y a 5 % de femmes, ceci étant principalement dû au fait qu'il s'agit de métallurgie. Afin de pouvoir bénéficier au mieux de l'énergie féminine, j'ai créé un groupe de réflexion sur le développement des ressources humaines au sein duquel il y a une majorité de femmes. Elles portent en elles une vérité redoutable qui, dès l'instant où elle est dite et partagée, contribue à changer le monde : que les hommes travaillent sur eux-mêmes pour l'accepter. L'accroissement des femmes dans le monde du travail conduira à des changements radicaux de culture, de comportement, de gestion, d'appréhension du contexte économique et environnemental. Ceci participe au processus d'intégration que l'entreprise doit promouvoir pour donner envie de rester, pour attirer et intégrer de nouveaux salariés, en privilégiant le respect et en bannissant toute forme d'évaluation malsaine. La performance de l'entreprise est largement influencée par cette vision innovante de la gestion sociale des individus, allant de la valorisation et de l'égalité des femmes, favorisant ainsi la mixité, à l'absence de sélection pour des raisons de couleur de peau ou de handicap – dès lors que ce dernier n'est pas trop pénalisant pour l'emploi considéré.

L'incertitude propre au monde actuel demande une faculté d'adaptation rapide qui passe avant tout par une gestion optimale du social (identification des potentiels et des talents, gestion des emplois et des compétences, formation), une action sur le facteur humain.

Le monde de la finance, par la voix des actionnaires, est exigeant et demande un pilotage rigoureux pour atteindre les objectifs définis et inscrits au budget, conduisant les dirigeants à mettre en place des tableaux de bord draconiens et à remplir des BSC (*« balance scorecard »* : rapport de suivi des résultats) de plus en plus ardus pour accroître la finesse d'évaluation de la situation. Cette complexification mène souvent les acteurs de l'entreprise, quel que soit leur niveau, à fonctionner davantage sous l'aspect abstrait des chiffres que selon la réalité du terrain. Ceci les pousse à focaliser d'autant plus leur attention sur des éléments chiffrables et quantifiables (productivité, coûts, volumes produits et rendus…) plutôt que sur des questions de travail sur soi, d'altruisme, de développement personnel.

Pour ne pas aller droit dans le mur, les entreprises doivent revoir leurs modes de fonctionnement et de gestion économique, mais aussi sociale. La crise financière qui a débuté fin 2008 est certainement pire que celle de 1929 car tout va beaucoup plus vite. La première source génératrice d'argent est l'argent lui-même, bien avant la création de valeurs émanant des industries. En effet, l'argent ne correspond pratiquement plus à un bien produit ou à un service tangible. Il devient urgent de réfléchir beaucoup plus profondément à la disparition des références de tous ordres, de définir une autre manière de vivre en collectivité, en entreprise notamment.

Travail sur soi et développement personnel ne doivent plus être des sujets tabous dans l'entreprise. Plus les individus prennent conscience de ce qu'ils sont réellement, plus ils sont dans la présence des choses ; plus ils font l'effort de se comprendre eux-mêmes pour mieux comprendre les autres, plus la collectivité s'enrichit, s'émancipe. L'entreprise a indubitablement un rôle à jouer car cela favorise l'esprit d'équipe, procure du bien-être aux gens, diminue le stress. Les salariés acquièrent la possibilité de se révéler pour que le collectif mette à profit leurs qualités intrinsèques, leur part d'intelligence, d'énergie. Au sein de l'entreprise dont j'ai la charge, j'ai initié le travail sur soi en demandant à une personne externe à l'entreprise, compétente dans ce domaine, d'animer deux groupes de travail : le premier s'est terminé mi-2008, le second mi-2009, et deux autres sont en cours (une restitution en est donnée au chapitre « Susciter l'écoute et l'envie du travail sur soi en entreprise »).

Un réel phénomène d'acculturation a pris corps, le processus de conscientisation est en marche : les gens évoquent mutuellement leurs problèmes personnels et leurs ressentis de manière plus spontanée, pour mieux se comprendre, construire, évoluer ensemble. Le personnel a vraiment pris conscience de la mission capitale d'intégration sociale qui incombe à l'entreprise. Les salariés qui ont participé aux groupes de réflexion sur le travail sur soi ont assimilé la nécessité de se changer eux-mêmes pour s'extirper de leurs certitudes, dévoiler une certaine fragilité, accepter l'avis des autres. C'est en effet en ayant un œil neuf sur soi-même que l'on ose avoir un regard nouveau sur ses collaborateurs, même si cela peut être risqué. Cela contribue à souder l'équipe, à aiguiser le sentiment d'appartenance et donc à fidéliser les salariés. Mais chacun est libre de ses choix – ceci est également inhérent à la phase adulte.

Une entreprise saine affiche un comportement exemplaire à l'égard des phénomènes importants qui bouleversent la planète, qu'ils soient économiques, sociétaux, climatiques. Cette entreprise-là s'engage pour une voire plusieurs causes en s'intéressant au monde extérieur. Elle constitue une composante clé du corps sociétal car c'est dans ce type d'entité, et ceci souvent davantage qu'au sein des familles, que les individus peuvent se révéler, exprimer leur perception de la société, du monde, du système dans lequel nous vivons. Ils se sentent écoutés, respectés, leurs opinions sont prises en compte sans jugement de valeur, mais au contraire en analysant, ce qui est de nature à faire progresser la collectivité et par voie de conséquence l'entreprise.

La charte des valeurs, référence commune pour les individus, conduit ainsi à une cohérence collective où chacun a toutefois son identité. Cette entreprise est managée par un authentique leader à même de gérer la singularité dans l'intérêt collectif. Le contexte personnel de chacun est pris en considération, avec pour objectif la meilleure adaptation aux besoins de l'entreprise afin de fidéliser les individus, de leur faire prendre conscience de leur rôle vis-à-vis de la structure collective.

Cette adaptation aux évolutions organisationnelles de la collectivité est d'autant plus avérée que des démarches individuelles sont initiées pour développer conjointement savoir-faire, savoir-être et faire-savoir. La consolidation de toutes ces actions individuelles débouche sur une conception responsable de l'entreprise de demain pour faire face aux problématiques nouvelles, se positionner par rapport à l'actualisation des données mondiales, aux instigations de l'environnement. Une entreprise saine considère la diversité comme une opportunité et s'intéresse ainsi à l'optimisation de l'emploi des femmes, mais aussi à l'intégration des nouveaux salariés, à l'embauche des jeunes, à l'emploi des seniors, des handicapés : elle favorise de ce fait l'égalité des chances et l'équité.

L'animation des hommes est en effet de plus en plus complexe, notamment due au phénomène de société qui prend corps aujourd'hui à l'issue de la période du « papy-boom ». Il faut désormais mobiliser tous les secteurs en considérant les différences d'âge comme une richesse – les seniors, qui possèdent un savoir manifeste, incarnent la mémoire de l'entreprise, ses racines et sa culture, mais aussi les jeunes récemment entrés, qui font bénéficier l'entreprise de leur sensibilité et de leurs aptitudes vis-à-vis des progrès technologiques et bonifient par conséquent la créativité et la réactivité de l'organisation. En outre, une entreprise saine ne doit pas négliger la question de la transmission des savoirs et doit instaurer des tutorats assumés par les seniors à l'égard des jeunes : c'est une composante clé du développement durable. Cette démarche est enclenchée au sein de l'usine K, qui s'investit pour retenir les seniors et valoriser les jeunes.

Privilégier la diversité et ne pas faire de discrimination demande une culture mature où empathie, tolérance, respect des coutumes, religions, idéologies font partie du naturel dans le fonctionnement de l'entreprise : par exemple, l'acceptation des moments de prière au poste de travail pendant le ramadan est révélatrice de l'émancipation de l'entreprise, de son évolution en phase adulte. Ceci est inhérent au développement social durable, dont l'objet est de faire en sorte que les individus se sentent bien au travail et ne souffrent pas pour leurs idées.

La mission de l'entreprise saine à l'égard de la vie sociale est accrue et son devoir est de bien en comprendre la portée, que ce soit en matière d'éducation, de construction de l'individu ou encore d'implication par rapport à son cadre de vie, sans toutefois s'immiscer dans son intimité, mais en s'appliquant à l'éveiller sur des thèmes favorables à son bien-être. L'entreprise saine est ainsi à même de faire la distinction entre la fonction (savoir-faire), la personne (faire-savoir) et l'être (savoir-être), en privilégiant ce dernier.

L'entreprise saine est celle qui sait privilégier le développement durable et la diversité des individus pour révéler son sens du respect. À noter que l'expression « développement durable » ne doit pas être galvaudée, mais au contraire déployée de manière honnête. Il est en effet important de veiller à ne pas développer durablement n'importe quoi : des armes chimiques, des mines antipersonnel, des essais nucléaires dans le Pacifique pour valider la bombe du même nom... Tout ceci a aujourd'hui de graves répercussions sur la santé physique et psychique de beaucoup trop d'individus dans le monde.

De nombreuses catastrophes ont marqué notre planète, dont Seveso (pollution à la dioxine) en 1976 et Tchernobyl (explosion d'un réacteur nucléaire) en 1986. L'humanité a alors pris conscience que les pollutions ne s'arrêtaient pas aux frontières définies par les hommes et que la planète formait un tout indissociable. Ces catastrophes sont clairement des problèmes mondiaux soulignant à quel point nous sommes tous responsables de ce qui nous entoure. Nous devons pleinement assumer les dégradations que nous causons et les corriger dans une optique d'avenir viable et durable. Tout ce qui constitue notre planète n'est pas intarissable. Notre destin et celui de la Terre sont interconnectés. C'est pourquoi nous devons agir comme des écocitoyens, conscients de nos droits et de nos devoirs, de nos marges de manœuvre à titre individuel et/ou collectif. Faire honneur à cette appellation d'écocitoyen, c'est œuvrer pour la protection de l'environnement, pour contrer ce qui lui est néfaste, pour protéger le vivant quel qu'il soit afin de préserver la biodiversité. C'est aussi informer sur les moyens de rester en bonne santé, conscientiser à propos de l'alimentation saine, qu'elle soit physique ou psychique. C'est se battre contre les décisions de tous ordres contraires au bien-être de la planète et de l'humanité.

Nous assistons depuis beaucoup trop longtemps à une surexploitation des ressources naturelles (eau, air, sols, minéraux, faune, flore) et à une surproduction de déchets. Cela ne peut continuer ainsi : il devient urgent que le concept de développement durable intéresse toutes les formes d'entités humaines, dont les entreprises, les associations, les écoles, les administrations. C'est cela qui motive notamment l'action de Jean-Marie Pelt, qui a instauré un référentiel sur le développement durable afin de rassembler le maximum d'individus autour d'une cause commune en vertu de valeurs comme le respect, la solidarité, l'équité, la diversité, la sociabilité...

Le respect est une quête pour une majorité d'êtres humains. Une démarche d'action sur le facteur humain en entreprise, telle que celle inhérente à l'usine K, est clairement un élément constitutif non négligeable du développement durable. Nous avons eu un audit sur le thème du développement durable selon le référentiel défini par Jean-Marie Pelt mené par Franck Steffan(43) ; les résultats sont exposés au chapitre « Le développement durable en entreprise ».

Le respect est en effet une valeur profonde mettant en évidence le respect de soi, que l'on découvre au fur et à mesure de son introspection, pour mieux être en phase avec le respect de l'autre, de l'humanité, de l'environnement, de la planète. Nous mesurons ici toute la globalité de cette valeur comme composante clé du processus de conscientisation.

43. Jean-Marie Pelt est professeur émérite de biologie végétale et de pharmacologie à l'université de Metz et président de l'Institut européen d'écologie. Il a plusieurs livres à son actif, publiés chez Fayard. Frank Steffan, délégué de la Fédération européenne de recherche sur l'environnement, l'écologie de la personne et ses applications sociales (Fereepas), présidée par Jean-Marie Pelt, collabore à l'écriture de ses livres.

Il suffit de s'intéresser à ce qui se passe autour de nous, d'analyser les comportements, les attitudes et les habitudes, les propos tenus, pour comprendre que les dangers qui menacent notre planète ont un effet positif, poussant les gens à se remettre en question, à se préoccuper de leur alimentation, de leur santé, de leurs pratiques, à « s'élever en conscience » tout doucement. L'entreprise a son rôle à jouer en tant que responsable de la collectivité qu'elle fait travailler et des familles qui en vivent : c'est une question d'éthique. La démarche de développement durable est ainsi en lien avec la politique des ressources humaines déployée au sein de l'entreprise, optimisant en particulier la gestion des emplois et des compétences. Nous touchons là du doigt ce qui motivera l'animation de toute entité humaine au XXIe siècle : ceci est vital pour léguer aux générations qui nous succéderont une planète encore agréable à vivre.

Les équipes dirigeantes sont de plus en plus amenées à gérer la complexité, qu'elle soit économique, sociétale ou environnementale, pour conduire la collectivité qu'elles animent sur une voie gagnante. La capacité à anticiper les évènements est de plus en plus requise chez les cadres, qui doivent désormais être capables de mener leurs équipes le plus rapidement possible vers un management participatif digne de la phase adulte, pour les faire fonctionner de manière responsabilisante, proactive, avec une détermination de réussite, en étant perçus comme des leaders naturels. Peu sont aujourd'hui préparés à cela ; c'est pourquoi je m'investis pour passer ce message si important afin de sauver ce qui peut encore l'être et de réorienter le concept de management en donnant la priorité à l'action sur le facteur humain comme gage de réussite économique de l'entreprise, en agissant de manière éthique à l'égard de la planète, de l'humanité et plus généralement du vivant.

Cette vision nouvelle de management met en évidence l'impérieuse nécessité d'avoir une communication saine et efficace, de promouvoir l'empathie collective, en organisant par exemple des groupes de réflexion sur le travail sur soi, d'afficher une propension à l'adaptation de l'organisation en fonction du contexte présent. Le changement du monde à des vitesses vertigineuses nous demande en effet de nous adapter pratiquement en temps réel, d'être flexible tant physiquement que psychiquement. Bien que le monde de la finance ait une vision plutôt à court et moyen terme (trois à cinq ans maximum), la gestion sociale doit plus se faire dans la durée afin de former et de préparer les individus, principalement les jeunes, à ces exigences d'adaptation, de flexibilité, de remise en cause continuelle qui constitueront les notions fréquentes du monde de demain, que ce soit pour les hommes ou pour les produits ou services réalisés.

Parler d'éthique consiste à souligner ce que chacun d'entre nous doit s'efforcer de faire pour mener sa vie de manière exemplaire et privilégier le bien-être, le bonheur des individus et du monde dont il fait partie. Le travail sur soi permet de bien prendre conscience de cela pour ainsi restituer vers les autres. Ce processus crée une émulation qui conduit à une collectivité homogène dans son fonctionnement, sachant utiliser toute la diversité qui la compose. L'entreprise est clairement constituée d'une collectivité, mais elle a aussi pour mission d'atteindre des résultats financiers, la mettant face à des paradoxes qu'il lui faudra maîtriser et gérer – d'une part, sa dimension économique, la notion d'optimisation du travail, la création de richesses (notion de valeur ajoutée) et, d'autre part, ses perspectives sociales et environnementales nécessitant de favoriser le management par les valeurs humaines, le développement durable, le bien-être des individus et donc de la collectivité qu'ils forment. Conscientisation et intuition sont ainsi à valoriser non seulement comme facteurs éthiques, mais également comme facteurs d'efficience.

De plus en plus d'entreprises sont la propriété de holdings financières qui, la plupart de temps, en fomentent une vision impersonnelle. Les gens ne semblent pas être leur préoccupation première. Il faut une crise, voulue ou non, comme celle qui a surgi fin 2008, pour que ces holdings comprennent que les salariés qui les composent représentent un facteur clé de succès pour la traverser et s'en sortir vivant même s'il y a des déboires. Le comportement éthique est donc requis pour l'ensemble des individus, du président aux opérateurs en passant par les actionnaires et autres parties prenantes.

Le processus de conscientisation ne peut épargner quiconque et l'argent ne peut être un leitmotiv au détriment des hommes. Même s'il faut dégager de la valeur pour assurer la pérennité de l'entreprise, tous sont censés être porteurs de valeurs. C'est pourquoi l'idéal est qu'une charte soit promue non seulement par les dirigeants d'une entreprise, mais aussi par ses actionnaires et parties prenantes. Il est important d'être dans la présence des choses, d'agir en conscience et se poser les questions suivantes :

- quels produits ou services réalisons-nous ?
- quels sont les impacts à l'égard de l'humanité, du vivant, de l'environnement, de la planète ?
- quels sont les effets sur le personnel de l'entreprise ?
- que cautionnons-nous ?
- quelles seront les conséquences pour les générations à venir, le vivant de demain ?
- sommes-nous en train de bâtir un avenir fiable, sain et durable ?
- quelle est notre contribution pour changer positivement le monde ?

Que ce soit dans sa vie privée, son environnement social, son domaine professionnel, si un individu s'efforce de mettre en valeur son sens de l'éthique, il enrichira d'autant plus sa (ses) collectivité(s) d'appartenance, professionnelle(s) ou privée(s).

L'entreprise saine a aussi pour mission de susciter chez ses salariés et ses actionnaires l'envie d'aller dans ce sens pour progresser tant individuellement que collectivement. Les dirigeants qui sauront prendre conscience de cela conduiront assurément l'entité vers un succès durable, ceci bien évidemment dès l'instant où le marché reste porteur. Ils seront d'autant plus enclins à avoir une vision à long terme, à développer leur entreprise, à être reconnus comme exemples dans leur manière d'appréhender le management.

Il semble acquis, à l'aube du XXIe siècle, que les entreprises se différencient de moins en moins au plan de la création de valeur vis-à-vis des actionnaires (taux de performances similaires) et des clients (niveaux de service et de qualité comparables). C'est désormais la prise en compte du facteur humain, l'inclination à générer de la valeur sociale, humaine, culturelle qui sont prépondérantes. Le fait d'être totalement conscient que les hommes constituent la première richesse de l'entreprise et que, pour cette raison, ils sont à mettre au cœur de celle-ci permet de définir des organisations privilégiant la gestion des compétences et procurant aux individus la possibilité de se réaliser individuellement et collectivement, donc d'avoir du bien-être au travail.

Un certain nombre de sociétés prennent conscience que, pour assurer une pérennité de résultat, la dimension sociale est incontournable. Ceci procure de la satisfaction au sein des salariés, qui sont de ce fait davantage motivés et impliqués. Privilégier un comportement éthique au sein d'une entreprise se répercute donc positivement sur les salariés qui se l'approprient, font leurs ses valeurs : ceci doit se faire sainement, sans aucune connotation manipulatrice. Il est crucial d'avoir un référentiel éthique solide pour mener de front l'économique et le social, sans négliger l'environnemental, et donc pour instaurer un équilibre stable générateur de progrès, de développement, de bien-être et de réussite durables.

Si on analyse les entreprises dans leur ensemble, on voit que, d'un point de vue technologique et scientifique, elles ont recours à des équipements, à des outillages, à des procédés et à des méthodes qui souvent se ressemblent, et qu'elles emploient du personnel provenant des mêmes écoles. En revanche, ce qui leur est propre, c'est leur culture. Composée d'une collectivité, l'entreprise enrichira, fera évoluer positivement sa culture dès lors que l'ensemble des individus qui y travaillent fera l'effort de se remettre en question, de travailler sur soi. Ceci est lié à l'aptitude du dirigeant à agir en leader reconnu, encourageant l'esprit d'équipe, le respect de l'autre, le participatif : il faut qu'il soit le principal acteur de la phase adulte. Cette démarche conduit naturellement au concept de création de valeur culturelle, véritable facteur clé de succès et de performance. La mise en place d'une charte des valeurs est un levier majeur d'implication des individus car plus ceux-ci progressent dans le processus de conscientisation, plus ils acquièrent la capacité de restituer leurs valeurs intrinsèques vers la collectivité : on assiste de ce fait à une identification mutuelle et réciproque individu/collectivité et collectivité/individu.

Cela est d'ailleurs cohérent avec l'ouverture de la gouvernance d'entreprise aux parties prenantes, qui ont des attentes vis-à-vis de l'entreprise, une contribution à son égard, à sa création de valeur. En plus des actionnaires, qui attendent une bonification de leur mise, les parties prenantes ont pris beaucoup d'importance. Elles concernent les domaines suivants :

– les salariés de l'entreprise, qui souhaitent un salaire, un emploi stable, des formations, des possibilités d'évolution, de la considération, du bien-être ;
– les banques, qui misent sur des entreprises solvables, à même de rembourser leurs dettes, de payer les intérêts ;
– l'État, qui demande à l'entreprise de respecter les réglementations, d'informer sur ses activités ;
– l'environnement, qui est attentif au fait que l'entreprise prenne en compte la durabilité, ne pollue pas, produise dans le respect de l'humanité et de la biodiversité ;
– les secteurs influencés par l'activité de l'entreprise (consommateurs, fournisseurs…).

C'est la contribution de ces parties prenantes à une meilleure gestion et une meilleure fiabilité de l'entreprise qui va légitimer leurs attentes. Cette contribution doit permettre à l'entité d'être efficace dans l'avenir, de s'inscrire dans le temps. Une entreprise est d'autant plus efficace que l'ensemble de ses parties prenantes sont impliquées, rémunérées à la hauteur de leur contribution. Une gestion juste doit conduire à la satisfaction de toutes les parties prenantes, qui doivent avoir, ainsi que les actionnaires, un juste retour de la création de valeur.

Les salariés sont évidemment une partie prenante capitale. S'ils sont motivés et intéressés aux résultats de l'entreprise, ils apporteront une contribution majeure. Une organisation est constituée d'un certain nombre de compétences spécifiques qui représentent le cœur du capital humain à l'origine des avantages concurrentiels de nos entreprises occidentales, notamment. Aujourd'hui, les sociétés ne peuvent pas avoir un avantage concurrentiel qui soit uniquement technologique. Si cet avantage concurrentiel réside dans le personnel, les compétences accumulées au cours du temps, le savoir-faire, voire le savoir-être, il sera alors beaucoup plus difficile pour les concurrents d'une entreprise de l'imiter.

Cette nouvelle vision de la gouvernance pousse les parties prenantes à influencer les politiques d'entreprise dans le sens d'une meilleure prise en compte de leurs attentes. On assiste ainsi au développement d'investissements socialement responsables, consistant à placer de l'argent pour en gagner, certes, mais aussi pour faire passer des messages vis-à-vis de l'éthique, de l'environnement, du bien-être des individus. Il y a alors triple adéquation finances/social/environnement. De plus en plus d'investisseurs décident d'influencer l'entreprise en matière de durabilité homogène avec cette triple adéquation. C'est ainsi qu'est apparu le commerce équitable, rémunérant plus justement les producteurs, arborant parfois le label Max Havelaar. Un autre exemple concerne le boycott de certains produits par des consommateurs qui souhaitent un fonctionnement différent de l'entreprise, plus de respect à l'égard de la nature et du vivant, etc.

Le contexte a bel et bien changé : la valeur d'une entreprise est désormais surtout liée à la confiance qu'elle suscite dans son entourage, en particulier au niveau du marché, à l'égard du dirigeant et de son équipe, de la manière dont se fait sa croissance, sa performance, de la stratégie définie et de l'aptitude de l'organisation à la valider. Elle a ainsi besoin de l'ensemble de l'équipe qui l'anime, laquelle doit être soudée et agir de façon juste. Chaque individualité doit être prise en compte pour la relier à la culture, au challenge du collectif, à la stratégie. C'est bien là que la charte des valeurs a toute sa justification car elle permet une conduite juste de l'entreprise en mettant en exergue une vision, des décisions, des intentions justes.

L'avenir durable de l'entreprise passe par l'association des actionnaires et des parties prenantes, c'est-à-dire des acteurs internes et externes à son organisation, afin de leur donner la possibilité de participer à la mise en œuvre de sa stratégie. Cela ne peut qu'enrichir la culture d'entreprise et donc faire croître sa valeur. On constate d'ailleurs que les cours de la Bourse sont dorénavant nettement influencés par des paramètres impalpables tels que culture d'entreprise, démarche environnementale, cause humanitaire, parfois plus fortement que ce qui découle des données financières ou des produits fabriqués.

Le lecteur percevra ici toute l'importance que représentent les salariés, l'attention et la considération à leur porter de la manière la plus honnête possible, car c'est de la volonté de chacun à adhérer à la stratégie que la réussite aura d'autant plus de chances de se concrétiser. Devenir de l'entité et projet personnel de chaque employé sont étroitement dépendants l'un de l'autre. Si l'entreprise sait s'investir pour le bien-être de ses salariés, leur formation, leur évolution, et qu'elle leur démontre de la gratitude, alors ceux-ci se mobiliseront pour elle et la valoriseront à l'extérieur ; ils en seront fiers. Plus elle saura innover pour les conscientiser sur des sujets touchant l'alimentation, la santé, le travail sur soi, plus ils se responsabiliseront à l'égard du monde qui les entoure, de la société, de leur famille, de leur équipe de travail, plus ils donneront de sens à leur vie pour ainsi renforcer la part intangible du cadre de référence de l'entreprise. Un phénomène de tri-articulation est clairement identifiable aujourd'hui à propos de la responsabilité de l'entreprise : vis-à-vis des actionnaires, des clients et des salariés – ces trois entités étant à prendre en compte équitablement pour assurer le développement durable de la société. Celui-ci est en effet dépendant de l'aptitude de l'entreprise à rassembler à l'endroit de sa stratégie l'ensemble des acteurs internes (les salariés) et externes (actionnaires et autres parties prenantes), pour le bien-être et le succès du collectif. C'est de la capacité de l'entreprise à mener de front l'économique, le social et l'environnemental que naîtra la reconnaissance du monde extérieur, qu'il soit local, national ou mondial. L'implication des dirigeants (comité de direction) est capitale car ils ont la responsabilité de veiller à ce que la stratégie soit bien comprise et partagée par les trois entités citées ci-dessus.

L'entreprise saine est celle qui sait se détacher de la vision financière tout en l'honorant, pour montrer au monde extérieur sa dimension sociétale, sa déférence à l'égard de l'humain et de la planète, pour ainsi susciter des futures embauches de valeur qui lui permettront d'envisager un avenir. Elle attirera d'autant plus qu'elle saura se distinguer aux plans humain et environnemental. Dès l'instant où elle réussira à faire travailler les individus ensemble, à les associer à sa stratégie, à les motiver autour de valeurs communes, elle générera en eux un sentiment de stabilité, la certitude d'avoir un lien entre eux, une ambition mutuelle, un même langage. Il est souhaitable que les valeurs de l'entreprise, *a fortiori* si elles ont été formalisées au sein d'une charte, fassent partie de la vie quotidienne des salariés. Cette prise de conscience par les clients et les fournisseurs de l'entreprise peut ainsi déboucher sur le développement d'une meilleure communication pour optimiser l'adéquation client/fournisseur.

La démarche qui a amené les individus de l'usine K de la phase enfance à la phase adulte a remis en cause leurs habitudes, leurs manières de voir les choses, leurs comportements. Ce processus s'inscrit clairement dans la verticalité et constitue un terrain favorisant l'émergence de l'être. Elle les a d'abord désorientés, pour ensuite insensiblement les recentrer vers une conception nouvelle du fonctionnement de l'entreprise, mais aussi de leurs propres agissements et modes de pensée. L'entrée en phase adulte a clairement révélé une intelligence collective, qui constitue désormais un atout compétitif considérable et dont la prise en compte par les acteurs externes est inévitable.

C'est cette intelligence collective qui permet à une entité humaine de ne pas perdre l'équilibre dans cette course effrénée imposée par le monde actuel et plus particulièrement par la crise financière née fin 2008. L'action sur le facteur humain, dès la phase enfance – du moins s'il y a lieu, car cela dépend du contexte dans lequel se trouve l'entreprise –, révèle les individualités, génère des identités pour ainsi construire un collectif solide, possédant une intelligence commune. Ce processus débouche alors sur une spirale de succès – car sans intelligence collective le capital humain de l'entreprise serait infructueux. En phase adulte, la conception, la perception collectives viennent de l'ensemble des cerveaux et ne sont plus imposées par l'équipe dirigeante. Le collectif est perçu comme une force car chacun tire dans le même sens : la confiance mutuelle est là.

L'exemple de l'usine K est significatif. Cette entité est en effet passée d'un contexte où le marché confortait le personnel quasiment dans un ronronnement à une situation où il a fallu agir en urgence pour que l'entreprise ne sombre pas, en élaborant une stratégie fondée sur des valeurs humaines. La transformation de l'usine K, de sa culture et des comportements, a été drastique tout en étant graduelle et diligente. La démarche de réflexion à propos du travail sur soi permet aujourd'hui d'aller bien plus en profondeur et contribue à fortifier l'hérédité de l'entreprise : l'accent est ainsi mis sur le concept d'ADN de l'entreprise. Chacun s'emploie à faire vivre les valeurs de la charte, à les communiquer à son entourage ; elles se retrouvent dans toute action initiée au service de l'entreprise et sont devenues le fondement du management. La charte des valeurs est notre référence commune, elle motive notre volonté d'aller vers la qualité totale pour satisfaire au mieux nos clients, mais aussi les autres parties prenantes. C'est cela qui a motivé notre candidature pour être site pilote du « Lean Six Sigma – Operational excellence[44] », décidée par notre groupe pour contribuer à atteindre une culture nouvelle et homogène pour l'ensemble des salariés, quels que soient leur pays d'origine. L'usine K est d'ailleurs reconnue pour le déploiement de son management fondé sur la charte des valeurs et est considérée comme une usine *« benchmark »*, une référence dans ce domaine.

Le fonctionnement en phase adulte fait prendre conscience à chaque salarié, quel que soit son niveau hiérarchique, de sa coresponsabilité à l'égard de l'avenir de l'entreprise, de tout ce qui lui est extérieur, sans distinction. Il fournit à chaque individu des outils et des occasions de comprendre le monde dans lequel nous vivons.

44. « Six Sigma » est l'une des méthodes d'amélioration de la qualité les plus utilisées disponibles actuellement. « Lean » est une discipline qui se concentre sur la vitesse et l'efficacité d'un processus. Le Lean Six Sigma est donc une méthode d'amélioration car elle utilise des données et élimine les problèmes qui se posent au niveau d'un processus. C'est aussi un moteur d'amélioration car elle instaure une toute nouvelle série de rôles et de procédures au sein d'une organisation afin de générer des résultats en continu. Le Lean Six Sigma s'inscrit dans un cadre encore plus vaste se caractérisant par l'atteinte des objectifs de l'entreprise et l'adéquation avec les besoins des clients (référence : *Qu'est-ce que le Lean Six Sigma*, Michael George, Bill Kastle et Dave Rowlands, Maxima, 2008). « Operational excellence » est un concept de qualité totale s'intéressant à tous les domaines de l'entité considérée et mis en place principalement au sein de groupes d'une certaine taille.

La stratégie de l'entreprise est déployée sur le terrain, expliquée aux opérateurs par l'encadrement intermédiaire avec un vocabulaire compréhensible. Chacun restitue sa propre vision, sa compréhension du contexte, avec ses mots. Des échanges constructifs et instructifs se créent et donnent lieu à une émulation qui fait prospérer le capital humain. C'est la consolidation des émotions et des intelligences individuelles qui alimente l'intelligence collective, composante non négligeable de la validation d'une stratégie.

Bien sûr que la santé financière de l'entreprise est importante pour sa pérennité ; mais, désormais, cela ne suffit plus. La réussite passe par la prise en compte de la valeur ajoutée humaine, sociétale, environnementale, et par le sens de l'éthique.

Le choix du responsable des ressources humaines est prépondérant car, pour évoluer dans ce nouveau siècle, cette fonction contribue autant à la performance de l'entreprise et à la création de valeur que celle du directeur financier. Ce responsable de la partie sociale de l'entreprise doit être proche du dirigeant (PDG, DG, directeur de site, en fonction des contextes), pour être ainsi reconnu pour sa légitimité et son action envers le capital humain. S'il sait être à l'écoute de l'ensemble des acteurs de l'entreprise, leur traduire le plan stratégique dans une vision sociale et humaine, être le garant de la démarche de management définie (charte des valeurs, qualité totale, développement durable...), alors l'entreprise progressera, franchira une étape de vie, que ce soit en matière de croissance ou de consolidation des acquis. C'est à lui que revient principalement le rôle de leader social sachant valoriser les talents singuliers, les repérer et les préserver tout en créant du sens au niveau collectif, faire la promotion du désir, générer de l'envie à titre individuel et collectif, être à l'écoute du personnel et lui démontrer de l'empathie, gérer les compétences. Le volet social est tellement crucial pour l'avenir de l'entreprise que la responsabilité du développement durable peut revenir au responsable des ressources humaines dès lors qu'il est le garant de la mise en place de l'évaluation et de la valorisation du capital humain.

De la philosophie du yoga à la vie de l'entreprise

« Dans le yoga, la seule chose qui compte, finalement, c'est la sincérité, et avec elle la patience de persévérer sur le chemin. » (Sri Aurobindo, « De la révolte à la sagesse », Nouvelles Clés, *n° 62, juin-juillet-août 2009)*

« À partir d'ici, vous devenez ce que vous voyez. » (Patanjali, cité dans Les Sept Lois spirituelles du yoga, *op. cit.)*

« Notre rendez-vous avec la vie se produit dans l'instant présent. » (Thich Nhat Hanh, « La sérénité de l'instant », Plantes et Santé, *n° 92, juin 2009)*

Les entreprises sont constituées avant tout de femmes et d'hommes : ils représentent leur première richesse, leur donnent la vie. Si elles sont actrices majeures du monde de l'économie, leur vie est soumise à un cycle qui, à l'instar de tout système vivant, est lui-même en évolution au sein d'un ensemble de cycles qui interagissent. On retrouve cette idée avec le corps humain, qui lui aussi est régi par un certain nombre de cycles – celui de la respiration, en particulier, qui, nous le verrons plus loin, est très suggestif. Ce principe de courbe de vie se vérifie pour tout : les êtres vivants, les civilisations, les diverses activités, les entreprises et toute autre forme d'entités humaines. Il y a tout d'abord une période de croissance, jusqu'à atteindre l'apogée puis commencer à décliner. Dans le cadre d'une entreprise, le rôle du dirigeant est d'avoir une bonne vision stratégique en choisissant de développer une nouvelle activité au moment où une autre en est à son apogée. Celle-ci pourra ainsi décliner tandis que la nouvelle activité sera en phase de croissance.

Ce phénomène d'autocompensation peut se répéter de multiples fois. De la même manière, les pays dits développés ont évolué pour s'installer dans une période de profit – les Trente Glorieuses – après une phase de croissance : nous assistons aujourd'hui à la fin de ce cycle. En effet, le monde change : on entend de plus en plus souvent parler de social, d'actions humanitaires, d'éthique, de développement durable, d'écologie, de bien-être ; ces notions ont tendance à prendre le pas sur les concepts de rentabilité, de profit déshumanisé, de guerre concurrentielle, de génération d'argent par l'argent.

L'action menée au sein de l'usine K a pleinement contribué à instaurer un élan humaniste qui a conduit la collectivité à entrer en phase adulte, à fonctionner sur un mode participatif dans le respect des valeurs de la charte[45]. Celle-ci a défini la philosophie de l'entreprise et instillé chez les salariés un principe de maillage moral. Elle a initié le changement de culture et institué un bon climat social. Elle a consolidé le sentiment d'appropriation et d'appartenance, et motivé l'évolution des comportements. La charte des valeurs est clairement devenue le lien solide entre les individus pour former un collectif cohérent, homogène, sain, volontaire, rigoureux et flexible.

C'est la conscience de ce lien qui m'a amené à faire le parallèle avec le yoga, dont le mot sanskrit est issu d'une ancienne racine qui a donné, *via* le latin, les termes français « joug », « joindre », « jonction ». Se relier, établir une union au sens du yoga mène à faire un avec toutes les couches de notre être, à se nourrir de manière saine et équilibrée, tant physiquement que psychiquement, pour ainsi préserver l'harmonie. Charte des valeurs et yoga invitent tous deux à se mettre en quête d'unification des pensées et des actions, à se tourner vers soi, à s'intérioriser pour aller d'autant mieux vers les autres et les comprendre dans un but d'enrichissement de soi-même et du collectif.

Dès lors qu'une entreprise a progressé et est entrée en phase adulte, la question qui se pose est de savoir comment évoluer au sein de celle-ci. La

45. Voir *Valeurs et Conscience, un tournant dans le management*, *op. cit.*

réponse qui m'est venue réside dans le travail sur soi – et le meilleur moyen de travailler sur soi est, de mon point de vue, le yoga, discipline qui peut apporter beaucoup de bienfaits à l'entité humaine considérée. Dans ce monde difficile, de plus en plus exigeant, il est de plus en plus nécessaire de savoir prendre le temps de « souffler », de lâcher prise, de revenir en soi pour se ressourcer afin de repartir une fois les batteries rechargées. La pratique du yoga apporte la possibilité de s'extirper momentanément de ce rythme infernal imposé par le système dans lequel nous vivons. Le pratiquant peut ainsi savourer des périodes de calme, de détente, de silence en s'adonnant aux postures, à la respiration et à la méditation, aux fins d'acquérir le contrôle sur soi, la maîtrise de son flux intérieur(46), le recul, le discernement, pour développer son intuition, avoir du ressenti, sentir l'occurrence des évènements, les voir venir. Ces facultés sont aujourd'hui une nécessité : promouvoir le yoga au sein d'une collectivité contribue à la niveler par le haut car les individus apprennent à agir dans la présence des choses, avec calme, en conscience, pour viser juste d'emblée, être plus réactifs, économiser du temps et donc augmenter les profits aux plans humain, financier, sociétal, environnemental. Le rôle du dirigeant est capital : s'il agit en leader, avec un

46. Tout ce qui régit son fonctionnement interne physique et psychique. Bien entendu, il y a aussi des échanges qui se font grâce aux réactions chimiques de notre corps sans que la conscience intervienne.

mental apaisé, non perturbé par des pensées et des émotions négatives, il sera juste tant dans sa vision, ses pensées, que dans ses actions et décisions, qui seront alors orientées vers le bien-être durable des individus et de leur environnement, qu'ils soient internes ou externes à l'entreprise. Évidemment, un fonctionnement en participatif demande que les personnes clés de chacun des processus de l'entreprise adoptent la même démarche afin de favoriser une répercussion, une émulation authentiques vers l'ensemble des salariés, qui alors s'affirmeront et se mobiliseront. La mondialisation conduit les entreprises de toutes sortes à travailler sur elles-mêmes afin d'être réactives et compétitives, plutôt qu'à perdre du temps à analyser et à espionner les autres, car les utilisateurs ont désormais, grâce à Internet, accès en temps réel à toutes les informations qu'ils souhaitent. Il faut donc sans cesse se remettre en question, manager de manière juste pour être irréprochable, crédible, dans le but de s'améliorer encore et toujours pour réussir, évoluer en conscience. Et c'est bien là que la philosophie du yoga trouve toute sa justification.

Essayons de discerner différentes étapes de la phase adulte pour pouvoir avancer selon une ligne guide.

La première étape correspond à la sortie de l'adolescence. C'est une période où les individus briguent la connaissance, obtiennent les moyens pratiques et intellectuels de leur évolution, ainsi que le sens de la sincérité des comportements et des intentions, une orientation vers la sagesse. Cette recherche de la connaissance, notamment de soi, rend intelligibles en eux les savoirs acquis par l'entreprise au cours du temps, le cas échéant à travers les générations. Cette étape confirme ainsi les individus dans leurs aptitudes à transmettre cette connaissance, notamment aux nouveaux.

Bien entendu, chaque individu étant unique, il a sa propre vitesse de progression. C'est la consolidation des différents degrés d'avancement individuels qui positionne le niveau d'évolution globale dans la phase adulte. Évolution signifie aller de la matière à l'esprit : nous nous dirigeons plus ou moins lentement vers notre source intérieure, notre conscience incarnée, elle-même en lien avec la puissance créatrice. C'est aussi spiritualiser la matière, les créations, les actions...

La deuxième étape est celle où, globalement, les individus ont une place reconnue au sein de la collectivité ; elle est fonction du travail sur soi accompli. L'appropriation devient profonde et va jusqu'à celle des codes culturels de l'entreprise. L'équilibre entre le cerveau gauche et le cerveau droit se concrétise alors, contribuant à plus de créativité. De manière générale, l'hémisphère gauche est en effet plus sollicité en entreprise car c'est le centre de l'analytique. Un travail sur soi bien mené conduit à équilibrer le fonctionnement du cerveau gauche avec celui du droit, lequel est plus intuitif, pour être ainsi davantage enclin à la découverte de solutions innovantes, qu'elles soient du domaine de la production, de la recherche et développement, du social, de l'environnement… Ceci explique aussi tout l'intérêt qu'il y a à favoriser l'emploi des femmes pour apporter de leur énergie dans l'entreprise : c'est en effet grâce à cette énergie, également présente chez les hommes en plus ou moins grande proportion, que le monde changera.

La troisième étape est le début de l'accès à la sagesse. Elle révèle la faculté à lâcher prise pour d'autant mieux analyser les évènements, considérer les problèmes comme des opportunités de progrès et d'émancipation. À noter que le lâcher-prise suppose d'être un observateur actif en arrière-plan, sinon il s'agirait d'une forme de passivité, de laisser-aller. Cette étape met en évidence la non-permanence des objectifs. On réalise ainsi la nécessité de réajuster sa vision pour qu'elle soit toujours juste. Le degré d'évolution a pris toute sa dimension, la progression vers sa conscience est clairement établie, le bien-être des individus est une priorité pour rentabiliser d'autant mieux l'entreprise. Soulignons que ce bien-être est une conséquence, mais aussi une condition *sine qua non* de progression psychologique et matérielle. Dans cette étape, les actes sont exécutés dans un certain état d'esprit où ni pression morale ni contrainte d'action ne sont à l'origine de leur réalisation. Chacun s'investit avant tout dans l'intérêt de la collectivité. Les qualités des personnalités se mettent en évidence. Cette étape est ressentie comme l'accomplissement des deux premières, où se juxtaposent disponibilité, forme de détachement, générosité, véritables moyens de réussite de l'activité humaine.

La quatrième et ultime étape est celle de l'aboutissement de la sagesse, où « le témoignage de l'universalité de la connaissance du Soi est avéré ». Elle est aussi celle du renoncement à lutter contre les choses extérieures. La sagesse dans le cadre de la matière ou de l'entreprise n'est pas une fin en soi ; c'est un chemin, un support de création, d'inventivité de travail. Elle émane d'une vision juste établie de manière stable et pérenne, pouvant être considérée comme un outil pour aller vers la sagesse. La cohésion des différences individuelles forme une unité dont la puissance, la force, la stabilité attirent vers elle des potentiels et des éléments extérieurs de même nature que ceux déployés au sein de l'entité considérée : c'est une forme de loi de l'attraction.

Pour l'entreprise, l'atteinte de cette étape conduirait les clients à venir à elle sans qu'elle ait de démarches particulières à entreprendre puisque les conditions générant un retour allant de soi seraient établies. La conquête des marchés se ferait d'elle-même, naturellement, car elle aurait conquis sa puissance intérieure grâce à cette forme d'unité constituée par la conscience collective, état se répercutant vers son environnement extérieur. L'entreprise deviendrait ainsi une référence de fonctionnement unanimement reconnue. C'est le principe de la loi universelle de l'attraction : les évènements extérieurs viennent d'eux-mêmes à nous car on a intensément travaillé intérieurement. En fait, c'est une illusion de vouloir changer l'extérieur si, intérieurement, on n'a pas fait le changement nécessaire pour attirer à soi ce qui nous permet de progresser dans le domaine socio-économique et d'évoluer dans les sphères de la conscience. Pour l'entreprise, cette quatrième étape est un aboutissement ressenti par la collectivité comme une assurance de pérennité. Empathie, éthique et sens des valeurs rythment alors de manière naturelle la vie du collectif, qui peut ainsi affronter les situations quelles qu'elles soient avec beaucoup plus de sérénité, avec une vision et une conduite justes.

Pour faire progresser les individus à travers ces étapes de la phase adulte, le leader de la collectivité[47] a pour rôle de susciter chez ses collaborateurs l'envie de travailler sur eux-mêmes, de

47. Le terme « dirigeant » ou « manager » devient en effet obsolète lorsqu'on évolue selon cette démarche ; celui de « leader » a plus une connotation d'entraîneur d'équipe, de guide. Le dirigeant, ou le manager, dit ce qu'il faut faire, fixe des objectifs, définit des niveaux, des plans d'action, prend des décisions. Le leader pose des questions, donne le choix, aide à la réflexion et à l'analyse, donne des conseils, fait part de son expérience, améliore et collecte les connaissances, enseigne des choses nouvelles, assure le suivi des objectifs, fait des recommandations, développe le *benchmarking* et assume aussi ce qui est propre au dirigeant ou manager, lequel se caractérise principalement par le verbe « dire ». Le leader est donc à la fois manager, coach, mentor, formateur et consultant, et se caractérise respectivement par les verbes « dire », « demander », « conseiller », « former », « recommander » : il conduit et guide l'équipe.

découvrir la relation qui existe entre la concrétisation d'évènements, de mise en place de structures extérieures, et leur fonctionnement intérieur, entre l'univers et leur intériorité. La patience est de rigueur pour progresser, mais aussi la volonté, la discipline, l'enthousiasme. Plus on travaille sur soi, plus on se comprend, plus on accepte et respecte les autres, la planète – qui est aussi un être vivant –, l'univers, et plus on se relie à la dimension sociale et environnementale de ce qui nous entoure. On est ainsi amené à élargir notre compréhension par une ouverture d'esprit menant à l'assimilation puis à l'appropriation. C'est ainsi au leader d'inviter les individus à « s'élever en conscience », à raisonner en pensées intégratives, c'est-à-dire à se demander pour un problème posé à quel ensemble plus grand appartient ce problème, quel domaine est à approfondir. Les individus sont ainsi conviés à ouvrir les yeux sur eux-mêmes, sur le système dans lequel ils vivent, sur leurs croyances, à avoir un regard neuf, déconnecté de leurs émotions. C'est de leur faculté à innover que dépend la pérennité des entreprises, leur aptitude à rester compétitives, à honorer les exigences de leurs clients en cherchant à leur fournir des prestations de plus en plus complètes, selon le principe de l'analyse intégrative. Prenons l'exemple d'un fabricant de riveteuses : celles-ci appartiennent à un domaine plus grand, le rivetage ; le fournisseur peut alors proposer au client la fonction rivetage en se déplaçant chez lui pour réaliser les assemblages par rivets. Le rivetage lui-même appartient à un ensemble plus grand, l'assemblage ; le fournisseur de riveteuses puis d'opérations de rivetage peut donc se développer et proposer la fonction assemblage de manière plus globale en offrant des solutions de soudage, vissage, collage, clipsage... en plus du rivetage, ceci en ayant fait par exemple de la croissance externe. L'anticipation est ainsi un état d'esprit absolument nécessaire pour la survie des entreprises. Ce n'est pas un hasard si le mot clé de la charte des valeurs de l'usine K est « proactifs ». Même si c'est rébarbatif, une entreprise se doit de surveiller les nouvelles lois en gestation liées à tel ou tel métier, afin de ne pas être surprise et pour ne pas perdre pied.

Cela souligne bien le côté instable des situations, des évènements, des utilisations de produits qui conduisent le leader à ne pas hésiter à remettre en cause les objectifs fixés. Tout est en perpétuel mouvement et les changements sont de plus en plus rapides dans ce monde à géométrie variable. Dans la culture bouddhiste, cette « impermanence » s'ajoute à l'« interdépendance » des phénomènes, des êtres humains, des actions et des décisions, et à la « production conditionnée », signifiant que tout ce qui existe a une cause et qu'un changement nécessite une intervention extérieure. Être conscient de ces trois principes et s'efforcer de percevoir les choses dans leur réalité constitue les fondements de la vision juste. L'entreprise, ses parties prenantes, ses actionnaires, ses fournisseurs, ses clients, son réseau de distribution... sont interdépendants, liés aux individus qui les composent et confrontés à de multiples faits et circonstances. Il est donc requis du leader d'avoir une vision juste, sereine, qu'il acquerra d'autant mieux qu'il fera l'effort de travailler sur lui, qu'il agira dans la présence des choses. Si, en effet, le leader travaille réellement sur lui, il cherchera à privilégier l'aspect positif des choses. S'il incarne ce qu'il prône, il sera naturellement considéré comme un exemple à suivre ; il sera apprécié et respecté. Cette attitude l'amènera de ce fait à être à l'écoute de ses collaborateurs, tous niveaux confondus, à consacrer du temps au dialogue. Il se préoccupera aussi des individus, des différentes parties prenantes œuvrant dans l'ensemble de l'entourage de l'entreprise et n'en ayant pas forcément une perception précise. Il a un rôle de rassembleur, de coordinateur, de manière à faire fonctionner le tout dans la meilleure entente, la meilleure compréhension possible. En fait, c'est à lui que revient la tâche de ramener la connaissance de chacune des entités à celle de l'ensemble, du tout dans lequel s'inscrit l'entreprise, dans le meilleur esprit possible. Un tel comportement mène à la confiance, et celle-ci permet de « soulever des montagnes ».

Selon le dalaï-lama(48), un bon manager, leader naturel reconnu pour ses compétences par son

48. Lire *Ce que le bouddhisme peut apporter aux managers*, Vuibert, 2008.

équipe, doit « satisfaire aux sept traits de caractère de l'individu idéal pour diriger avec un esprit entraîné :

– comprendre les principes et les causes : conscience de la nature des devoirs et responsabilités inhérents à son rôle, ainsi que des défis auxquels il est confronté. Capacité à identifier les causes des problèmes et les principes à appliquer pour les résoudre ;
– comprendre les objectifs et les résultats : connaissance du sens et du but des principes auxquels il reste fidèle. Savoir ce qu'il fait et pourquoi il le fait. Avoir une idée juste des conséquences de ses actions, donc une bonne capacité d'anticipation ;
– se connaître soi-même : connaissance des forces, aptitudes, capacités et qualités, de ce qu'il sait et de ce qu'il ignore. Capacité à corriger ses défauts et faiblesses, et à s'améliorer. Conscience de sa connaissance limitée du fonctionnement de l'entreprise et de son influence sur ses nombreuses parties prenantes. Fort désir d'apprendre ;
– pratiquer la modération : modération dans les paroles et les actes. Agissement avec une parfaite connaissance des objectifs et avantages réels pouvant être obtenus. Non-intérêt personnel, pas d'égoïsme. Œuvrer pour le bien de l'entreprise dont il est responsable ;
– sentir le moment opportun et bien gérer le temps : aptitudes à savoir identifier le moment le

plus opportun et estimer le temps dont il a besoin pour mener telle ou telle action ou engager tel ou tel échange. Savoir ce qu'il faut faire, quand et comment, donc savoir organiser et gérer efficacement son temps. Faire preuve de discernement en sachant identifier les priorités et s'y concentrer. Conscience de la nécessité de ne pas perdre de temps sur des problèmes mineurs ;

– comprendre l'organisation : savoir que les individus qui travaillent au sein de son organisation ont des contraintes, une culture et des traditions à respecter, ainsi que des besoins à prendre en compte, à écouter et à satisfaire de façon appropriée. Compréhension de ce qui donne à l'entreprise sa spécificité et la responsabilité qui est la sienne de développer cette spécificité ou, si nécessaire, d'en modifier un aspect ;

– comprendre les individus : connaissance des différences entre les individus et acceptation de celles-ci. Communication efficace avec ceux-ci. Savoir ce qu'ils peuvent lui apprendre, comment faire pour les féliciter, les conseiller et les former. »

Ces propos du dalaï-lama montrent bien que, si le leader de l'entreprise s'efforce d'appliquer ces principes en travaillant assidûment sur lui, il saura garder son sang-froid face à toutes sortes de situations ; il comprendra à quel point il ne faut pas être dans le jugement, et la nécessité de savoir si l'autre l'est à son endroit ; il saura ne pas se laisser capter par des idées ou des émotions négatives, ne pas se laisser flatter ou dénigrer, ne pas se laisser emporter par ses joies ou ses satisfactions, ne pas faire de nombrilisme, rester humble quels que soient les résultats obtenus. Pour ma part, c'est en toute humilité que j'essaie d'appliquer cette philosophie au sein de l'usine que je dirige, mais aussi dans ma vie personnelle.

L'idéal concernant une décision est que celle-ci ait un effet bénéfique tant pour les personnes que pour l'organisation. Mais il y a bien souvent des compromis à trouver, notamment du fait de l'impermanence et de l'interdépendance des choses, conduisant à ne satisfaire qu'une partie de la collectivité. Le devoir du leader est donc de procurer du positif au maximum d'individus. Pour le bouddhisme, si l'on ne peut éviter un mal, il faut alors s'assurer que celui-ci permettra à d'autres de ne pas connaître un mal nettement plus fort. « Un moindre mal pour un bien supérieur », disait Montaigne dans *Rabelais*. En 2009, les effets de la crise ont conduit un certain nombre d'entreprises à licencier pour se maintenir en vie et permettre à une majorité de salariés de conserver leur emploi. C'est aussi une manière intégrative de fonctionner, en sachant qu'une communication franche est requise conformément à la valeur du respect de l'autre. Tout comme le yoga, cette manière de fonctionner peut être qualifiée de holistique : en effet, la connaissance de l'individuel est ramenée à celle de l'ensemble, de la collectivité, du tout dans lequel il s'inscrit.

L'étude et la compréhension du yoga et de sa philosophie aident à percevoir la plénitude des potentiels inconnus, non révélés, pour ainsi laisser émerger des créativités novatrices générant un authentique engouement pour l'entreprise, ceci étant une condition indispensable pour que l'esprit soit libre de tout enfermement et de toute pression.

Mes réflexions m'ont amené à établir un parallèle entre la philosophie du yoga et un fonctionnement d'entreprise fondé sur une charte des valeurs. Revenons quelques instants à celle-ci. Elle participe au discernement par rapport aux attitudes managériales face au changement. Véritable principe de maillage moral, elle permet une approche systémique en agissant sur l'ensemble de l'entreprise. Elle a un effet sur les croyances des individus en influant sur leurs valeurs intrinsèques pour ainsi les faire changer de comportement. La charte des valeurs renforce le sentiment d'appartenance à l'entreprise et stimule l'appropriation, condition *sine qua non* de la restitution fidèle de nos expériences, perceptions, connaissances, analyses vers autrui. Dès lors que l'appropriation des valeurs est effective, le changement de culture est possible car les salariés ont relié leurs propres valeurs à celles de la charte définie collectivement et portée par le leader. Elle conditionne la progression vers la phase adulte, laquelle, lorsqu'on y est entré, contribue à progresser vers la conscience, à faire en sorte que les individus agissent et raisonnent dans la présence des choses, qu'ils considèrent un changement, un évènement négatif, comme une opportunité de s'améliorer. L'avantage d'instaurer une charte des valeurs humaines est que l'on confère une stabilité au fondement du changement de culture ; toutes les actions et décisions peuvent ainsi lui être reliées pour favoriser la cohérence, agir de manière juste. Les valeurs de la charte ont pour caractéristiques principales la clarté, l'attrait pour les salariés, qui en font une référence également dans leur vie personnelle, la responsabilisation de ceux qui agissent en conscience. Elles sont porteuses de sens quelle que soit la taille de l'entreprise ou encore sa culture. Une entreprise fonctionnant en phase adulte a ainsi plus d'aptitude à gérer le changement, à le positionner pour mieux rebondir. Pour décliner des stratégies choisies, il est certes indispensable d'avoir un bon système de pilotage ; mais quelle que soit la pertinence des outils et procédures de pilotage, s'il n'y a pas d'adhésion des hommes, il n'y aura pas de réussite. On touche ici du doigt le concept de l'approche globale, qui peut d'ailleurs s'appliquer dans la vie quotidienne. C'est une manière mentale, intégrative et analytique d'aborder les problèmes de la vie, et donc ceux inhérents à une entreprise. Pascal disait à ce sujet : « Faire des itérations entre les éléments composants et le tout. » Le leader doit se poser la question suivante : « Quelle attitude managériale dois-je adopter pour promouvoir la motivation de mes collaborateurs, pour susciter du vouloir-bien ? » Encore faut-il que ceux-ci veuillent bien adhérer : cela ne se décrète pas ! Il est nécessaire de cultiver l'état d'être dans l'action de faire, en ayant une vigilance juste de leur équilibre, de leur harmonie, de leur bien-être.

La gestion du changement est en général complexe. Schématiquement, il y a cinq attitudes successives constatées chez les individus après le choc de l'annonce d'un changement :

– refus pur et simple de la description faite du changement : incompréhension, négation, rejet total ;

– résistance se matérialisant par différentes formes : l'inertie (profil bas, approbation feinte, mutisme, soumission stratégique), l'argumentation (questionnement, analyse, recherche des failles, menaces, tentative de convaincre), la révolte (prise de position, émotivité, chantage, agressivité, intimidation, actions contre le changement), le sabotage (exploitation des failles du changement, comportement puéril, travail de sape, grève du zèle, rumeurs) ;

– décompensation : sentiment de tristesse, absence de ressort, pleurs, désespoir, parfois dépression. Cette phase peut nécessiter de l'aide, de l'accompagnement afin que l'intéressé puisse s'inscrire dans une découverte du futur ;

– résignation face à la situation exposée : doute, absence de conviction, gestuelle réservée, nostalgie du passé, absence d'enthousiasme ;

– acceptation et réaction positive, intégration : changement accepté, pas de nostalgie, comportements modifiés, réengagement.

Ceci dit, la réussite d'un changement n'est pas aisée car la situation vécue à un instant donné connaît une certaine mouvance, dépend d'autres contextes. Cette vision théorique s'avère en effet limitante au regard de la complexité des individus, du fait que chacun est unique. Tout a une cause et un effet, d'où la nécessité de considérer plusieurs scénarios pour s'orienter vers la décision la plus juste possible. Le changement aura d'autant plus de chances de réussir qu'il sera appréhendé avec une vision juste, que les individus auront assimilé la nécessité de changer leur manière d'agir. Le hatha-yoga[49] prépare à cela. La réponse à l'interrogation relative à l'adhésion des individus est la mise en place d'une charte des valeurs comme gage de leur motivation, d'envie d'être partisans des choix faits. Bien entendu, cela suppose une résonance chez chacun au niveau de son individualité. La personnalité, plus liée à l'ego, est plus difficile à modifier, à changer. L'ego se nourrit de valeurs qui lui sont propres, pas forcément universelles. On relève ici toute l'importance qu'il y a à toucher

49. Voir définition plus bas.

les individus dans leur profondeur, c'est-à-dire leur être. En fait, l'ego est situé partout ; c'est un principe de réduction qui fait quitter l'universalité du tout pour devenir un être limité. Cela se retrouve dans n'importe quel objet. C'est une certification de notre existence. Ce sont les limites de l'ego qui génèrent des problèmes car notre mental n'accepte pas celles-ci. L'ego n'est pas un problème en soi, c'est un certificat de vie. C'est la réduction du mental par rapport à l'ego qui est un problème, c'est-à-dire l'identification au mental. Ceci explique qu'aujourd'hui on ait tendance à vouloir tout, tout de suite. Tous les volets de notre société sont en effet concernés par ces problèmes d'identification au mental, à ses vibrations, et cela la fait régresser. Les missions individuelles et collectives sont ainsi capitales pour revenir vers un équilibre.

L'important est que la charte soit en cela une aide et se fonde majoritairement sur des valeurs humaines choisies par l'entreprise. Celles-ci sont de manière générale interconnectées, ce qui laisse de la latitude à propos de son élaboration, du choix des valeurs.

Pour tenter d'établir une relation entre une charte des valeurs et la philosophie du yoga, faisons l'exercice à partir de la charte des valeurs mise en place au sein de l'usine K. Rappelons-la :

– Professionnalisme/Préventif
– Respect de l'autre/Rigueur
– Objectif d'équipe/Organisation

– Appropriation/Appartenance
– Communication/Crédibilité
– Technicité/Travail
– Implication/Intégrité
– Flexibilité/Fiabilité
– Sociabilité/Solidarité

Ces valeurs peuvent se rapprocher des huit membres du yoga tels qu'ils figurent dans les Yoga-Sûtras de Patanjali déjà évoqués dans la première partie au chapitre « Le yoga, une aide au travail sur soi ». Le vecteur de progression de ces huit membres est l'intériorité grandissante, car l'essentiel réside dans une démarche de « reploiement », donc de travail sur soi.

Le premier membre est composé de cinq yamas (attitudes à adopter vis-à-vis des autres, premier degré vers la chaîne du bonheur, qualités sociales favorisant la bonne ambiance avec l'environnement) :

– *ahimsâ* : non-nuisance, non-violence ; à rapprocher de la valeur « respect de l'autre ». Ne pas faire à autrui ce que l'on ne voudrait pas avoir à subir, être pacifique. C'est un bon principe de construction d'équipe. Toujours se demander si nos actions sont favorables au bien-être d'autrui et considérer cela comme une priorité dans les décisions à prendre. Ce concept prend d'autant plus de sens dès lors que l'on est investi de responsabilités d'encadrement, d'animation. Le leader doit en effet être altruiste, mettre tout son dynamisme pour stimuler l'entièreté de son équipe.

– *satya* : être vrai, vérité ; à rapprocher de la valeur « fiabilité ». Faire preuve de fiabilité, c'est avoir une vision juste de la stratégie de l'entreprise, c'est conduire celle-ci de manière juste, c'est émettre des propos justes à son égard et vis-à-vis des individus qui y travaillent, c'est être objectif, c'est donc être vrai.

– *asteya* : honnêteté, disparition du désir de prendre ; à rapprocher de la valeur « intégrité ». On retrouve ici le fait de ne pas s'attribuer ce qui appartient à autrui. Ce n'est pas parce que l'on est chef que l'on peut s'octroyer le droit de faire siennes les idées des autres. Le bon manager reconnaît que, même s'il anime l'équipe, les résultats appartiennent au collectif. Par ailleurs, il ne doit ni se laisser tenter ni s'enrichir de façon malsaine ; ceci est d'ailleurs valable pour l'ensemble des membres de l'équipe.

– *brahmachârya* : bonté, pureté du cœur, modération, pour avoir une bonne énergie de vie ; à rapprocher de la valeur « solidarité ». Se tourner vers les autres, les aider spontanément, de manière désintéressée. Se montrer patient.

– *aparigraha* : absence du sens de la possession, de l'individualisme, non-convoitise ; à rapprocher de la valeur « sociabilité ». C'est être ouvert d'esprit, reconnaître que la réussite de l'entreprise est le fruit du collectif et être ainsi digne de la vie en société. C'est être apte à maîtriser ses désirs cupides. C'est faire preuve de non-possessivité à l'égard de ses idées.

Selon Ysé Tardan-Masquelier dans *L'Esprit du yoga* (Albin Michel, 2005), les yamas se présentent sous un angle très positif : c'est une émancipation. Il s'agit de renoncer aux attitudes physiques et environnementales limitant l'ouverture de la personnalité, et non de se priver.

Le deuxième membre comprend cinq niyamas (attitudes vis-à-vis de soi) :

– *shaucha* : propreté, purification, pureté du corps et des pensées ; à rapprocher de la valeur « préventif ». Principe de base de la TPM[(50)], avec la propreté et le rangement. Cette valeur se rapporte d'ailleurs aussi au soin que l'on doit à soi-même, ceci se répercutant sur la collectivité. En effet, avant de concrétiser une action, il est bien de s'efforcer d'avoir un esprit libre, c'est-à-dire dénué de toute pensée ou émotion négative,

50. La TPM (*Total Productive Maintenance* ou *Manufacturing*) est une méthode très efficace pour améliorer les rendements. Son but consiste à permettre à des opérateurs de gérer seuls la production ou à des employés d'assurer des tâches administratives. Elle part du postulat que l'opérateur d'une machine est le plus à même d'en superviser la maintenance. Elle bénéficie par voie de conséquence aux agents de maintenance. Propreté et management sont un postulat de base. L'analyse du déroulement de la démarche TPM au sein de plusieurs sites industriels importants, appartenant à des groupes renommés, démontre qu'il est crucial de choisir le bon moment pour limiter les résistances de l'encadrement, qui craint de perdre en importance, et des ouvriers, qui perçoivent un travail supplémentaire, une contrainte.

un esprit sur lequel les inquiétudes n'ont pas de prise.
– *samtosha* : sérénité, contentement ; à rapprocher de la valeur « crédibilité », dans le sens où être crédible, c'est montrer son aptitude à prendre les choses avec calme et discernement. Cela favorise la confiance entre les hommes, de ceux-ci vis-à-vis de l'entreprise et inversement, la confiance étant la condition *sine qua non* pour la pérennité de l'entreprise, sa vitalité.
– *tapas* : ardeur, amélioration considérable du fonctionnement du corps et des sens ; à rapprocher de la valeur « professionnalisme » dès l'instant où être professionnel, c'est maîtriser son métier pour octroyer le meilleur fonctionnement possible à l'entreprise, c'est montrer de l'ardeur au travail.
– *svâdhyâya* : étude, connaissance de soi ; à rapprocher de la valeur « travail », en considérant la connotation de travail sur soi. Plus les individus se connaissent eux-mêmes, plus ils connaissent les autres, et donc plus ils connaissent l'entreprise, qui n'est que la résultante de la mise en commun des individualités. Travailler sur soi pour mieux se connaître, c'est aller vers une totale maîtrise de son fonctionnement, en ayant parfaitement conscience que la confiance en soi, qui est le moteur de l'homme, doit être compensée par l'humilité, qui en est le frein. Même si l'on a des aptitudes à entraîner les

autres, on a également besoin d'eux pour avancer. Avoir cela bien présent à l'esprit, c'est faire preuve d'humilité.

– *îshvara-pranidhâna* : abandon à la transcendance, action désintéressée ; à rapprocher de la valeur « rigueur », en partant du principe qu'être rigoureux, c'est s'investir pour que l'entreprise, la collectivité, s'élève au-dessus d'un niveau donné. La valeur « objectif d'équipe » est aussi à relier à *îshvara-pranidhâna* car, comme je le dis déjà dans mon premier livre, Olivier Clouzot(51) souligne ceci : « Un facteur très important de coévolution dans la coresponsabilité est le travail en équipe, où les différents membres sont d'accord sur un même projet en même temps qu'ils sont solidaires du travail effectué et qu'ils se sentent concernés pour l'améliorer ; plus le but de l'équipe est élevé et finalisé par la réalisation de soi, meilleure est la coopération entre les membres, car le processus de chacun s'en trouve facilité ou accéléré. »

Par l'intermédiaire des niyamas, on parvient à un mode de vie bénéfique pour notre évolution. La collectivité s'en ressent et l'entreprise en récolte positivement les fruits. « Les yamas et les niyamas libèrent des capacités enfouies dans l'inconscience ordinaire », affirme Ysé Tardan-Masquelier. Ils

51. Dans *Éveil et Verticalité. Essai sur la transcendance et sur le chemin de transformation qui y conduit*, Le Souffle d'or, 2000.

contribuent à l'« élévation en conscience », qui est bien une caractéristique de la phase adulte. Ils conduisent un individu à se détacher d'un aspect destructif, négatif, pour favoriser un aspect constructif, positif, ceci dépendant de la perception de cet individu. Ils représentent un code de conduite, permettent d'affiner nos comportements envers les autres et nous-mêmes, ce qui n'est pas aisé dans l'état d'aveuglement actuel vécu par la planète.

Le troisième membre concerne les âsanas (postures). Pour Patanjali, c'est principalement l'état d'esprit qui importe pour les accomplir. Au cours de la pratique, on constate que l'on est toujours partagé entre des notions opposées telles que fermeté/aisance, force/souplesse, difficulté/facilité, rigueur/tendresse, entre autres. Ce troisième membre peut ainsi se rapprocher des valeurs « rigueur », car la posture doit être ferme sans rigidité, et « flexibilité », dans le sens d'adaptabilité, de souplesse d'esprit et de corps. On peut aussi lui trouver un lien avec la valeur « organisation » dès l'instant où l'objectif du pratiquant est d'atteindre des postures bien faites, voire accomplies, en tout cas organisées, c'est-à-dire réalisées de manière réfléchie, en conscience. Pour l'entreprise, il est vital d'acquérir de la souplesse dans l'organisation, chacun connaissant sa propre mission et s'étant approprié celle de l'entreprise. Ce mode de fonctionnement mène à un système homogène avec des objectifs communs, participant à un bien-être durable, véritable but de la vie. Enfin, la valeur « technicité » peut aussi être associée à ce troisième membre, car la pratique des postures en demande.

Le quatrième membre se rapporte à *prânâyâma* (respiration consciente et rythmée). Ce membre serait à relier à la valeur « organisation ». L'organisation rythme la vie de l'entreprise ; elle en est le souffle, lequel évoque la fluidité pour relier différentes parties entre elles, le lien corps/esprit, où le corps est assimilable à l'entreprise et l'esprit aux hommes. C'est grâce à l'organisation que les individus peuvent travailler ensemble, assumant chacun sa mission pour permettre un résultat final commun. Ils constituent en quelque sorte le souffle de l'entreprise, sa respiration. Plus ils « s'élèveront en conscience », plus le fonctionnement de l'entité sera harmonieux, homogène, cohérent, plus sa respiration sera consciente et rythmée, car l'esprit d'équipe sera avéré. La valeur « objectif d'équipe » est ainsi pareillement associée au quatrième membre. La valeur « communication » peut aussi être évoquée ici. Une communication efficace repose en effet sur des valeurs fondamentales permettant d'asseoir le fonctionnement relationnel de l'entreprise sur des bases solides, donc de favoriser l'organisation, de procurer un air sain. C'est dans la posture assise en lotus ou en tailleur que *prânâyâma* revêt l'entièreté de sa réalisation et que le ressenti du corps et de l'esprit est maximum. Un parallèle intéressant peut se faire là aussi avec l'entreprise dès lors que les valeurs reliées à ce membre lui procurent une bonne assise.

Le cinquième membre, *pratyâhâra*, évoque l'intériorisation, le retrait des sens vis-à-vis des sollicitations extérieures. Il apparaît ici clairement que c'est la valeur « appropriation » qui s'apparente le plus à ce membre. Cette valeur révèle effectivement la capacité à être relié à son entreprise, à ses valeurs, donc à intérioriser. S'approprier des valeurs, c'est les avoir « dans les tripes ». Cela est plus fort que l'assimilation où, dans ce cas – phase adolescence –, l'individu a les valeurs dans la tête.

Les trois derniers membres sont identifiés comme des états supérieurs/intérieurs, *samyama*.

Le sixième membre, *dhâranâ*, représente le recueillement, la concentration. La valeur « appartenance » est à rapprocher de lui. Avoir le sentiment d'appartenance, c'est se reconnaître dans l'institution dans laquelle nous vivons, qui constitue un corps social, ayant plus d'importance que le produit fabriqué, le métier ou le secteur de travail. Les individus sont ainsi amenés à recueillir les fruits de leur travail, à propos duquel ils doivent faire l'effort de se concentrer. L'appartenance, c'est être en lien avec l'entité humaine dans laquelle on œuvre ; la concentration, c'est fixer son mental sur un champ déterminé. Un lien entre les deux concepts est nettement identifiable.

Le septième membre, *dhyânâ*, concerne la méditation, la contemplation. La valeur « implication » peut être associée à la fois au sixième et au septième membre. La concentration demande effectivement de l'implication, un effort sur soi-même pour diriger son mental. S'impliquer, c'est se projeter dans l'action et en avoir une perception véridique. On se concentre donc sur l'action, on y réfléchit le plus finement possible – d'où, à l'extrême, une connotation de méditation.

Le huitième et dernier membre, *samâdhi*, est celui de l'extase, lorsque la conscience est unie avec l'impalpable, la puissance créatrice. Du point de vue de l'entreprise, nous pouvons rapprocher ce membre de la « proactivité » – mot clé de la charte des Valeurs – unanimement accomplie et en cohérence avec la dernière étape de la phase adulte mentionnée plus avant. La proactivité est en effet une anticipation établie pour l'ensemble des domaines, préparant à l'atteinte d'un certain état d'unité et de conscience, unité avec les autres, les évènements, l'environnement externe, dont on a pleinement conscience. Être proactif, c'est être actif avant que les problèmes se concrétisent pour essayer de les éviter. Le yoga, c'est être actif avant que la souffrance arrive, ou tout du moins la limiter, en visant l'état de *samâdhi* et en s'éloignant de la maladie (*viadhi*).

Pour Patanjali, ces trois derniers membres ont en commun un nouveau fonctionnement de la conscience, instauré de manière quotidienne et courante. Nous sommes ici pleinement dans le cheminement vers la conscience incarnée, donc bien ancrés dans la phase adulte.

La conscience est une puissance souveraine établie en chacun de nous ; elle est au cœur de notre travail sur nous-mêmes. Seule la conscience peut nous amener à atteindre la paix profonde. Beaucoup de maladies sont aujourd'hui créées par le stress, d'où l'importance de travailler la présence pour être conscient, mais aussi d'œuvrer pour inviter les autres à « s'élever en conscience ». Travailler en conscience, dans le souci du bien-être de ses collègues, participe à ne pas ajouter du stress à celui dû au contexte extérieur à l'entreprise – marché, pression financière, état de la société civile, dérèglement climatique, atteintes à la biodiversité et à l'écosystème… Bien sûr, les effets de la prise de conscience diffèrent selon les individus, constitués comme l'univers des cinq éléments (éther, air, feu, eau, terre) dont les proportions sont propres à chacun : l'ADN, traçabilité sans faille, en témoigne.

Cela conduit à comprendre que notre vérité est la différenciation du ressenti. L'acceptation de cette différence montre que c'est dans l'intériorité que réside ce que l'on ressent. Il suffit d'être un adepte du yoga pour constater lors des pratiques en groupe que les effets des postures diffèrent en fonction des personnes. On réalise ainsi toute la difficulté à manager, à animer des individus, pourquoi cela est si compliqué à enseigner dans les écoles, mais aussi tout le plaisir qu'il y a à tirer des expériences humaines, l'importance d'aller de plus en plus loin en soi pour progresser dans la compréhension de ce grand livre de la vie dont nous sommes d'humbles représentants.

Quelles que soient les valeurs humaines définies pour l'entreprise, il est toujours possible de les relier aux huit membres de Patanjali car, comme eux, elles sont interconnectées, interdépendantes. Le plus important, c'est d'aller le plus possible dans les profondeurs de l'homme pour qu'il restitue ses propres valeurs au collectif. Les huit membres du yoga forment un tout indissociable, cela s'appréhende bien lorsque l'on s'adonne à cette discipline. Ce tout est présent dans chacune des pratiques. Concevoir l'entreprise de manière analogue – la charte des valeurs étant à l'entité ce que les huit membres sont au yoga – ne peut que la grandir.

Cette discipline constitue un enseignement complet, agissant sur l'entièreté de notre personnalité pour nous inviter à réfléchir à propos de tout positionnement dans la vie, quel qu'il soit. Plusieurs pratiques existent, comme celles afférentes aux postures, aux respirations, à la concentration et à la méditation, et se trouvent associées à plusieurs types de yoga :

– le hatha-yoga, yoga de l'effort, où la pensée se concentre sur le corps physique. C'est une recherche d'équilibre entre le système parasympathique et le système sympathique, entre le cerveau gauche et le cerveau droit, entre le

yin et le yang. Une pratique de hatha-yoga est un champ d'expérience et d'exploration personnel, axé sur la souplesse du corps physique et le contrôle du souffle et de l'énergie vitale. Le hatha-yoga est fondé sur des postures associées à la respiration et à une prise de conscience, non sur des exercices de gymnastique. Les postures augmentent et diminuent en douceur la tension artérielle et sont bonnes pour le cœur.
– le râja-yoga, ou yoga aux huit membres de Patanjali, dont l'aspect philosophique a été décliné par plusieurs lignées. C'est la voie royale, permettant de travailler sur tous les aspects de la personnalité humaine, en apportant un travail sur le psychisme.
– le karma-yoga, mettant en évidence la discipline de l'acte. C'est le yoga de l'attitude et de l'action méditative, l'étape de la confrontation : on confronte ses idées à la réalité de la vie.
– le jnâna-yoga, chemin vers la sagesse, voie de la connaissance, la vraie, celle que l'on a perçue au travers des pratiques. Il vise à trouver l'ultime réalité et à démonter tous les processus illusoires. Ce type de yoga est indispensable au développement de l'état de méditation et de l'intuition. C'est une recherche de l'intense connaissance de soi, multidimensionnelle. Il aide à éliminer le savoir spéculatif pour le remplacer par une connaissance expérimentale, résultant de sa propre expérience et de sa compréhension

personnelle. Le jnâna-yoga peut se pratiquer au travers du karma-yoga en essayant de percevoir l'ultime réalité de l'action, chaque acte sous-tendant des croyances. L'idée est d'éliminer des erreurs, de mettre des connaissances justes à la place des fausses. Bien entendu, rien ne prouve que la vérité absolue existe ; elle est de toute façon fonction du temps, de l'environnement changeant. Les certitudes d'aujourd'hui deviendront des croyances dans *x* années, et l'humain est limité par ses attributs, ses sens… Ce yoga permet d'en être conscient, de comprendre que la vie est un rituel permanent et que seul ce qui est stable subsiste. Notre champ d'expérience évolue, change avec le temps.

– le bhakti-yoga, voie de l'amour au sens noble du terme. C'est le yoga de la dévotion, du dévouement, visant à canaliser l'énergie émotionnelle pour une qualité de vie supérieure.

– le yoga-nidra, qui se pratique en position immobile, allongée, a pour but de prendre conscience des différentes parties de son corps et de capter le mental. C'est une pratique de relaxation profonde agissant sur toutes les couches de l'être.

– le nada-yoga, ou yoga du son, a trait à la connaissance des qualités des sons et de la façon dont ils nous affectent. C'est un outil pour pénétrer profondément et rapidement à l'intérieur de nous-mêmes. Il se rapproche d'une méditation inhérente aux sons extérieurs et intérieurs, par la vibration. Il a un fort pouvoir de libération et de dissolution de certains blocages et inhibitions du mental.

– le mantra-yoga, voie de libération du mental, en le détachant de nos désirs et ambitions, en laissant l'ego en arrière-plan. Tout mouvement engendrant une onde vibratoire donnant lieu à une sonorité subtile, ce yoga a pour vocation de pénétrer profondément dans le corps psychique pour percevoir l'ensemble des vibrations. Il concerne le mental, le corps physique et le son en approchant le monde vibratoire grâce à la répétition d'un mantra[52].

– le laya-yoga cherche à éveiller les centres et les canaux énergétiques. Nos états de conscience se trouvent modifiés du fait de la montée de l'énergie le long de notre échelle des chakras. L'examen minutieux des modifications au niveau de la conscience est le propre du laya-yoga, l'énergie étant l'instrument générant celles-ci.

52. Dans l'hindouisme et le bouddhisme, le mantra est une formule condensée formée d'une série de sons, répétée de nombreuses fois suivant un certain rythme. Ce terme sanskrit signifie « outil de l'esprit » (*manas*) et « protection » (*tra*). Le mantra est donc une protection de l'esprit. Il a pour objectif de canaliser le mental discursif et ses vertus, conjuguées à l'intention et à la concentration du récitant, sont bénéfiques. Le mantra est un support de méditation, sa pratique peut être un bienfait physique ou spirituel. Le récitant peut utiliser un *màlà*, sorte de chapelet comportant cent huit grains. Le mantra est fondé sur le pouvoir du son. C'est par sa vibration et par sa résonance que le son transforme son environnement ainsi que les personnes qui le récitent. La plupart des religions utilisent ce principe (référence : Wikipédia).

Le karma-yoga s'apparente bien au fonctionnement d'une entreprise évoluant en phase adulte. Les autres types peuvent servir de référence pour asseoir une culture d'entreprise orientée vers l'humain et son bien-être. Le karma-yoga, lui, concerne particulièrement les individus vivant, agissant, travaillant en collectivité. Il souligne combien il est notoire de montrer du désintéressement dans ce que l'on fait (c'est le cinquième yama : *aparigraha*), c'est-à-dire de ne pas agir par intérêt personnel en affichant son appropriation comme témoignage de sa fidélité à l'entreprise. À noter que le désintéressement est différent du désintérêt, qui signifie que l'individu se désintéresse de ce qu'il fait. Au contraire, le karma-yoga demande aux individus d'être disciplinés dans l'action, d'œuvrer dans le but d'un bien-être collectif. Ce concept contribue à la mise en place des prérequis inhérents à la discipline ; c'est une quête d'authenticité et de justice. Il nous extirpe de nos peurs physiques pour aller à la racine des souffrances que l'on a. Il demande aux individus d'être sereins, bien dans leur tête, non enclins au jugement, et leur procure donc la possibilité d'évoluer sur la voie de la sagesse à propos de leurs actions. Pratiquer le karma-yoga, c'est incarner le yoga, appliquer les nouvelles règles, philosophies, habitudes, les faire siennes, se les approprier. C'est une attitude mentale visant à l'étude de soi : on s'étudie à travers un acte que l'on nous demande de faire. C'est de l'érosion de l'ego, de la méditation dynamique ; on ne dégage aucun bénéfice pour soi et l'on comprend ses attitudes et comportements pour les modifier. Cette pratique apprend à rester équanime, à ne pas mettre son mental dans l'action demandée, à entendre mais ne pas écouter le système réactif. La vie est d'ailleurs faite de ce même processus. Cette philosophie du travail, de la vie en communauté, est bien celle attendue pour une entreprise se trouvant en phase adulte, en acceptant dans la joie les tâches qui nous sont confiées, quelles qu'elles soient, en prenant conscience qu'agir de manière désintéressée consiste à offrir volontairement son moi pour autrui, pour son entreprise. C'est aussi accepter de recevoir des consignes d'autrui et les réaliser même si elles ne nous plaisent pas. Les individus se détachent ainsi de leur ego pour s'ouvrir davantage aux autres. En fait, un yogi digne de ce nom mène simultanément l'amour par la pratique du bhakti-yoga, ceci étant évoqué en entreprise par la valeur « respect de l'autre », et l'action au travers du karma-yoga, dont la valeur « travail » se fait l'écho.

L'appropriation est une des valeurs fortes de la charte car elle signifie appropriation de toutes les valeurs, de l'entreprise, du groupe d'appartenance, de tout ce qui régit la vie de l'entité (marchés, clients, collègues, organisations...). Un des buts du yoga est l'appropriation de son propre corps, en prenant conscience de son unicité. Ceci est très net dans la pratique des postures, où l'on réalise les mouvements au rythme de respirations contrôlées, l'expir ayant une connotation de relâchement alors que l'inspir stimule l'effort. On est à l'écoute de son corps mais aussi de son mental, on va de plus en plus loin dans la découverte de soi en étant dans la présence de la pratique (posture, respiration, ressenti). Contrairement à la position, qui revêt un caractère naturel, la posture met en œuvre la conscience. Le yoga, dans sa composante posturale, apprend l'humilité, la patience, car les progrès se font insensiblement, on se trouve face à soi-même, à ses raideurs, à ses blocages. On vise un assouplissement du corps pour assouplir son mental. L'analyse des huit membres de Patanjali montre combien la réciproque est vraie. En effet, c'est en travaillant les deux premiers membres (yamas et niyamas) que l'on exerce son mental à fonctionner différemment, qu'on le rend moins rigide pour ainsi libérer d'autant mieux le corps physique. Chaque pratiquant a son propre ressenti des postures et l'intensité de celui-ci va de pair avec le degré d'appropriation. Cela explique qu'un yogi puisse reproduire une posture même s'il ne l'a pas faite depuis plusieurs années. Cette appropriation conduit le pratiquant à se trouver dans un état d'expérimentation, à savoir lâcher prise, à considérer et à respecter son corps plutôt qu'à vouloir l'instrumentaliser. Le yoga développe le savoir-être bien plus que le savoir-faire. On comprend ainsi combien la philosophie du yoga peut contribuer à trouver des thèmes de communication en entreprise pour aider les individus à avoir réellement l'appropriation, à les conscientiser. Ce respect du corps dans le yoga souligne bien évidemment l'importance qu'il y a à mettre de la vigilance en ce qui concerne son alimentation physique et psychique. Corps et esprit sont liés, nous l'avons vu dans la première partie. Pour chacun d'entre nous, le corps est un support d'évolution sollicitant le physique, le psychique et le spirituel : mieux il est entretenu, meilleures sont nos chances de nous « élever en conscience », car alors l'esprit bénéficiera de répercussions positives. Il sera alors mieux disposé à libérer le corps physique pour permettre à son propriétaire d'explorer ses autres corps (subtil, éthérique...). Le yoga révèle au pratiquant, par le biais des postures, les parties de son corps dont il se préoccupe peu – en l'occurrence le dos, sorte de dépotoir à émotions. Nos conditionnements par la pensée, nos déséquilibres sont mis en évidence. Avec les postures, le *prâna*(53) circule pour débarrasser le corps physique de ses impuretés, nettoyer les lignes de force (*nâdîs*) selon lesquelles l'énergie est véhiculée ; il stimule les centres énergétiques

53. Selon Ysé Tardan-Masquelier, « le *prâna* désigne la dimension énergétique de tout phénomène dans le monde et en l'homme ; identifié au vent, il se manifeste ainsi par le souffle, mais différencié en fonctions par les sept chakras, c'est encore lui qui préside à tous les aspects de la vie organique, psychique et spirituelle ». En fait, le *prâna* correspond à la sensation de vie présente dans notre corps. Pour en avoir une idée fidèle, il suffit de fermer les yeux et de se demander ce que l'on ressent alors dans son corps. Le *prâna*, selon les yogis, existe aussi dans chaque être vivant, dans l'air, l'eau, l'alimentation, d'où l'importance de consommer des aliments vivants.

appelés chakras. Beaucoup d'assiduité, de volonté, de discipline, de persévérance dans les différentes composantes du yoga sont nécessaires pour devenir yogi, lequel apprend jusqu'à sa mort en agissant dans la présence, en toute conscience.

Respiration et conscience sont étroitement liées et sont capitales pour le bien-être du corps. L'inspir évoque la création, l'évolution, l'expansion ; il reçoit, ramène à soi, donne de la force, permet l'effort dans la posture ; il a une connotation d'appropriation et de prise de conscience. La rétention poumons pleins donne la plénitude, l'inspiration, la stabilité. L'expir implique le lâcher-prise ; il donne vers l'autre, a une connotation de restitution, d'amorce de déclin pour préparer la relance de nouvelles activités et les développer dans de futurs expirs. La rétention poumons vides crée un moment de calme, de non-action, un sentiment d'attente angoissée, c'est une préparation au renouvellement, une sorte de gestation active. On perçoit ici le côté épuratif et communicatif de la respiration vis-à-vis de soi-même, pour mieux se concentrer, méditer, exercer sa volonté. Au travers du *prânâyâma*, le yoga montre combien l'esprit et l'ensemble du corps sont concernés lorsqu'il s'agit de bouger une partie du corps, si petite soit-elle, en conscience. Le mental ayant sans cesse tendance à vouloir nous diriger, la maîtrise de la respiration consciente apprend en revanche à le maîtriser de manière momentanée. « Pourquoi restez-vous en prison quand la porte de votre cellule est grande ouverte ? », disait Rumi à propos de ceux qui maîtrisent mal les techniques de respiration, qui se sentent oppressés[54].

Apporter à ses salariés la possibilité de s'initier à des pratiques de respiration, puis de s'y adonner régulièrement s'ils le souhaitent, a une répercussion positive sur le fonctionnement de l'entreprise car la communication s'en trouve améliorée. En effet, la respiration consciente procure à un individu d'être en communication profonde avec lui-même, et donc de mieux communiquer avec les autres. On comprend d'autant mieux les autres que l'on se comprend soi-même ; cela se vérifie aussi pour la communication, valeur forte de la charte, constituant un principe vital, un état d'esprit dans l'entreprise comme dans la société. Bien communiquer, c'est parvenir à connaître le monde de l'autre et à être partenaire de ses mots. La communication s'enrichit de la cohérence entre ce que l'on pense, ce que l'on dit et ce que l'on fait. On mesure ainsi la fonction primordiale de la respiration pour avoir une meilleure connaissance de soi-même et d'autrui.

Le quatrième membre de Patanjali étant associé à l'organisation, à l'objectif d'équipe, à la communication, on voit à quel point il est important de promouvoir ces trois valeurs pour bien faire respirer l'entreprise, en avoir une vision juste, pour lui

54. Dans *Les Sept Lois spirituelles du yoga*, *op. cit.*

permettre ainsi de restituer vers ses employés et vers l'extérieur les conséquences d'actions et de décisions justes. « Plus l'entreprise s'ouvre à un style de management participatif, plus l'expression devient libre et plus il importe d'apprendre à bien communiquer », dit Meryem Le Saget[55]. Promouvoir une communication juste, respectueuse d'autrui, c'est savoir dire les choses telles qu'elles sont, même si c'est un problème, car dans ce cas l'information doit être extrêmement rapide afin de pouvoir trouver des solutions à temps. Si l'on fait l'effort de rechercher le côté positif dans tout ce qui se présente, qui plus est si c'est un problème, alors on gagne en temps et en énergie.

En fait, que signifie bien communiquer ? Dit simplement, c'est être positionné sur la même longueur d'onde que son interlocuteur. Si chacun de nous est conscient des multiples modalités de fonctionnement des individus, il fera l'effort de réexpliquer, de donner des précisions. S'il a la moindre impression d'incompréhension chez l'autre, il s'investira pour susciter chez lui de la motivation dans l'échange. Cette manière d'être sera d'autant plus avérée que le travail sur soi sera effectif car celui-ci sous-entend une capacité à bien communiquer avec soi-même, à savoir se dire honnêtement les choses, à être à l'écoute de soi. Plus cette communication

55. Dans *Comment leur dire... La Process Communication*, Gérard Collignon, Inter Éditions, 2005.

avec soi est naturelle, plus on s'investit dans une communication sincère, objective, positive avec autrui.

Les individus sont souvent régis par plusieurs types de personnalités avec certaines prépondérances. Il est important de ne pas perdre de vue que nous sommes tous uniques : il n'y a pas deux individus identiques. C'est cela qui complexifie les relations humaines – d'où la nécessité de rechercher ce qu'il y a de positif chez l'autre, ce qui est propice à le motiver ou au contraire ce qui peut le mettre mal à l'aise, le stresser. Chacun est en quête de contentement de ses besoins et agira positivement ou négativement pour y arriver en fonction de la situation vécue. Ceci demande une vigilance juste pour essayer de comprendre autrui, ce qui génère ses comportements, pour l'apprécier dans sa différence, ne pas être dans le jugement, mais au contraire s'efforcer de le comprendre, de le cerner, de prendre conscience de ses qualités intrinsèques.

Si l'entreprise sait susciter à cet égard les bons réflexes chez ses salariés, si elle choisit de les former à bien communiquer, elle favorisera sa progression dans la phase adulte et le management participatif ; sa respiration deviendra plus fluide car le lien entre la matière et la conscience sera établi. En effet, la part matérielle de l'entreprise, constituée des équipements et des produits, est d'autant plus sous contrôle, en amélioration continue, que l'esprit d'équipe est clairement institué, que l'état d'esprit de chaque individu est sain. C'est cette part immatérielle qui constitue l'essence même d'une organisation performante grâce à une bonne communication et à un bon niveau de conscience collectifs. Cela favorise l'évolution spirituelle et la verticalité.

Une respiration consciente constitue la ligne guide de la connaissance du corps. Par extension, bien communiquer, avoir le sens du collectif et de l'organisation, contribue à bien connaître son entreprise.

Le yoga apprend la simultanéité entre les gestes et la respiration, notamment dans les postures. Relier sa philosophie à la vie de l'entreprise permet au leader notamment de bien appréhender la relation qui existe entre le fonctionnement de l'entreprise (ses gestes) et les individus qui en constituent le souffle (sa respiration). La respiration a tendance à subir les fluctuations du mental, ce qui explique que le yoga enseigne la vigilance, la régulation, demandant énormément de discipline et de régularité. Là aussi, cela souligne l'importance de la valeur « rigueur » en entreprise. Le but du yoga est de viser l'unité du corps et de l'esprit pour faire un avec la conscience universelle. C'est un moyen de prendre soin du corps et de l'esprit en agissant sur les troubles tant physiques que psychiques propres aux individus qui connaissent bien souvent la souffrance déclenchée et/ou amplifiée par le stress, du fait de la résurgence des mémoires et/ou de leur activation.

Si l'on n'y prend garde, la vie au travail peut être un facteur aggravant. Dès lors qu'elle fonctionne en phase adulte, l'entreprise a pour mission d'apporter de la bienveillance à l'égard des corps et des esprits des individus en leur procurant un maximum de bien-être.

LA SANTÉ AU TRAVAIL COMME GAGE DE MOTIVATION DES INDIVIDUS

> *« Votre corps est précieux. C'est le véhicule de l'éveil. Traitez-le avec soin. » (Siddhartha Gautama, cité dans* Les Sept Lois spirituelles du yoga, *op. cit.)*
>
> *« Conscience et responsabilité doivent devenir les deux mots d'ordre en ce qui concerne notre santé. » (Dr Philippe-Gaston Besson, cité dans* L'Alimentation ou la troisième médecine, *op. cit.)*

En cohérence avec les valeurs « respect de l'autre », « sociabilité » et « solidarité », l'usine K a choisi de se focaliser sur les TMS(56) afin de trouver

56. Troubles musculo-squelettiques, représentant la plus importante des maladies professionnelles et touchant le plus grand nombre de salariés, toutes entreprises confondues : 22 % des travailleurs de l'Union européenne se plaignent de douleurs musculaires. Les TMS croissent à raison de 15 % à 20 % par an au sein de l'UE. En France, ils coûtent plus d'un milliard d'euros par an aux régimes général et agricole, et représentent trente mille cas annuels, soit sept millions de journées de travail perdues (source : ARACT (Agence régionale pour l'amélioration des conditions de travail) de Champagne-Ardenne).

des solutions pour procurer plus de bien-être au travail à son personnel. Une étude a été menée pour, d'abord, mobiliser l'ensemble des acteurs sur ce sujet, identifier, évaluer, approfondir et traiter les risques professionnels et les questions de pénibilité physique et psychique ; ensuite, permettre aux acteurs de trouver des compromis acceptables pour préserver la santé des salariés ; et, enfin, assurer un rôle de coordination, de pilotage et de relais vis-à-vis de ressources externes.

Les TMS ont plusieurs causes et varient d'un individu à l'autre en fonction de nombreux facteurs dont l'incidence n'a pas forcément été prouvée. Les facteurs professionnels principaux qui émanent le plus souvent des analyses sont la répétitivité, l'effort à réaliser pour mener une opération, l'amplitude du mouvement, les appuis localisés prolongés, les travaux statiques, le stress au travail lié au contexte interne et/ou externe à l'entreprise. Sur un plan extraprofessionnel, les études mettent en évidence des facteurs génétiques, pathologiques, psychologiques, ainsi que certains loisirs : par exemple, les troubles articulaires du coude, en lien avec la raquette, sont caractéristiques de la pratique du tennis. Il est en tout cas clairement établi que les conséquences des TMS peuvent aller jusqu'à l'invalidité. Ces troubles sont donc aujourd'hui une réelle préoccupation et constituent un problème de santé publique pas seulement lié au travail. Cela devient d'autant plus prépondérant que la gestion de la question des retraites amène les gouvernements à en repousser l'âge et à encourager l'emploi des seniors.

Au cours d'une table ronde à laquelle j'ai participé lors du Séminaire régional des préventeurs, organisé par l'ARACT à Troyes le 25 octobre 2007, j'ai souligné que, en ce qui concernait les facteurs extraprofessionnels, le plus important pour moi était la mauvaise alimentation, à laquelle on peut ajouter le recours trop facile aux médicaments et l'impact des ondes électromagnétiques. Cela fait son chemin dans les esprits : je n'ai pas été contredit par la médecine du travail.

En effet, comme je l'explique dans la première partie, une alimentation saine constitue la première médecine. Malheureusement, nous sommes pleinement à l'ère de la « malbouffe », qui a affaibli les populations. Les ouvriers étaient bien plus résistants dans les années 1960 que maintenant. La chimie, les pesticides, les conservateurs, les colorants étaient très peu présents dans la nourriture et les gens se nourrissaient principalement des légumes de leur jardin, des fruits de leur verger, qu'ils traitaient naturellement, entre autres au purin d'ortie. Il suffit de s'interroger sur les dégâts que l'amiante a occasionnés, ou encore sur les effets néfastes du traitement intensif des terres agricoles sur les employés pour comprendre à quel point nous sommes devenus esclaves de nos supposées avancées technologiques. J'ajouterai à ce sujet que les chauffages et les climatiseurs ont assoupi l'homme dans un ennui thermique. Jean-Louis Étienne dit : « L'homme primitif s'est endormi en nous. » Nous avons remplacé la thermorégulation par le thermostat et devenons donc de plus en plus fragiles. Il est reconnu par les scientifiques que les pratiquants de toumo sont plus résistants.

Le sujet de l'alimentation saine est à l'ordre du jour des réunions CHSCT(57) et réflexion RH de l'usine K. Nous avons initié une campagne de sensibilisation du personnel et proposons l'achat de produits bios en gros pour bénéficier de réduction de prix. La phase adulte est effectivement liée à la progression dans ce processus de conscientisation.

Les problématiques qui se posent au sein de l'entreprise sont l'affaire de tous. En posant ces questions relatives à la nourriture saine, tant physique que psychique, l'usine K affiche son rôle d'entreprise écocitoyenne, socialement responsable à l'égard de ses salariés. Bien sûr, les machines et autres équipements de travail sont générateurs de TMS, de même que le stress, mais le rythme de vie des individus a aussi une influence notoire. En ce sens, le dirigeant, dès lors qu'il a bien perçu son rôle de leader d'équipe, de guide, a le devoir de ne pas ajouter du stress au stress – par exemple, durant une crise telle que celle que nous vivons depuis 2009, ne pas mettre une pression supplé-

57. Comité d'hygiène, de sécurité et des conditions de travail.

mentaire sur le personnel, mais au contraire l'encourager, le stimuler pour minimiser les gaspillages et maintenir les ratios vitaux de l'entreprise. C'est ainsi que nous procédons au sein de l'usine K. La charte des valeurs a amené les individus à avoir un comportement exemplaire, une bonne flexibilité, une adaptabilité appréciable, une appropriation du contexte lié à la crise, qui est de ce fait considérée comme une opportunité pour souder d'autant plus l'équipe, valider notre entrée en phase adulte, nous rendre digne du fonctionnement en participatif. Les partenaires sociaux sont pleinement associés à la démarche et ont totalement perçu son rôle stimulant.

La lutte contre les TMS débouche sur une amélioration du bien-être des salariés, qui sont alors enclins à apporter plus de vigilance à leur travail, ceci ayant un effet bénéfique sur la productivité et donc sur la baisse des coûts, car cela se répercute sur le taux d'accidents du travail, l'absentéisme, le moral des troupes. L'entreprise a la responsabilité d'étudier les postes de travail, de les rendre plus ergonomiques, mais aussi de susciter chez les individus, par le biais des réflexions sur le travail sur soi, l'envie de remettre en question leur mode de vie pour se sentir mieux. La prise de conscience des bienfaits d'une alimentation saine est certainement un préalable à cela.

Bien entendu, l'entreprise ne peut que proposer une réflexion à ce sujet ; c'est ensuite à chacun de faire son expérience, de changer ses habitudes. L'important est d'organiser des échanges, des groupes de travail au niveau du collectif, pour inviter les individus à se remettre en question. La charte des valeurs et le passage en phase adulte permettent à l'usine K de communiquer objectivement avec le personnel, de le mettre à l'aise, de lui donner la possibilité de s'exprimer librement, sans tabou. Ainsi, les salariés ne cherchent plus à dissimuler les douleurs qu'ils peuvent ressentir. Chacun s'abstient de juger les autres, notamment en ce qui concerne cette pathologie subjective que sont les TMS. Cela contribue au maintien d'une bonne ambiance de travail, d'un bon climat social, se ressentant sur le taux d'absentéisme et sur un faible turnover des effectifs. Il est crucial de bien communiquer sur les TMS afin de prévenir au maximum les maladies professionnelles. Si, malheureusement, ces troubles sont effectifs chez un individu, les valeurs « solidarité » et « respect de l'autre » conduisent alors le collectif à s'investir pour trouver un poste adapté à l'intéressé, quitte à faire un jeu de chaises musicales. Il est évident que les personnes atteintes finissent par avoir un impact négatif sur la production si cela n'est pas détecté. Avoir conscience de cela est synonyme pour l'entreprise de vision et de conduite justes. Médecin du travail, infirmières, membres du CHSCT doivent bien évidemment être moteurs dans le processus de détection des TMS et aider les employés à en prendre conscience, si cela ne leur vient pas naturellement. À l'usine K, nous avons aussi décidé de traiter ce sujet de manière globale, en l'évoquant dans le cadre de la stratégie de l'entreprise, de son impact social, de sa prise en compte en matière de management, de gestion des ressources humaines, de formation en matière de gestes et de postures, de l'identification de ceux présentant des risques pour les salariés. Nous avons ainsi testé des outils d'aide à la manutention et sommes totalement à l'écoute des opérateurs.

C'est en ce sens que la gestion prévisionnelle des emplois et des compétences (GPEC) et l'amélioration des conditions de travail doivent être menées simultanément. La question de l'emploi des seniors concerne particulièrement ces deux domaines ; mais, de façon plus large, ce principe de gestion des hommes doit bénéficier à l'ensemble des salariés, avec notamment l'instauration de parcours ayant pour objectif la limitation de l'usure professionnelle. Pour notre part, nous sommes en cours de déploiement de la pluri-polyvalence, qui permet de pouvoir tirer avantage d'une flexibilité maximale, d'une part pour pallier les aléas de fabrication, entre autres, et d'autre part pour procurer aux salariés la possibilité de moins se trouver dans des tâches et gestes répétitifs, générateurs de TMS, dès l'instant qu'il y a une meilleure rotation du personnel. Ceci a un effet positif sur le mental et l'entrain des opérateurs.

Une ouverture de l'entreprise sur l'extérieur, en particulier dans le cas précis des TMS, vers des organismes tels que l'ARACT et la CRAM[58], la direction du travail et les services de santé conduit à renforcer la notion de partenariats pluridisciplinaires et inter-institutionnels pour traiter la problématique des TMS – absolument pas évidente à résoudre car fortement influencée par les habitudes conditionnées du monde moderne. Je souhaite vivement que ces partenaires se monopolisent et agissent en haut lieu pour que l'alimentation saine devienne un réflexe naturel, que le bien-être des individus passe avant les intérêts financiers des lobbies de l'agroalimentaire et des laboratoires pharmaceutiques.

La valeur travail a toute sa justification dans ce cadre lié à la santé des salariés. Le travail concerne à la fois l'économie de l'entreprise mais aussi la vie des individus dès lors qu'il contribue à leur réalisation personnelle. D'un côté, il génère des efforts, de la fatigue, des risques de santé, des effets négatifs d'un point de vue psychique, car les ambitions ne sont pas obligatoirement honorées, des déceptions peuvent se faire jour ; mais il apporte aussi des satisfactions, participe au développement personnel, à l'apprentissage, à la réalisation de soi, à l'identité sociale, au niveau de vie… D'un autre côté, il coûte

58. ARACT : Agence régionale pour l'amélioration des conditions de travail. CRAM : Caisse régionale d'assurance maladie.

à l'entreprise en matière d'organisation, de ressources, d'interactions difficiles internes et externes ; mais il produit aussi du positif en termes de croissance économique, de performance, de productivité, de qualité... C'est pourquoi la charge de travail doit être répartie équitablement entre les salariés et l'entreprise en trouvant le bon compromis entre le bien-être des individus et la gestion de l'entité. La prévention des TMS, mais aussi une réflexion plus générale sur la santé au travail (alcool, tabac, stress, pathologies diverses, y compris psychologiques) doivent être fondées sur un raisonnement global du travail dans le respect de la valeur qui lui est associée et plus généralement de la charte.

Les salariés concernés par le stress au travail se retrouvent souvent seuls et rencontrent beaucoup de difficultés pour en parler. Ceci se constate notamment chez les cadres, pour qui cette reconnaissance les place en situation d'échec, puisqu'ils sont payés pour ne pas faillir et assumer leurs responsabilités. Les entreprises qui – contrairement à l'usine K – mettent de la pression et considèrent peu ou pas du tout le facteur humain voient le stress redescendre la voie hiérarchique pour atteindre l'encadrement intermédiaire puis le milieu ouvrier. Le stress n'épargne aucune catégorie sociale et s'ajoute bien souvent à d'autres phénomènes comme la mauvaise alimentation, l'insomnie, la consommation de tabac, d'alcool et d'autres drogues, les idées noires, etc., pouvant conduire à la dépression, voire au suicide.

Les grandes entreprises semblent globalement plus concernées par le stress que les petites. La complexité des organisations du travail est génératrice de stress, lequel, comme les TMS, est un coût pour l'entreprise. Favoriser le dialogue social, avoir une démarche humaniste – à l'image de l'usine K – permet une communication ouverte pour gérer de manière proactive ces situations éventuelles. Selon Xavier Molénat, cité dans la revue *Sciences humaines* (n° 207 bis, septembre 2009), « le stress reste une notion floue caractérisant un phénomène qui relève à la fois du biologique, du psychologique et du social ». Il rappelle les modèles servant de références aux études sur le sujet :

« Tout d'abord ceux relevant des sciences médicales :

– Le modèle de Selye, établi dès les années 1930, est le premier du genre. Le stress, qualifié de “syndrome général d'adaptation”, y est défini comme “la réponse de l'organisme à toute demande qui lui est faite, dans une finalité d'adaptation”. Hans Selye distingue trois phases : réaction d'alarme (mobilisation des forces de défense), stade de résistance (complète adaptation à l'agent stressant) et éventuellement stade d'épuisement (le sujet n'a plus les capacités à faire face).

– Le modèle de Laborit définit le stress comme réaction assurant la survie de l'organisme face à un danger. Elle se produit lorsque l'individu, face à une situation stressante, ne peut ni lutter ni fuir, subissant ainsi une "inhibition de l'action" aux conséquences potentiellement pathogènes.

– Le modèle de Lazarus met en évidence le fait que l'individu procède à une double évaluation face à une situation stressante : celle, primaire, du danger ou de la menace que fait peser cette situation, et celle, secondaire, des ressources dont il dispose pour y faire face. Richard Lazarus insiste sur l'importance de cette perception de la situation comme menaçante.

D'autres s'inspirent plutôt de l'ergonomie, et concernent spécifiquement le stress au travail :

– Le modèle de Siegrist pose que "l'effort que fournit l'individu va être atténué par le sentiment que cet effort est payé en retour". Cette "récompense" peut être aussi bien matérielle (rémunération) que sociale (reconnaissance) ou symbolique (sens donné à l'effort).

– Le modèle de Karasek croise deux types de facteurs de stress : la demande (forte ou faible) faite à l'individu et le contrôle (fort ou faible) que ce dernier peut exercer sur son activité. D'où la possibilité d'établir une typologie des situations de stress au travail. Celles où le travailleur est soumis à une forte demande tout en ayant un faible contrôle de son activité, et où, en plus, son soutien social est faible (caissières, serveurs...), sont les plus stressantes.

Ce sont ces modèles qui servent en général de cadre aux diverses études sur le phénomène du stress. »

Le yoga est un excellent moyen de gestion du stress et peut aider à la remotivation au travail, puisque, au-delà de la personne, il prend en considération l'être.

Avoir une vision juste du travail consiste à l'envisager comme une ressource, les mouvements comme les gestes témoignant de l'implication des individus. Ceci est le propre de la phase adulte, qui vise une bonne adéquation entre les individus et l'entreprise. Le management participatif fondé sur de réelles valeurs humaines est en effet bénéfique, les missions des salariés sont enrichies, ils se voient confier des responsabilités et ont de la latitude dans la gestion de leur travail et de leur emploi du temps (bien entendu, cela dépend des organisations). Le travail est l'amour rendu visible.

Susciter l'écoute et l'envie du travail sur soi en entreprise

« La spiritualité est comparable à un lotus épanoui butiné par d'innombrables abeilles assoiffées pour sucer son miel. » (Shri Mahesh, Yoga et Vie, *n° 140, juin 2009)*

« Nous ne sommes pas des êtres humains vivant une expérience spirituelle, nous sommes des êtres spirituels vivant une expérience humaine. » (Pierre Teilhard de Chardin, cité dans Prenez en main votre santé, *Michel Dogna, Éditions Guy Trédaniel, 2005)*

Lorsque j'ai pris la direction de l'usine K et que j'ai découvert la situation inquiétante qui y régnait(59), j'ai très vite compris que la réalité était dramatique. Il était urgent d'agir : ne rien faire conduirait l'usine à la fermeture, les salariés au chômage et les familles dans la détresse. Prenant conscience de tout cela, j'ai décidé d'envoyer une

59. Voir le chapitre III de *Valeurs et Conscience, un tournant dans le management, op. cit.*

lettre à chaque famille liée à l'entreprise. J'ai analysé la problématique et j'en ai trouvé la cause, qui résidait dans un mauvais encadrement principal, des cadres qui, pour certains, ne voyaient que leur intérêt et s'arrangeaient pour que personne ne leur fasse d'ombre. Si des responsables nouvellement embauchés révélaient de réelles compétences, un PIEM (Plan individuel d'ennui maximum) était rapidement mis sur pied... Les règles et les procédures n'étaient plus respectées, le laxisme était établi. Cela détériorait fortement le climat social. Mon objectif était de sauver le site en privilégiant le facteur humain, de le rendre à nouveau compétitif et crédible au sein du groupe. C'est donc naturellement, et fort de mes expériences précédentes, que j'ai réagi en envoyant cette lettre aux familles et en instaurant une méthode de management articulée en trois phases et s'appuyant sur une charte des valeurs. Le moyen d'atteindre l'objectif que je m'étais fixé était donc avéré et s'est révélé efficace. À la lecture du livre du dalaï-lama *Ce que le bouddhisme peut apporter aux managers*, j'ai compris que, sans le savoir, j'avais adopté une démarche bouddhiste : chacun s'accorde à dire que le bon choix a été fait, que la réalité a été perçue sous son véritable aspect. J'ai apporté sereinement une méthode constructive pour trouver une solution à la situation périlleuse dans laquelle se trouvait l'usine. La confiance en soi motivait mon action, mais l'humilité m'a permis de ne jamais perdre de vue que je ne réussirais rien sans la contribution de l'ensemble des individus de l'entité.

Toutes les actions que je mène au sein de l'usine K sont conformes à la démarche prônée par le dalaï-lama. Les quelques exemples qui suivent sont très évocateurs.

– Premier exemple : « le pardon ».

Alors que je me trouvais à l'usine, j'ai fait une remarque à un membre de l'encadrement à propos de travaux qui n'avançaient pas et lui ai donné des consignes pour y remédier. En fait, ces travaux étaient insérés dans un plan global de rénovation de locaux ; du matériel était en location et d'autres corps de métier étaient dépendants de cette opération qui était la cause de ma réprimande et générait des surcoûts. Quelques heures plus tard, la personne en question a dit qu'elle se sentait mal et est allée consulter un médecin, qui lui a assigné quelques jours de maladie. Cela m'a perturbé car je ne comprenais pas qu'une remarque factuelle puisse prendre de telles proportions. À son retour, je lui ai demandé de venir à mon bureau pour que nous puissions nous expliquer. J'ai commencé par dire que, vu son comportement et l'ampleur des conséquences inhérentes à la situation rencontrée, il me serait difficile de lui confier des missions importantes à l'avenir et que cela posait un problème certain. Il me fallait pousser cette personne dans ses retranchements pour essayer de comprendre sa réalité et la problématique qui en découlait. Le salarié a craqué et s'est mis à pleurer en me révélant son passé. Cet homme et sa famille, d'origine maghrébine, avaient connu dans les années 1950 et 1960 un racisme soutenu, y compris au sein de l'usine. Cette situation avait donné lieu à des non-dits qui pesaient encore fortement sur lui aujourd'hui. La remarque que je lui avais faite à propos des travaux en retard, et qui était somme toute justifiée, avait réveillé en lui ce sentiment d'injustice dont il souffrait depuis longtemps. J'avais réussi à trouver la cause profonde du problème. Mon objectif était de l'aider. Nous avons alors beaucoup dialogué et évoqué la nécessité de travailler sur soi, de mieux se comprendre pour pouvoir d'autant mieux comprendre les autres. Il avait lui aussi une attitude souvent distante avec ses collègues et ses collaborateurs, et affichait une certaine fierté que son passé pouvait expliquer. Nous avons vécu un moment très fort qui l'a libéré : le non-dit était cassé. Je lui ai fait prendre conscience qu'il devait travailler sur lui et considérer que, s'il avait vécu ce problème de racisme, il avait quelque chose à comprendre, que cette épreuve devait le faire progresser, évoluer, le conduire à se tourner vers les autres au lieu de se renfermer sur lui-même. Il a pris conscience que son rôle était désormais d'aider ceux qui vivaient des souffrances personnelles. Je lui ai offert un livre pour l'aider à travailler sur lui. Il a participé au deuxième groupe de réflexion sur le travail sur soi et est aujourd'hui apprécié de tous.

Il a changé. L'objectif a été atteint grâce au fait que nous soyons entrés en phase adulte, que nous privilégions le management participatif. La charte des valeurs nous a aidés tous les deux à mieux nous comprendre, à renforcer les liens tant nécessaires à la construction et au maintien d'une équipe.

Les groupes de réflexion sur le travail sur soi conduisent de plus en plus de personnes à agir selon cette démarche. Chacun essaie de faire l'effort de ne pas être dans le jugement et de présenter les choses de la manière la plus factuelle possible. La collectivité s'en ressent et l'appropriation n'en est que mieux favorisée.

– Deuxième exemple : « le dialogue ».

Le cas évoqué ici concerne le manque de performance d'une équipe. Au sein d'un atelier travaillant en trois-huit, on rencontrait un problème de productivité avec une équipe qui avait systématiquement des résultats 10 % inférieurs aux deux autres, qui, elles, atteignaient régulièrement les objectifs. Après avoir analysé la situation et m'être dit qu'il n'y avait pas de raison pour que cette équipe ne parvienne pas aux mêmes performances que les deux autres, j'ai déclenché une première réunion avec l'encadrement. Celle-ci a permis de mettre en évidence la problématique et donc la réalité du contexte. En fait, l'agent de maîtrise et l'ouvrier principal ne se parlaient plus depuis longtemps à cause d'histoires personnelles. Qui plus est, l'agent de maîtrise avait été nommé par l'ancienne équipe dirigeante qui avait conduit l'usine K à la dérive et n'avait pas toutes les compétences requises par la fonction. L'ouvrier principal, quant à lui, avait une bonne connaissance du métier et aurait pu être nommé à la place de l'agent de maîtrise. La cause du problème résidait donc dans la non-acceptation mutuelle de ces deux personnes clés de l'équipe. Décision a donc été prise d'organiser une réunion avec les deux salariés, leur chef de service, la responsable des ressources humaines et moi-même. Nous avons beaucoup échangé sur leur problème relationnel et sommes parvenus à crever l'abcès. Ils se sont expliqués et ont compris l'impact négatif que leur attitude avait sur l'organisation, sur la productivité de l'équipe et, par voie de conséquence, sur les résultats de l'usine. Depuis, ils se sont mis à se dire bonjour et à faire un point quotidien sur les performances de leur équipe. Désormais, les résultats des trois équipes sont homogènes. Cela a été rendu possible grâce à notre démarche fondée sur la charte des valeurs, qui a permis aux protagonistes de se rendre compte que leur attitude était totalement décalée par rapport à nos valeurs.

– Troisième exemple : « la confiance en soi ».

Je citerai ici le cas d'un cadre que l'on a vu décliner insensiblement alors qu'il était très compétent techniquement et qu'il avait une attitude honorable du point de vue de la charte des valeurs. Il a commencé par être absent certains lundis, arguant qu'il avait eu des ennuis de santé durant le week-end. Son comportement interrogeait ses collègues et ses collaborateurs. Certes, il vivait seul, à côté de l'usine, loin de sa famille, mais cela ne suffisait pas à expliquer ses agissements dissonants vu son implication pour l'entreprise. Il me fallait trouver la cause de sa problématique. Sur mon initiative, nous avons donc eu une discussion au cours de laquelle les choses sont devenues plus claires pour moi. En fait, alors qu'il était parti travailler en Asie, son plus jeune frère s'était suicidé. Il est revenu en France et a pris sur lui l'organisation de l'enterrement sans pouvoir prendre le temps de verser une larme, puis il est reparti et a rejoint l'usine K deux ans plus tard. La solitude qu'il vivait dans la région a subrepticement généré chez lui un sentiment de culpabilité : il était parti sans se préoccuper de son frère, qui n'avait pas dû le supporter... La déprime l'a gagné, les crises de cafard se sont faites de plus en plus nombreuses – il faisait juste son deuil, mais ne parvenait pas à accepter cette réalité. Une réalité qui était doublement problématique car non seulement son frère était parti à jamais, mais lui se laissait ronger par la situation. La cause était identifiée : il me fallait l'épauler, le soutenir dans cette dure épreuve. J'ai essayé de l'aider en lui proposant d'étudier une possibilité de logement plus éloigné de l'usine, de l'orienter vers des activités où il pourrait faire des rencontres. Décision a été prise, en accord avec lui, de changer l'organisation afin de lui permettre de se retrouver dans un autre contexte avec des missions différentes, afin de lui donner la possibilité d'occuper différemment son esprit. Il y a eu une période d'amélioration, puis il a replongé de plus belle. Nous avons continué à avoir des échanges réguliers, jusqu'au jour où il m'a appelé un lundi à six heures du matin pour m'avouer qu'il s'adonnait à la boisson et qu'il se faisait peur.

Nous avons convenu de nous voir le lendemain pour en parler. « C'est grâce à notre fonctionnement fondé sur la charte des valeurs et à notre évolution en phase adulte que j'ai décidé de vous avouer mon addiction à l'alcool, car je savais que vous étiez à l'écoute de vos collaborateurs », m'a-t-il dit. « C'est aussi parce que je suis intimement convaincu du bien-fondé de notre démarche que je veux vous aider à vous en sortir », ai-je répondu. Cette discussion franche et sincère lui a permis de se sentir en confiance. Il a consulté un médecin, qui lui a conseillé de se faire suivre. Il est retourné dans sa famille pour être mieux encadré tout au long de son arrêt maladie, assez conséquent. Puis il m'a contacté pour me faire part de sa décision de repartir à zéro dans un autre contexte professionnel, dans une autre région, afin de pouvoir s'extirper de cette situation qui aurait pu le pousser au pire.

Son problème était entièrement personnel et l'entreprise n'y était absolument pour rien. Ceci dit, les valeurs que nous prônons ont contribué à nous intéresser à sa vie privée : « respect de l'autre » et « solidarité » ne pouvaient pas nous laisser indifférents.

Le but n'est pas de s'immiscer dans la vie privée d'autrui, mais de rester vigilant et de s'interroger dans le cas d'un constat de dérive. De même que les individus s'impliquent pour l'entreprise, celle-ci doit s'impliquer à leurs côtés. Bien que nous ayons perdu un cadre compétent, la satisfaction de l'avoir aidé était effective. Ç'a été une preuve de plus de l'apport indéniable de la charte des valeurs dont le mot clé « proactifs » incite à avoir une vision anticipée dans tous les domaines, une vision juste. L'objectif était atteint : il avait eu l'aide nécessaire et ne s'était pas senti abandonné. Il n'y avait pas eu de jugement.

Nous avons connu d'autres exemples où l'écoute de l'autre, le discernement, le travail sur soi, les visions, actions et décisions justes nous ont conduits à trouver des solutions bénéfiques pour la collectivité, les individus concernés, le bien-être de tous.

– Quatrième exemple : « la confiance en l'autre ».

Il s'agit là d'un recrutement que nous avions à faire à propos d'un technicien frigoriste.

Parmi les contacts que nous avons eus, notre attention a été particulièrement attirée par le curriculum vitae d'un homme originaire d'une région française d'outre-mer. Il avait un parcours professionnel varié, ayant accepté toutes sortes de boulots ; puis il avait décidé de suivre des formations techniques telles que monteur dépanneur frigoriste, technicien d'intervention en froid, agent de maintenance en chauffage, pour pouvoir accéder à un emploi stable. Il a rencontré d'innombrables problèmes, reçu des réponses négatives et dû continuer les emplois précaires. Son but était de venir en France métropole et de s'y fixer. Malheureusement, il n'a réussi à travailler que trois mois consécutifs dans un domaine compatible avec ses formations. Il était découragé. Ses cinquante-cinq ans et ses origines semblaient être la cause de son problème, ce que nous avons bien perçu lors du premier entretien que nous avons eu avec lui. Il avait trouvé refuge dans un foyer et avait pour seul revenu le RMI. Nous venions de créer un poste de frigoriste au sein du nouveau laboratoire d'essai de l'usine K et avons décidé de lui faire passer des tests d'aptitude. Il les a réussis sans problème et nous lui avons confirmé son embauche en contrat à durée indéterminée. L'objectif qu'il s'était fixé – un emploi stable en France – était enfin atteint malgré son âge et sa région d'appartenance ! Là aussi, c'est forts de notre démarche humaine que nous avons été sensibles à la problématique que vivait cet homme et que nous lui avons donné sa chance. Il a repris totalement confiance en lui, donne entière satisfaction et confirme de réelles compétences dans un domaine techniquement complexe. Il s'est bien intégré et est apprécié à l'unanimité par ses collègues et responsables hiérarchiques. Il a témoigné d'une réelle volonté de s'en sortir, s'est montré tel qu'il était en sachant mettre en avant des atouts. Malgré son handicap d'âge et ses origines, nous avons eu ensemble un échange constructif, véritable témoignage de la large part que les entreprises ont en matière d'intégration sociale : sa problématique s'est finalement traduite par un succès tant pour lui que pour l'entreprise.

Il est important d'être vigilant et de savoir détecter les conflits chroniques ou le mal-être dans les relations affectives d'un groupe d'individus, que ce soit au sein d'une famille, d'une association, d'une administration, d'une école, d'une entreprise... Ces relations influencent le champ émotionnel du collectif considéré. Apaisées, assainies, elles favorisent l'équilibre intérieur de chacun. Au contraire, si elles nuisent au bien-être psychique, elles engendrent finalement un blocage des mécanismes d'autoguérison. Parvenir à apporter une solution à des blessures émotionnelles du passé contribue à redonner de la confiance en soi, de la motivation, du goût à la vie... Cette forme de libération mentale agit ainsi positivement sur le présent et sur la façon d'entrer en relation avec autrui. Promouvoir une meilleure communication émotionnelle est clairement un facteur clé de succès pour la constitution d'une équipe soudée et homogène. Une entreprise en phase adulte doit savoir être à l'écoute des individus internes et externes pour ainsi instaurer un climat sain, une empathie mutuelle, afin de se construire un avenir s'appuyant sur de solides bases humaines, privilégiant le bien-être collectif, la patience vis-à-vis des individus ainsi que le respect.

De manière à susciter l'envie du travail sur soi, j'ai donc initié des groupes de réflexion sur ce thème, animés par un professionnel compétent en la matière. Chaque groupe a fonctionné en présence de l'animateur un jour par mois, jusqu'à concurrence de sept jours.

Parler de travail sur soi et de développement personnel en entreprise n'est pas chose aisée. Malgré la présentation de la démarche que j'avais faite et les explications complémentaires apportées par l'animateur, les débuts n'ont pas été simples. Le premier groupe de quinze personnes était constitué majoritairement de cadres qui, au départ, se demandaient quel était réellement le but de cette démarche. À ce stade, ce groupe était hétérogène tant dans la perception des choses que dans les idées, les analyses. Il était mixte, les hommes étant toutefois plus nombreux que les femmes, et les âges allaient de vingt-cinq à soixante ans. Ce n'est qu'au fur et à mesure des journées que l'utilité de la démarche a été perçue.

La tâche première de l'animateur a été de créer un groupe homogène en invitant chaque participant à se présenter aux autres en soulignant ce qui le concernait de manière totalement libre. Il leur fallait en quelque sorte se dévoiler publiquement, les autres n'ayant en aucun cas à juger. La méconnaissance des uns et des autres était évidente. À l'origine de la démarche, les membres de ce premier groupe avaient pour la plupart une attitude réticente et se posaient des questions du type « pourquoi veut-il nous donner des conseils sur notre manière de penser ou de nous comporter ? », « peut-il percevoir des choses sur chacun d'entre nous que nous ne souhaiterions pas dévoiler ? », « quelles peuvent être les conséquences de la mise au grand jour de certaines de nos parties cachées ? ». Se sentant en position d'infériorité, une majorité avait tendance à s'arc-bouter, à mal réagir. Beaucoup disaient savoir ce qu'ils avaient à faire et ne comprenaient pas très bien le but ultime de la démarche. L'animateur a donc choisi d'aborder le sujet de manière non imposée, non professorale, en rassurant les participants et en leur faisant prendre conscience qu'il n'y avait pas de risque à aller sur cette voie. Chacun a compris au cours des deux premières séances que cet animateur ne détenait pas la vérité, qu'il pouvait se tromper, que son rôle était de susciter chez chacun l'envie de s'ouvrir aux autres, sans que cela soit pour autant exhaustif ou limité dans le temps. Il était un être humain comme eux, avec ses interrogations, ses doutes, ses peurs, ses erreurs... C'est parce que nous ne sommes que des humains que nous pouvons et devons parler de tout cela sans crainte, sans honte, avec le maximum d'honnêteté, en montrant de la confiance en soi mais aussi de l'humilité. Nous avons tous à apprendre les uns des autres. Plus la progression s'est établie tout au long des séances, plus la confiance s'est instaurée entre les membres du groupe, mais aussi de façon réciproque entre le groupe et l'animateur. Chacun s'est mis tout doucement à créer de l'intimité par rapport à lui-même, à se regarder intérieurement, mais aussi à partager cette intimité avec les autres, en apprenant à parler de soi, de sa réalité. De ce type d'échange naît un apport réciproque d'une grande richesse : les individus se rendent compte que personne n'est un cas isolé, que bien souvent des schémas semblables existent, que si l'équipe fait l'effort de mettre en commun ses expériences, alors le collectif n'en ressortira que plus grand. À mi-parcours, l'animateur est parvenu à « toucher » intérieurement les participants afin qu'ils se posent des questions, qu'ils aient envie de bouger, de changer, d'évoluer, qu'ils prennent conscience de l'importance du développement personnel, du fait que s'investir dans une démarche de travail sur soi conduisait à une transformation intérieure en profondeur, à une actualisation de son potentiel pour aller vers un épanouissement personnel, un savoir-être. Les participants ont compris qu'ils étaient tous acteurs de la démarche et que leur projet personnel leur appartenait : plus ils auraient une attitude active, participative, créative, plus ils souderaient leur groupe et en feraient bénéficier l'entreprise. L'animateur a su se faire admettre en affichant un comportement euphonique par rapport aux valeurs de la charte.

En ce qui concerne le deuxième groupe, constitué de cadres, assimilés cadres et agents de maîtrise, l'animateur a tiré les enseignements de l'expérience qu'il avait vécue la première fois. La finalité était la même, mais son attitude a été différente. Alors que le premier groupe est resté proche de l'usine au cours de ces séances, le deuxième a préféré nettement s'en éloigner afin d'être totalement déconnecté, non perturbé par les aléas de la vie de l'usine, d'avoir une totale disponibilité intérieure pour le groupe, l'animateur et soi-même. Les participants étaient ainsi beaucoup plus détendus et davantage impliqués dans la réflexion. Il est évident que le fait de déranger un membre du groupe pour un problème inhérent à l'usine perturbe l'ensemble car chacun, du fait de son appropriation, se sent en partie concerné. Être à l'extérieur de l'usine, dans un cadre radicalement autre, avec prise de repas en commun, instaure beaucoup plus facilement un climat de confiance, d'écoute, d'intégration réciproque entre les participants et l'animateur. Plusieurs discussions informelles se sont déclenchées naturellement à propos de la démarche de réflexion sur le travail sur soi. La plupart des participants se connaissant déjà depuis assez longtemps, la spontanéité, la franchise ont été plus aisément instituées. Ceci a conduit à un meilleur niveau de conscience, et certainement une note humaine plus accrue que pour le premier groupe. Il est toutefois à noter que les deux ensembles se sont trouvés de plus en plus à l'aise au fur et à mesure des séances de réflexion, et que chaque participant était finalement satisfait de vivre un échange plus profond avec les autres et lui-même. Le deuxième groupe a sans doute moins intellectualisé que le premier et a mieux accepté de se laisser guider pour essayer d'être moins sous l'emprise du mental. Plus le mental est présent, plus il y a de paraître, et moins on restitue honnêtement, fidèlement, son ressenti à autrui. Le principal enseignement à tirer de ce deuxième groupe de réflexion, c'est que le fait de vivre la démarche en ayant une approche intérieure forte est une des clés majeures de réussite. Au terme de ces sept jours, ce groupe s'est demandé ce qu'il serait possible de faire pour que cette démarche bénéficie à un maximum de personnes dans l'usine sans que cela soit trop long. À la suite d'un échange avec l'animateur, les participants ont imaginé de se mettre deux par deux pour coacher des équipes de dix à quinze personnes à propos du travail sur soi et les aider à se jauger par rapport aux valeurs de la charte. Une journée d'initiation a été organisée avec l'animateur pour les groupes qui ont suivi les sept jours de réflexion inhérents au travail sur soi, ceci afin que les participants sachent comment transmettre ce qu'ils ont perçu de l'introspection, ou tout du moins de son approche. Il est à noter qu'en tout quatre groupes ont participé à la démarche de réflexion, soit environ soixante personnes, correspondant à 15 % de l'effectif de l'usine K.

Ces groupes de réflexion ont été animés de manière interactive : l'animateur a invité les participants à réfléchir sur des axes d'amélioration du savoir-être en s'appuyant sur la charte des valeurs.

Des sujets de discussion[60] étaient proposés ainsi que des exercices pratiques, jeux de rôles entre autres, afin de mettre les gens en situation, de les laisser s'exprimer, de se poser des questions par rapport aux autres mais aussi à eux-mêmes, pour faire en sorte que chacun se révèle dans son être. Certaines réflexions et discussions se sont d'ailleurs faites en sous-groupes de quatre personnes environ. Par exemple, une séance a été consacrée au droit à l'erreur, au non-jugement d'autrui sur un plan humain, à l'acceptation des idées des autres, à la tolérance et à la critique constructive. Une autre a eu pour thème l'assertivité, définie comme une attitude où l'on est capable de s'affirmer tout en respectant l'autre. Il s'agit en fait de se respecter soi-même en s'exprimant directement, franchement, mais avec considération. L'assertivité conduit à diminuer le stress personnel, à ne pas en induire chez autrui et à accroître l'efficacité dans les situations d'échange, particulièrement dans le cadre professionnel. Contrairement aux hommes, les femmes s'expriment naturellement de manière assertive.

Il était clair pour tout le monde que l'animateur me ferait une restitution globale, sans que

60. Par exemple, l'éducation, la nourriture et ses effets sur la santé, l'eau, comment s'informer et trouver la bonne information, l'argent et le matérialisme, comment organiser son temps libre, les énergies renouvelables, les atteintes à l'environnement, les comportements à adopter face aux problèmes écologiques, l'homme et la femme, les créatifs culturels et leur impact…

soit mentionné le moindre nom. Les participants avaient compris que ce qui m'intéressait était leur évolution personnelle et non les propos tenus ; ils s'exprimaient donc sereinement. L'animateur a dû savoir faire preuve de psychologie, repérer ceux qui avaient une mauvaise connaissance d'eux-mêmes, évaluer le niveau de conscience du groupe, mais aussi celui des individus. Il fallait qu'il soit admis et sache se mettre en retrait quand le besoin s'en faisait sentir. Les sujets de réflexion ont été choisis de manière à être captifs et déconnectés du contexte professionnel. Dès l'instant que les individus trouvent un intérêt dans une telle démarche, qu'ils perçoivent la possibilité d'évoluer personnellement dans leur savoir-être, le groupe se soude, une dynamique prend corps, la confiance et une découverte mutuelle s'installent. En parallèle de l'analyse des valeurs de la charte à partir des thèmes choisis, l'animateur a dû également faire réfléchir les participants sur leurs désirs et leurs résistances, les faire se dépasser pour développer leur créativité, en privilégiant toujours la liberté de parole et d'action.

Après ces expériences, il ressort que trois jours sont nécessaires pour créer un esprit de groupe où confiance et communication se font de façon naturelle. Les prises de position étaient en effet fortes au début, et certaines discussions très vives. C'est à partir des séances suivantes qu'il est alors possible de semer dans le mental des individus, insensiblement, en les laissant maîtres de leurs appréciations et perceptions. Au fur et à mesure de l'avancement dans les séances, ils se sont exprimés de plus en plus calmement, avec plus de finesse et une meilleure écoute mutuelle. Certes, dès l'instant où la collectivité est entrée en phase adulte, un esprit d'équipe est clairement avéré. Ceci dit, la motivation reste principalement professionnelle : le but de la démarche de réflexion sur le travail sur soi consiste à étendre l'esprit d'équipe au-delà de l'entreprise pour ainsi renforcer les liens entre les personnes, susciter chez elles l'envie de mettre en pratique les valeurs dans leur vie privée, afin de fonctionner d'autant plus naturellement dans leur cadre de travail. L'animateur a clairement constaté que plus la démarche de réflexion s'approchait de son terme, plus les gens éprouvaient du plaisir à participer, à se retrouver entre eux, à découvrir ensemble des choses qui n'étaient pas forcément habituelles. La meilleure preuve de la réussite de la démarche réside dans le fait que les groupes ont continué de fonctionner en l'absence de l'animateur et à organiser des activités en commun à l'extérieur de l'entreprise. Des liens forts se sont constitués.

À la demande des groupes, je suis intervenu lors de certaines séances pour avoir un échange libre avec les participants. L'usine K a traversé plusieurs phases. Dès l'instant qu'une entreprise est désorganisée et qu'elle perd de l'argent, le management directif s'impose de manière à retrouver rapidement une situation acceptable. Soulignons d'ailleurs que ce type de management est aussi à utiliser en priorité si l'entreprise est en période de création, car cela est aussi assimilable à la phase enfance. Le but de mes interventions lors de ces groupes de réflexion a consisté à casser les non-dits qui ont pu être générés au cours de la phase enfance. En effet, celle-ci ne laisse pas beaucoup de place à la communication, aux analyses en commun, aux confrontations de points de vue. Certains peuvent avoir été frustrés, choqués, gênés, même par des choses qui pouvaient me sembler anodines. Il est donc important et plus que nécessaire, une fois en phase adulte, d'évoquer cela, de mettre sur la table tous les malentendus, de s'expliquer, de rétablir une paix d'esprit chez chacun. Un maximum de vigilance est en effet requis quant à des mémoires qui pourraient resurgir à un moment donné et au détriment de l'entreprise, du collectif et de l'intéressé. Il est ainsi capital de veiller à ce que les peurs qui pourraient exister en phase enfance, voire en phase adolescence, soient anéanties en phase adulte, à ce que les gens parlent sans retenue, sans jouer un rôle.

Nous avons pu constater que, à l'issue des sept jours de réflexion sur le travail sur soi, les participants sont convaincus de la pertinence du développement personnel pour faire bouger les choses tant dans leur vie privée qu'au sein de l'usine. Le processus de conscientisation a été d'autant plus avéré. Cette manière de générer de l'apprentissage en équipe a contribué à procurer aux participants un meilleur sens de l'organisation, à mieux s'ajuster à un environnement en perpétuelle évolution, à le comprendre, à y définir sa place, sa mission, à accroître ses capacités, améliorer ses performances, acquérir un mieux-être, à être responsable de ses choix, de son devenir, à bonifier sa relation aux autres. L'animateur a fait en sorte que les participants élaborent en partie le programme de la démarche de manière à assurer une appropriation et une implication maximales. Ceux qui le souhaitaient ont également eu la possibilité de bénéficier d'entretiens individuels pour les aider dans leur travail intérieur et oser davantage parler de choses plus intimes. Une bonne synergie s'est ainsi instaurée entre l'animateur et les participants. La valorisation des échanges, qu'ils soient professionnels ou personnels, ainsi que les réflexions en sous-groupes ont permis à chacun d'avoir une nouvelle vision de lui-même, des autres, de son entourage, et donc d'en répercuter positivement les effets sur l'entreprise. Ils se sont clairement posé des questions sur eux-mêmes, leur place dans le travail, la société en général, à l'égard des autres, de leur famille. Ils ont bien perçu le développement personnel comme un agrégat de méthodes, raisonnements et pratiques pour combler les besoins humains de niveau supérieur. Edmond Marc, auteur du *Guide pratique des psychothérapies* (Retz, 2008), propose cette définition : « Le développement personnel inclut toutes les démarches qui peuvent favoriser l'évolution, la croissance, le développement du potentiel humain, indépendamment de l'idée de maladie. Il s'adresse donc à tous et pas seulement aux névrosés. » Cela ne conceptualise par réellement l'expression « développement personnel », mais permet de la différencier d'une démarche psychologique classique.

Des témoignages des participants sont issus les commentaires suivants :

– remise en question beaucoup plus profonde de soi ;
– oser davantage se regarder en face, se dire ses vérités ;
– mieux se comprendre ;
– envie d'aller vers une réelle démarche personnelle ;
– meilleure connaissance et compréhension de ses collègues et, par voie de conséquence, des autres en général ;
– prendre conscience que l'on n'est pas seul, que l'on a du potentiel pour faire bouger les choses ;
– trouver de l'aide pour vaincre ses peurs ;
– oser parler au sein d'un groupe sans appréhension ;
– prendre confiance en soi tout en comprenant l'importance de l'humilité ;
– mieux s'approprier les valeurs de la charte pour ainsi restituer au groupe, aux autres, ses propres valeurs ;

– essayer de ne pas être dans le jugement ;
– rechercher en quoi les différences de l'autre peuvent m'être bénéfiques, ainsi qu'au collectif ;
– meilleure acceptation de l'autre, tolérance ;
– possibilité d'exprimer son désaccord, de donner son avis, sans que l'autre se sente agressé ;
– s'investir pour les autres sans attendre de retour ;
– ne pas agir par intérêt personnel ;
– prendre sur soi en ne reportant pas ses problèmes sur les autres ;
– faire bénéficier sa famille, son entourage, des acquis de la démarche ;
– apport d'un meilleur art de vivre et de travailler.

Je ne peux que conseiller aux entreprises d'aller sur cette voie car un malaise existe au sein de beaucoup d'entre elles. Les salariés se posent des questions sur le sens de leur travail ; ils ont souvent l'estomac noué, ou bien la gorge, quand ils passent l'entrée de leur entreprise. Cela se répercute sur leur vie personnelle et ils ressentent un mal-être. La démarche de l'usine K est en ce sens exemplaire : elle est en osmose avec l'ensemble de ses salariés, lesquels ont connu en cinq ans une importante transformation de leurs comportements. L'usine K est parvenue à modifier ses méthodes de fonctionnement, elle s'est dotée d'une nouvelle culture tournée vers l'humain, le développement et le bien-être durable. De leur côté, les salariés sont volontaires pour parvenir à leurs propres ressources, restituer leurs valeurs intrinsèques au collectif. Ils sont motivés et s'épanouissent de plus en plus car ils comprennent que leur système de valeurs est partagé par les autres alors qu'avant d'évoluer dans cette démarche ils en doutaient, mais aussi parce qu'ils peuvent vivre librement leurs propres valeurs au sein de l'entreprise. Les groupes de réflexion sur le travail sur soi ont contribué à remettre en cause leurs croyances, à se poser les bonnes questions, à avoir une vision élargie et à œuvrer pour qu'elle devienne juste, à s'interroger sur le sens de leur vie. Ils ont pu identifier leurs points forts et leurs points faibles et en parler avec leurs collègues, pour percevoir au mieux ce qui ne va pas, en l'acceptant des autres, et améliorer leurs moyens de réussite. La dynamique de groupe, la motivation, le sens des valeurs et l'appropriation de la charte, la proactivité, l'implication, l'écoute d'autrui mais aussi de soi apportent une assise solide à l'usine K, une reconnaissance unanime du groupe auquel elle appartient mais aussi de l'extérieur. L'atteinte des résultats se fait naturellement car l'appropriation est clairement avérée par chaque individu, mais aussi parce que l'entreprise et l'ensemble des salariés partagent désormais les mêmes valeurs. Ces derniers font partie intégrante de l'entreprise, et réciproquement.

Je suis convaincu que le fait de ne pas avoir hésité, une fois entré en phase adulte, à parler de spiritualité au travail et d'« élévation en conscience » a influé sur l'adhésion à la démarche du travail sur soi. Je n'ai pas peur de dire que plus j'avance sur la voie du yoga, plus je « m'élève en conscience » et en spiritualité, plus j'ai envie d'aller vers les autres, de les aider, de les guider tant au niveau de leur travail dans l'entreprise, leur positionnement dans la société, que face à leur intériorité. Mes collaborateurs ont compris que je reconnais et accepte la réalité en ne cachant ni mes défauts ni mes erreurs, en disant les choses telles que je les ressens et sans rien changer en fonction des interlocuteurs. C'est une question d'éthique, d'intégrité et de crédibilité, valeurs de notre charte. La responsabilité de mes actes, de mes paroles et de mes sentiments leur donne confiance. Ils s'associent à mon principe de ne pas être dans le jugement, que ce soit à l'égard des gens, des évènements ou de soi-même. Considérer les faits, les attitudes et les comportements comme des expériences et des opportunités de progrès est en effet bénéfique pour chacun et pour la collectivité. Tous les succès émanent bien souvent d'échecs et de beaucoup d'essais ; on le perçoit très bien dans le yoga, où les progrès sont dus à la volonté, à la discipline et à la persévérance : c'est à ce prix que l'élève peut prétendre devenir maître un jour... Le yoga en entreprise est à ce titre fondamental pour faire progresser les salariés, leur faire prendre confiance en eux, conscience de qui ils sont vraiment et de ce qu'ils peuvent apporter à leur entourage, de leur potentiel d'ouverture et de compréhension de leur univers intérieur et de son lien avec l'univers extérieur.

En s'efforçant d'être dans la présence des choses, dans l'instant présent, et d'exercer sa vigilance, nous tirons les enseignements de tout ce que nous vivons, au plan professionnel comme au plan personnel. Mes collaborateurs et moi échangeons beaucoup sur ce concept, lequel souligne que toute expérience de vie est une opportunité d'apprentissage pour soi et pour le collectif. Fort de cela, le temps n'est plus un facteur de mauvais stress, notre potentiel est pleinement mis à contribution pour la tâche à accomplir. Si la confiance en soi – le moteur de l'homme, je le rappelle – est nécessaire en entreprise pour évoluer, il ne faut jamais perdre de vue que l'humilité, frein de l'homme mais aussi principe spirituel (reliance à la Terre), est à développer. Se sentir grand n'est pas une fin en soi car c'est l'ego qui s'exprime ; en revanche, œuvrer pour que les autres grandissent à notre contact est une cause noble. En effet, plus cela est le cas, plus nous grandissons nous-mêmes et plus alors l'entreprise grandit. Promouvoir et incarner la valeur « respect de l'autre », c'est mettre en avant l'amour dans sa connotation de respect inconditionnel de l'autre, qu'il s'agisse de ses collaborateurs, de ses collègues, de ses clients, de ses fournisseurs, de toute personne avec qui l'on est en relation. Il est tout aussi capital d'accepter notre condition humaine et par conséquent nos limites :

que ce soit pour l'entreprise ou pour les individus, refuser les limites risque d'être fatal, beaucoup en ont fait la triste expérience, y compris de grands groupes. La reconnaissance par l'entreprise des limites humaines des salariés de toute catégorie leur permet d'éprouver du bien-être au travail, de n'avoir que du « bon stress », d'accorder du temps à leur famille et de préserver leur vie sentimentale, d'éviter toute forme de dopage ou de drogue. Cette vision spirituelle du monde de l'entreprise nous amène à être attentif aux synchronicités, c'est-à-dire aux coïncidences qui se manifestent entre un fait extérieur, physique, et un évènement intérieur, psychique. Tout évènement se transforme en effet en signe pour nous informer. Dès l'instant où les individus d'une entreprise sont réceptifs à cela, la vie professionnelle est facilitée et plus efficace, la conscience est de plus en plus globale et normalisée. Enfin, une certaine forme de spiritualité au travail amène aussi à s'interroger sur le bien-fondé de nos actions, à se demander si nous serons fiers de ce que nous avons fait lorsque la mort nous touchera, à se détacher du résultat, partant du principe que nous sommes totalement responsables de ce qui est sous notre contrôle, mais que les résultats de nos actions ne nous appartiennent pas. La spiritualité au travail invite à sortir des croyances pour accéder à la foi, c'est-à-dire à ne plus être dans le doute car nous sommes en reliance avec nous-mêmes et tout ce qui nous entoure.

Selon Shri Mahesh (*Yoga et Vie*, n° 140, juin 2009), « la spiritualité est la force qui unit tous les êtres ; tout comme, dans l'océan, s'élèvent des vagues de formes et de tailles qui varient sans cesse, la spiritualité revêt une vision du monde très étendue à travers les vibrations de la vérité, de la beauté, de la bonté et de l'amour ». Le manque d'élévation en spiritualité mène à des heurts entre les hommes, l'histoire est constituée de multiples exemples qui le prouvent. En revanche, la progression vers la spiritualité facilite et renforce l'extériorisation de leurs propres valeurs, de tout ce qui réside au plus profond d'eux-mêmes. L'homme a la faculté d'avoir en permanence un lien entre son intériorité et la vie sociale dans laquelle il évolue. Conscient de cela, il peut s'inscrire dans une démarche de recherche du sens de sa vie, de sa vraie nature, et ainsi gravir insensiblement les marches de cet escalier interminable vers la spiritualité, lui procurant alors plus d'assurance, d'équilibre. La spiritualité aide à se déconnecter des plus et des moins qui jalonnent notre vie, pour avoir d'avantage de sérénité et de stabilité ; elle apporte la pureté aux différents corps subtils qui nous constituent. Nous sommes constamment sous l'influence du système qui régit le monde en menant de front les meilleures et les pires intentions. Si nous n'y prenons garde, nous sommes toujours déstabilisés ; c'est pourquoi travailler sur soi pour « s'élever en conscience » et en spiritualité conduit à se détacher de nos croyances, des influences reçues, à prendre du recul par rapport à notre passé, lequel constitue notre vécu, notre expérience. Shri Mahesh souligne que les scientifiques s'intéressent aujourd'hui à la spiritualité pour mieux comprendre l'humanité et son origine, la vie en général.

Méditer sur les trois concepts – matière, physique, énergie – conduit à s'élever en spiritualité, celle-ci signifiant principalement une manière de vivre notre liaison avec l'environnement sans s'en séparer. S'élever en spiritualité, c'est rechercher la connaissance, s'écarter de l'ignorance ; c'est incarner les connaissances par la pratique et non par le raisonnement intellectuel. La forme de notre corps, la fonction de nos organes, l'énergie que l'on possède sont en liaison permanente avec notre environnement. Progresser sur la voie de la spiritualité, c'est rétablir l'évidence de notre lien indissociable avec l'environnement qui nous entoure. Cette liaison est d'ailleurs un besoin vital car notre devenir est d'aborder des connaissances, de vivre dans la présence des choses et de manière reliée à l'environnement. Sans cela, nous n'explorons rien, tout reste faux, nous errons dans l'illusion. De façon générale, les deux tiers de nos connaissances sont fausses. Pour améliorer ce ratio, pour progresser, il nous faut mieux nous connaître. Chaque pratique de yoga a un seul but : celui de la connaissance vraie pour que la vie du pratiquant devienne de plus en plus sensée, dès l'instant où il aura engrangé le sens de la vie universelle du cosmos en évolution constante, où la connaissance est omniprésente dans sa totalité. Les postures de yoga peuvent aider dans la quête de spiritualité dès lors où elles permettent une meilleure compréhension des évolutions de la nature qui nous ont amenés jusqu'ici, de nos capacités exceptionnelles.

Fort de cette conception de la vie, de mon devoir, de ma mission d'aider les autres à « s'élever en conscience » et en spiritualité, j'ai décidé de suivre sur quatre ans une formation de professeur de yoga de manière à pouvoir faire bénéficier mes collaborateurs – ceux qui le souhaitent – d'un enseignement gratuit composé des différentes facettes de cette discipline. Certaines entreprises motivent leur personnel pour prendre des cours de yoga à l'extérieur, d'autres font venir le professeur chez elles afin d'offrir aux salariés la possibilité de réduire leur stress. Le fait que ce soit le dirigeant de l'entreprise qui donne lui-même des cours à ses collaborateurs peut paraître atypique, mais cela constitue assurément une opportunité pour progresser ensemble dans le travail sur soi, sans aucune connotation de hiérarchie, de compétition, mais au contraire un sentiment de renfort de l'équipe, chacun étant là où il en est, avançant à son rythme, progressant dans la connaissance de soi, des autres, de son entourage. Le cours hebdomadaire procure un plaisir partagé entre mes collaborateurs et moi-même, une relation privilégiée, la possibilité de se voir et de se connaître différemment. Pratiquer le yoga apprend l'humilité, la discipline, la rigueur, la volonté ; l'enseigner est une belle expérience car on est pleinement conscient du chemin à parcourir, lequel ne finit jamais. Des liens se créent entre les personnes, les pratiques rapprochent et invitent à la solidarité. Enseigner le yoga auprès des membres d'une équipe dont on est le leader enrichit d'autant plus la relation, la compréhension mutuelle, la conscience collective. Il est important d'adapter le yoga aux individus et non l'inverse : le sens de l'observation des autres demande à être développé, la vigilance établie de manière à éviter tout problème physique et/ou psychique. En fonction des difficultés de certains, le cours peut être réorienté pendant la pratique de manière à ne pas générer de frustration, à motiver, mais aussi à renforcer le sens des valeurs humaines. Des variantes plus ardues peuvent être proposées aux plus avancés. Mon idée consiste en fait à proposer à certains une manière de vivre choisie et non subie pour stimuler la collectivité dans sa progression en phase adulte. Ceux qui viennent aux cours et se sentent en accord avec cette discipline en parlent aux autres, et cela fait petit à petit des émules. Il ressort des avis que le yoga est indubitablement un facteur d'équilibre et de relaxation. Il agit sur les douleurs musculaires et articulaires, les tensions nerveuses. En fait, il participe au rééquilibrage entre le yin et le yang, assouplit le corps et le mental, permet de prendre du recul par rapport à son travail, à la vie, au rôle qui nous est imparti, de mieux maîtriser ses émotions, de retrouver du bien-être, de rééquilibrer les fonctionnements entre le cerveau gauche et le cerveau droit. Certains viennent avec des membres de leur famille – et là aussi, subrepticement, l'action sur le facteur humain au sein de l'usine K trouve un écho dans l'entourage familial des salariés. Chacun trouve dans le yoga un moyen de développer son potentiel de réflexion et d'imagination ainsi que son aptitude à répondre à des problématiques, ce qui constitue la vie quotidienne d'une entreprise. Les individus pratiquant le yoga comprennent la nécessité d'avoir une alimentation saine, une bonne santé physique et psychique, une consolidation du système cardiaque, nerveux, glandulaire et hormonal. Les exercices de respiration leur permettent de se déconnecter des soucis, de moins rapporter leurs problèmes de boulot à la maison, de mieux dormir.

Une eau saine pour le collectif

« L'eau étant la seule boisson que la nature offre à l'homme, il n'est pas naturel de ne pas aimer l'eau. » (Christophe Vasey, Quand le corps a soif, *Jouvence, 2007)*

« Une goutte d'eau pure peut suffire à purifier un océan, une goutte d'eau impure suffit à souiller un univers. » (Gaston Bachelard, cité dans Quelle eau buvez-vous ?, *Alain Rossette-Cazel, Quintessence, 2008)*

Comme cela est exposé dans la première partie, l'eau est essentielle à la vie. Ceci justifie la recherche d'une eau de qualité pour soi et ses proches qui soit de nature à améliorer les relations entre les individus.

Grâce au principe d'osmose inverse avec redynamisation et aux différents matériels existants, il est aujourd'hui possible de consommer une eau pure et vivante chez soi, au travail et dans divers lieux publics. C'est pourquoi j'ai décidé de donner la possibilité aux salariés de l'usine K de bénéficier d'une telle eau en choisissant un des meilleurs systèmes de filtration existant sur le marché : la fontaine Mélusine. Boire chaque jour une eau pure nettoie le corps en profondeur, ôte les toxines des cellules. De manière à bien faire prendre conscience de cela aux salariés, une réunion d'information sur l'eau a été organisée au sein de l'usine, menée par Jean-Marie Combel[(61)]. Cette sensibilisation du personnel avait plusieurs objectifs :

– la prise de conscience des enjeux de l'eau pour notre planète ;
– l'effet des pollutions connues, suspectées, inconnues ;
– la forte probabilité de manque d'eau à moyen terme pour une part non négligeable de la population mondiale ;

61. Passionné par l'eau depuis plusieurs années, Jean-Marie Combel, consultant expert en qualité de l'eau, s'intéresse autant aux enjeux planétaires (accès à l'eau, pollution...) qu'à la recherche de la plus haute qualité d'eau de boisson, ainsi qu'aux moyens de diminuer l'impact de la chimie sur l'environnement, sujets auxquels il apporte des réponses concrètes au sein de la société Vital Water (www.vital-water.fr). Parallèlement, il exerce une activité de consultant, accompagnant les entreprises et collectivités dans des démarches d'amélioration autour de l'élément eau sous les aspects économiques, qualitatifs et environnementaux. Les différentes actions de Jean-Marie Combel s'inscrivent dans les principes de management éthique développés par la société Recherches et Évolution, au sein de laquelle il a suivi la formation « Master pour le développement d'un leadership éthique » (2003-2005). Le principe essentiel mis en œuvre est la « Qualité globale à dimension humaine », qui vise à créer des effets positifs à court, moyen et long terme à tous les niveaux de l'organisation ainsi qu'à l'extérieur de l'entreprise.

– les problèmes climatiques et sociétaux liés à l'eau ;
– l'importance de l'eau pure pour le corps ;
– quelle eau boire et comment la boire ;
– les propriétés de la fontaine Mélusine :
  • effets physiques : dans l'évacuation des déchets par le corps, la clarification du sang est la meilleure oxygénation du cerveau et des organes, le prolongement de la vie des cellules, la diminution de la fatigue, la baisse des risques de maladies liées au stress hydrique et à l'encrassement des cellules ;
  • effets psychosomatiques : idées plus claires, meilleur tonus permettant d'être plus optimiste, diminution du risque de dépression ;
  • évolution du niveau de conscience : comprendre le rôle de l'eau pour le maintien de la vie conduit à avoir un autre regard sur l'eau, à s'interroger sur la qualité de l'eau à absorber, à mieux respecter l'eau et à percevoir l'importance de la dynamisation ;
– nos pouvoirs sur l'eau mis en évidence par le Japonais Masaru Emoto.

Fabriquée par la société Aqua Dyn[62], basée à Auroville, en Inde, la fontaine Mélusine se fonde sur le principe d'osmose inverse, lequel a été mis au point par la Nasa pour purifier et recycler l'eau

62. Pour en savoir plus : www.auroville.com.

consommée et rejetée par les astronautes lors de vols spatiaux. Le procédé est aujourd'hui recommandé par l'OMS. L'eau est débarrassée de tous ses polluants et de son excédent en solides dissous. Cette fontaine délivre une boisson de haute qualité grâce à une série de filtres dont le plus performant est une membrane d'osmose inverse. Il s'agit d'un film semi-perméable permettant de filtrer l'eau à l'échelle du dix millième de micron et de retenir 95 % à 99 % des polluants. L'eau obtenue peut ainsi être qualifiée de pure. Après purification, un procédé unique de biofiltration-biodynamisation, avec information lumière et son, lui confère une qualité digne de celle que seules quelques montagnes peuvent encore offrir. Elle a ainsi retrouvé ses propriétés d'eau vivante ; elle est « biocompatible » pour une meilleure assimilation par le corps.

Douze fontaines Mélusine ont été installées au sein de l'usine K, à la satisfaction des salariés, dont certains rapportent de l'eau chez eux pour en faire profiter leur famille. Cette action s'inscrit dans la démarche globale de prise en considération du facteur humain initiée à l'usine K et souligne en particulier le fait que l'entreprise n'est pas seulement un lieu de production de richesses matérielles, mais constitue aussi un cadre d'évolution pour chacun.

Des témoignages recueillis parmi le personnel montrent qu'environ 95 % des salariés sont satisfaits de pouvoir bénéficier de ces fontaines, qu'ils considèrent comme un avantage social. Voici quelques-uns de ces témoignages, représentatifs de l'avis général :

« À la suite d'une utilisation régulière de cette eau osmosée et redynamisée, j'éprouve du bien-être et en ressens les bienfaits. J'emporte de l'eau à mon domicile et en fais profiter ma famille. La consommation d'une telle eau contribue à l'hygiène de vie au même titre qu'une alimentation saine. Mon corps s'est adapté à cette eau vivante après avoir réagi pendant trois jours. Mon taux de cholestérol était hors norme, il est redevenu normal grâce à l'absorption régulière de cette eau, que je bois à raison d'un litre par jour minimum. »

« Depuis que je consomme l'eau de la fontaine Mélusine, à l'usine et chez moi, j'ai un sentiment de mieux-être. Je constate que je suis moins sensible aux agressions extérieures. Au plan environnemental, nous ne cautionnons plus les bouteilles en plastique. »

« Je consomme cette eau osmosée et redynamisée depuis maintenant un an. Elle a le goût d'une eau pure, légère, agréable à boire. Son pH est presque neutre et elle n'a que 10 mg/l de résidus à sec à 180 °C. Je me sens mieux dans mon corps. »

« Bravo pour l'implantation de ces fontaines sur le lieu de travail. Nous pouvons nous désaltérer d'une eau saine et de surcroît agréable à boire. Avec les fontaines Mélusine, on retrouve le besoin et l'envie de boire de l'eau car l'effet sur le corps est perceptible. On ressent son pouvoir drainant. Mélusine rime avec usine, quelle belle association ! »

« À l'heure où l'humanité prend plus conscience du caractère vital de l'eau, l'or bleu de demain, il est appréciable de pouvoir disposer à volonté d'une eau de qualité telle que celle produite par les fontaines Mélusine. Cette action au sein de l'usine prouve le respect à l'égard du personnel, le souci de la santé et du bien-être au travail. Cette eau osmosée et redynamisée est pure, vivante, de bon goût et bénéfique pour la santé. Je me sens mieux depuis que j'en bois. Et, en plus, elle ne s'altère pas si on utilise des bouteilles en verre. Les troubles allergiques et digestifs que je rencontrais auparavant ont disparu. Merci de faire bénéficier les salariés d'un tel avantage. »

LE DÉVELOPPEMENT DURABLE EN ENTREPRISE

« Le mot "progrès" n'aura aucun sens tant qu'il y aura des enfants malheureux. » (Albert Einstein, cité dans Prenez en main votre santé, *op. cit.)*

« La liberté de l'homme ne consiste jamais à se voir épargner les difficultés, mais à leur faire face pour son propre bien, à en faire un élément de joie. » (Rabindranath Tagore, cité dans Le Seigneur du lotus blanc, *Claude B. Levenson, Éditions Lieu commun, 1987)*

Au fur et à mesure du temps, tout au long du XXe siècle, et notamment de la seconde moitié, les stratégies d'entreprises ont évolué pour passer de la notion de taille à celle d'organisation, puis de flexibilité et de réactivité, ensuite de concentration sur le métier de base, pour enfin se focaliser sur des logiques de prix et de création de valeur, en délaissant le social et l'environnemental.

La fin du XXe siècle et surtout le début du XXIe ont vu s'opérer un changement d'attitude. Les stratégies actuelles intègrent effectivement davantage tout ce qui a trait à l'humain et à l'écologie et affichent une vision à long terme de ces deux domaines. Faire la différence consiste aujourd'hui à raisonner et à agir en cohérence avec le développement durable.

Promouvoir le développement durable en entreprise consiste à intégrer celui-ci dans sa politique et sa stratégie en menant une gestion impartiale et responsable de sa performance et de son fonctionnement. Proactivité, précaution, sens de la responsabilité, implication sociale, amélioration continue privilégiant le respect du vivant, tels sont les principes de base de cette démarche.

Certes, la santé financière de l'entreprise est à prendre en considération dans l'analyse car elle témoigne de sa durabilité ; mais il est tout aussi important de s'intéresser à son aptitude écocitoyenne – c'est-à-dire savoir comment l'on fabrique, quelles sont les répercussions au niveau des salariés, du voisinage, des utilisateurs, quelles sont les possibilités de recyclage des produits réalisés, qu'est-ce que cela implique en amont (matières premières, composants utilisés, sous-traitance...), en aval (installation, manipulation, utilisation des produits), favorise-t-on le bien-être des individus, de la planète, du vivant... Pour être certifiée « Développement durable », une entreprise doit apporter la preuve de l'adéquation de ses actions avec tout cela et se désengager de ses anciens principes de fonctionnement. Chacune doit personnaliser cette démarche en fonction de son activité et du contexte dans lequel elle évolue, du cadre législatif la concernant, dans le respect des mesures prises par l'État ou les collectivités territoriales.

Développer durablement nécessite d'avoir une bonne connaissance des besoins à honorer et non plus de produire pour satisfaire une logique d'offre et de marché. Pour que la notion de durabilité soit avérée, l'activité de l'entreprise doit s'intéresser simultanément aux coûts, aux matières premières et matériaux utilisés et à l'environnement. Faire de l'économie dans les matières dans le cadre de la production est générateur de croissance économique durable. Il est également fondamental de développer durablement le social. Pour cela, il est demandé aux entreprises qui s'orientent dans cette voie de connaître l'impact de leurs activités et leur influence sur les individus internes et externes – prise en compte de leurs besoins (physiques, psychologiques, relationnels), formation, aide dans leur vie personnelle…

Un management fondé sur la mise en place d'une charte des valeurs humaines est clairement en phase avec le principe de développement durable car il consiste à faire adhérer durablement les individus aux objectifs, aux projets, à la raison d'être de l'entreprise. Il permet de mettre en évidence les aptitudes, capacités, dons, qualités des individus de manière globale, donc pas obligatoirement en relation avec le métier exercé au sein de l'entité.

Il contribue à l'épanouissement et au bien-être des salariés, chacun se reconnaissant dans les messages émanant de l'entreprise. Il favorise la consolidation de l'ensemble des spécificités individuelles pour le bien de la collectivité.

Fonctionner en phase adulte en privilégiant le participatif, en ayant conscience de ce que signifie le respect de l'autre, en faisant l'effort du travail sur soi, a inévitablement des incidences positives sur le cadre privé des individus et donc sur leurs familles. C'est en quelque sorte une capitalisation positive durable pour celles-ci, qui la répercutent alors dans leur entourage. Ceci est générateur d'une émulation collective hors des frontières de l'entreprise ou autre entité humaine, et de proche en proche ce maillage peut être de grande ampleur. La phase adulte est donc une composante du développement durable car son impact social est conséquent.

Toutes les fonctions de l'entreprise sont bien évidemment concernées par cette approche et doivent promouvoir entre elles des interactions et un véritable dialogue, sincère, objectif et créatif. Il pourra s'avérer intéressant de prendre en considération les multiples expériences de développement durable initiées sur l'ensemble de la planète pour en faire bénéficier si possible l'entreprise considérée, mais aussi sa région. Le développement durable contribue à instaurer une adéquation entre l'individuel et le collectif, le local et le global, en agissant pour l'avenir sans négliger les expériences du passé pour mieux comprendre les réalités d'aujourd'hui et en tirer les enseignements pour demain.

Les sujets suivants peuvent ainsi être évoqués :

– que fait l'entreprise à l'égard des handicapés, des exclus ?

– n'y a-t-il aucune différence en termes d'emploi des femmes, de personnes de couleur… ?

– les formations sont-elles dispensées dans l'intérêt de l'avenir des intéressés ?

– les pollutions sont-elles maîtrisées ?

– que fait l'entreprise en matière de gestion de l'eau, de captage des fumées, des poussières et odeurs, etc. ?

– les économies d'énergie sont-elles avérées ?

– les déchets sont-ils triés et correctement gérés ?

– les produits recyclables sont-ils collectés ?

– les matières premières, les matériaux, les produits sous-traités et achetés font-ils l'objet d'une éthique humaine et environnementale ?

– les études d'investissement comprennent-elles une analyse d'impact sur l'environnement ?

– la conception de produits réalisés par l'entreprise prend-elle en compte le respect de l'environnement et des générations futures ?

– l'entreprise s'inscrit-elle dans une démarche citoyenne ?

– informe-t-elle régulièrement son voisinage sur sa contribution à l'environnement, ou sur les écarts éventuels et mesures correctives associées ?

– l'impact des conditions de travail sur la population est-il identifié ?

– la gestion de la fin de vie éventuelle de l'entreprise ou de l'une de ses activités est-elle formalisée ?

– la production est-elle réalisée dans le respect des économies de ressources qui lui sont nécessaires ?

– les emballages sont-ils conçus pour être recyclables ?

– le principe de la compensation carbone est-il une préoccupation quotidienne ?

L'audit sur le développement durable au sein de l'usine K réalisé par Franck Steffan selon le référentiel de Jean-Marie Pelt a fait ressortir les points suivants :

– l'usine K a su soutirer de son environnement les ressources humaines et naturelles pour exercer son activité ;

– elle ne nuit pas au patrimoine naturel : l'existence d'un parc Natura 2000, d'une Zico[63] et de batraciens autour de l'usine prouve sa non-agression à l'égard de la biodiversité.

– l'analyse des actions de maintenance et d'engineering démontre le souci constant d'améliorer les systèmes de production et la diminution de rejets ;

63. Zone d'intérêt communautaire pour les oiseaux.

– volonté d'amélioration continue pour limiter son impact sur l'environnement, notamment par récupération des sources d'énergie liées à l'activité et traitement des déchets en leur donnant une valeur ajoutée ;
– volonté d'information des clients, des fournisseurs, des organismes, des salariés et de leurs familles, sur sa démarche liée au développement durable ;
– volonté d'aller au-delà du cadre législatif ;
– management fondé sur le déploiement d'une charte des valeurs humaines pour fonctionner naturellement sur un mode participatif ;
– forte appropriation et implication du personnel, qui est partie prenante dans tous les projets de l'entreprise ;
– liberté d'expression, écoute, communication efficace ;
– majorité de décisions obtenues par le consensus ou le bien-fondé des arguments des uns et des autres ;
– parler-vrai et critiques franches, constructives, permettant l'atteinte d'un degré d'autonomie et favorisant la créativité ;
– volonté d'instaurer un groupe de travail sur le développement durable et l'avenir ;
– l'engagement du personnel donne la possibilité à chacun d'en tirer profit et d'apprendre à mieux se connaître ;
– les comportements liés à l'hygiène de vie et

l'alimentation ont une répercussion favorable dans les familles ;
– mise en place de fontaines d'eau dynamisée à osmose inverse et sensibilisation du personnel sur le sujet ;
– attachement à améliorer l'efficacité à la fois des équipes et des procédures en recherchant la manière la plus pertinente d'en retirer des enseignements.

L'usine K a ainsi obtenu le prix Omega bronze[64] et s'inscrit désormais dans une démarche pérenne et reconnue de développement durable. La mise en place d'un comité d'éthique la conforte sur cette voie.

Il est important et vital que de plus en plus d'industriels, d'agriculteurs, de chercheurs, d'ingénieurs, de scientifiques, de médecins, de laboratoires… aient parfaitement conscience de l'impératif de promouvoir le développement durable pour le bien de la planète. Souhaitons qu'il s'impose désormais à l'esprit comme une certitude absolue ! Marianne de Boisredon[65] rapporte la définition que Gro Harlem Brundtland, alors chef du gouver-

64. L'idée de la certification Omega revient à Jean-Marie Pelt, pour qui la technocratisation du développement durable est inquiétante. Le but est d'encourager entreprises, associations et toutes formes d'entités humaines à s'engager dans une démarche de développement durable, sans confondre vitesse et précipitation. Le processus de certification Omega comporte trois phases : état des lieux, formation, mise en place de la certification. Selon l'état d'avancement et le niveau d'implication, tant en interne que vis-à-vis de l'extérieur, trois prix sont proposés : l'Omega bronze, argent et or.

65. Lire *Inventer une économie yin et yang, op. cit.*

nement norvégien, en avait faite à l'ONU en 1987 : « Le développement durable est un mode de développement qui répond aux besoins des générations présentes en répartissant équitablement les fruits de la croissance, sans compromettre la capacité des générations futures de satisfaire les leurs. » Le sommet de la Terre à Rio de Janeiro en 1992 a d'ailleurs, toujours selon elle, complété cette définition en mentionnant le progrès économique, la justice sociale et la préservation de l'environnement comme les trois piliers de base du développement durable.

L'environnement prend aujourd'hui une dimension capitale dans les réflexions, les analyses, les projets qui prennent de plus en plus en compte les notions d'écologie, d'éthique et de social. C'est désormais une gestion de responsabilités individuelles et collectives. Les économies de matières premières, le respect de la nature sont à l'ordre du jour et intégrés dans les cahiers des charges. Cela influe de plus en plus sur les comportements, et on légifère aussi sur ce thème. Les scientifiques alertent plus vivement à propos de l'épuisement de la planète. En effet, tout ce que nous produisons émane de la nature à un certain moment et génère des déchets qu'il faut mettre sous contrôle pour la préserver. La prise de conscience de la situation et du fait que nous n'avons qu'une planète devrait favoriser une amélioration. Plus il y aura de gens, à tous niveaux, dans tous les secteurs, faisant l'effort de travailler sur eux-mêmes pour mieux comprendre les autres, leur environnement, la planète, plus la part de chance de s'en sortir s'agrandit. J'invite le lecteur à lire le livre de Philippe Jurgensen, *L'Économie verte, comment sauver notre planète* (Odile Jacob, 2009), qui propose de réelles et pertinentes solutions.

Ce qui est clair, c'est qu'un équilibre est à trouver au niveau planétaire si l'humanité ne veut pas aller dans le mur. Nous savons que, au rythme du niveau de vie des États-Unis et de l'Europe, il faudrait l'équivalent de quatre planètes, qu'en un demi-siècle la population de la Terre a pratiquement triplé, que les BRIC (Brésil, Russie, Inde, Chine) connaissent une croissance forte – même si, avec la crise, un bémol est à mettre concernant la Russie, qui se dépeuple et dont l'inflation est d'environ 12 % en 2009 malgré un affaissement du PIB de 8,5 %[(66)]. Si nous ne réagissons pas d'un point de vue environnemental, nous risquons l'irréparable. Pour permettre l'évolution du niveau de vie de certains pays, les plus avancés devront accepter une réorientation de leur mode de vie, une remise en question de leurs acquis. Une réduction des inégalités s'imposant, l'équilibre entre le yin et le yang est requis. Une entraide mondiale doit voir le jour pour que les nantis aident les plus démunis à s'en sortir localement en adoptant des solutions qui les

66. Selon Pierre-Olivier Rouaud dans *L'Usine nouvelle*, n° 3162, 1er octobre 2009.

fassent progresser sans pénaliser la planète et donc la pérennité de l'humanité. Même si les pays les plus développés ont eu des pratiques néfastes pour l'environnement lors de leurs conquêtes premières vers le progrès, ce n'est pas une raison pour que ceux qui y parviennent aujourd'hui en fassent autant. Les humains doivent œuvrer globalement, tous ensemble, pour que les intérêts de chaque pays soient en cohérence avec le bien-être et l'avenir de l'humanité tout entière, pour promouvoir les technologies propres. Il est à ce titre certainement temps de contribuer au sauvetage de l'Afrique, qui a largement sa part à jouer. La promotion du développement durable devient donc un devoir civique, incontournable si l'on veut préserver les ressources, en particulier l'air et l'eau, qui sont vitaux, mais aussi la biodiversité – l'humain n'en étant jamais qu'un maillon.

Le dalaï-lama dit que « le concept d'interdépendance est au cœur du développement durable(67) ». Ce principe régit toutes les formes de vie. Tous les phénomènes qui se produisent au niveau de la planète, qu'ils soient physiques, géologiques, climatiques, sont soumis à ce même principe. Sans lui, ils risquent de disparaître. C'est d'ailleurs du fait de sa mauvaise connaissance que nous vivons aujourd'hui des problèmes environnementaux avec une part d'irréversibilité non négligeable. Le dalaï-

67. Dans *Ce que le bouddhisme peut apporter aux managers*, *op. cit.*

lama ajoute : « Nous devons respecter la matrice délicate de la vie et lui permettre de reconstituer ses ressources. » Alors ne perdons pas de temps !

La charte des valeurs, réel vecteur de motivation

> *« Dans la nature, l'égoïsme est la maladie mortelle des plus forts, et la solidarité la force indéfectible des plus faibles. » (Jean-Marie Pelt,* La Raison du plus faible*, Fayard, 2009)*
>
> *« La fidélité est au cœur de notre identité… Elle est exigeante parce que, privée des garde-fous de la société, elle devient une décision personnelle. » (Alain Etchegoyen,* Plantes et Santé*, n° 82, juillet-août 2008)*

Pour être en mesure d'apporter des preuves quant au bien-fondé de la charte des valeurs comme vecteur d'épanouissement, de ressourcement des individus, mais aussi comme gage de pérennité, de profitabilité, de compétitivité de l'entreprise, j'ai fait appel au laboratoire de psychologie appliquée de l'université de psychologie de Reims pour réaliser une étude au sein de l'usine K.

Deux élèves de troisième et cinquième année ont mené l'étude. La personne de cinquième et dernière année ayant obtenu avec succès son diplôme a répondu favorablement à ma proposition d'embauche comme psychologue du travail pour aller encore plus loin dans notre démarche humaniste.

Cette étude s'est appuyée sur un audit qui s'est déroulé en trois étapes. La première et la troisième se sont intéressées à l'évaluation de plusieurs indicateurs comportementaux et psychosociologiques au travail (implication, motivation, performance, intensité de stress perçu) consécutifs à la mise en place de la charte des valeurs, en analysant particulièrement les perceptions des individus. Le but était d'évaluer et de comprendre leurs représentations et positionnements à l'égard de la charte. La deuxième étape, quant à elle, a concerné la création et l'implantation d'un outil expérimental ayant pour objet d'analyser les évolutions des représentations et des adhésions.

Ces trois étapes se sont déroulées indépendamment les unes des autres, mais ont concerné les mêmes individus, lesquels représentaient environ 60 % de la population salariée, tous niveaux confondus : les comparaisons sont ainsi fiables et représentatives dès l'instant que les choix se sont faits de manière aléatoire.

La première étape a donc eu pour objectif d'étudier des indicateurs psychosociaux. Cinq indicateurs d'ajustement ont été choisis et évalués à partir de questionnaires :

– La satisfaction au travail a été évaluée selon une échelle de mesure allant de 1 à 7, le score le plus élevé correspondant à la satisfaction la plus grande. Le score moyen obtenu a été de 5,22 – révélant ainsi un bon degré de satisfaction pour l'ensemble du personnel.

– La motivation au travail, appréciée selon le même principe, a obtenu un score moyen de 4,73, ce qui est bien. À noter que, pour ces premiers critères, le contexte externe à l'entreprise peut influer sur les individus.

– La performance, évaluée selon une échelle de mesure allant de 1 à 5, a obtenu un score global moyen de 4,29. Pour ce critère, la performance individuelle de l'individu interrogé et la performance de son équipe d'appartenance ont été évaluées et ont obtenu respectivement des scores de 4,39 et 4,19. Ce très bon résultat est représentatif du bon état d'esprit général qui se constate au sein de l'entreprise.

– L'implication, mesurée selon une échelle de 1 à 7, a obtenu un score de 4,98, ce qui là aussi est honorable.

– Le stress, apprécié selon une échelle de 1 à 5, a obtenu un score de 2,47, ce qui correspond à peu près à la moyenne. Les catégories cadres et employés ont obtenu une moyenne de 2,16, les agents de maîtrise, techniciens et ouvriers se situent à 2,43. Ceci peut s'expliquer par le fait que les cadres sont plus au fait des évènements, qu'ils les appréhendent mieux ; les employés, eux, ont moins la pression du terrain, contrairement aux trois autres catégories. Par ailleurs, l'environnement extérieur à l'entreprise influe nettement sur le stress des individus.

La deuxième étape a consisté à établir un audit relatif à la perception des 60 % de salariés objets de l'étude des valeurs de la charte. Une analyse multidimensionnelle a été menée pour chacune des dix-huit valeurs. Un questionnaire a été établi. Il en ressort que l'adhésion des individus aux valeurs a obtenu une note moyenne de 4,42 sur une échelle de 1 à 5. L'importance perçue de ces valeurs par les individus a, quant à elle, obtenu une note moyenne de 4,48 sur la même échelle. L'évaluation fait donc apparaître un degré d'adhésion important du personnel à la charte des valeurs, dont il perçoit bien l'importance. Ceci se confirme d'ailleurs de jour en jour, notamment durant la traversée de la crise financière, plus structurelle que conjoncturelle, débutée fin 2008.

Tout au long de cette étude, qui a duré environ une demi-année, les gens interrogés ont eu largement la possibilité de s'exprimer ; ils se sentaient écoutés et en confiance. Cela a mis en évidence l'impérieuse nécessité d'avoir une communication optimale pour susciter motivation, appropriation et implication au sein du personnel.

Depuis les conclusions de cette étude, nous continuons les entretiens individuels pour recueillir parmi les salariés – ceux qui ont fait partie des 60 % de l'étude, mais aussi les autres – leur sentiment de progression à l'égard de la charte des valeurs et du management participatif qui en découle. Ces bilans individuels sont positionnés sur une roue comportant autant de rayons qu'il y a de valeurs. C'est un excellent moyen de promouvoir la communication en dialoguant objectivement, sincèrement, dans le but d'enrichir la collectivité.

Une autre étude a été menée par le cabinet Activmanagement[68] début 2010, fondée sur des interviews, des observations, des analyses de réponses à des questionnaires. La charte des valeurs a servi de cadre à l'évaluation des concepts de l'usine K.

La première analyse a concerné la position sociocognitive de l'entreprise, cette position permettant de déterminer le potentiel humain de l'usine. Il est à noter que, de manière générale, jamais personne n'est à son maximum ; il faut donc savoir évaluer ce qu'il est possible d'attendre du potentiel humain : est-ce 80 %, ou seulement 60 % ? Ce potentiel est, du fait de l'organisation, du management et de la communication mis en place, plus ou moins bridé d'un certain facteur de 10 à 25 %. En comprenant les causes de ces freins, il peut aussi être facile-

68. Activmanagement, membre de Ethic, est un cabinet de conseil en entreprise. Il intervient dans le domaine économique, social et environnemental. La méthode employée, fondée sur un contact en profondeur avec les salariés et une étude des différentes données de l'entreprise, consiste à mener une analyse sous différentes facettes pour déterminer de façon précise les forces et faiblesses de l'entreprise. Un plan d'action découlant de l'étude est alors proposé aux dirigeants. Coordonnées : 16, rue de la Glacière, 75013 Paris ; 01 43 36 33 32 ; *www.activmanagement.com*.

ment libéré. La dynamique ainsi créée permet de faire évoluer le potentiel humain. Il n'y a donc aucun jugement ni verdict définitif. Cette analyse doit être porteuse d'espoir et susciter la motivation concernant des améliorations possibles. Il ressort de cette première analyse que l'usine K est dynamique et en phase de développement. L'encadrement est moteur, les ouvriers sont efficaces et ont le potentiel pour rebondir. La compétitivité de l'entreprise, mesure faite par rapport à son propre potentiel, est bonne et peut encore s'améliorer d'une quinzaine de points. La flexibilité est importante et reflète une bonne adaptabilité du personnel, donc une compétitivité accrue à long terme. L'ambiance de travail est correcte, même si la communication peut encore être améliorée. La charte des valeurs a impulsé une nouvelle activité sociocognitive. Au regard des informations récoltées, la courbe du « cycle de vie[69] » des salariés montre que l'usine K se trouve dans une dynamique clairement positive et au maximum de la courbe. Pour qu'il n'y ait pas d'essoufflement, de nouvelles impulsions sont à donner au sein de groupes de réflexion sur le travail sur soi, en accord avec les valeurs de la charte, le concept de phase adulte et le fonctionnement en participatif. Il est

69. Cette courbe, en forme de courbe de Gauss, montre les étapes successives de la vie d'un organisme : formation, développement, maturité, déclin et incertitude. Cette notion a été évoquée au début du chapitre « De la philosophie du yoga à la vie de l'entreprise ». C'est en phase de maturité qu'il est opportun de redonner une impulsion pour ne pas décliner et au contraire connaître un nouveau développement.

effectivement important de s'assurer que l'ensemble des salariés se maintient en phase développement.

La deuxième analyse a concerné les facteurs entrant en ligne de compte dans les trois composantes de la gestion humaine (management, organisation, communication). Il s'agissait de mesurer les différents critères pour pouvoir les hiérarchiser et savoir où agir pour conserver la dynamique mise en place. Il apparaît clairement que l'esprit d'équipe est très bon, tout comme le climat social, et que le comportement a clairement changé. Il est évident qu'un travail en profondeur a été fait au sein de l'usine K pour calmer la situation et donner une pérennité au site. Les gens ne sont pas mis en compétition. L'entreprise a une bonne capacité à gérer et à résoudre ses difficultés dans le temps. En ce qui concerne la motivation au travail, les deux facteurs qui prévalent sont « bonnes relations dans l'entreprise » et « bons outils pour travailler », avant les facteurs « salaire » et « évolution ». Ceci est tout à fait positif et souligne la bonne atmosphère régnant dans l'entreprise. Pour ce qui est de l'efficacité globale, la tension est à 17 %, la résistance à 16 % et l'exaspération à 17 % : le burn-out – la moyenne de ces trois facteurs – ressort à 17 %, ce qui est un taux très faible. Un bon niveau de communication et d'organisation a été noté.

La troisième analyse a consisté à s'assurer de la cohérence des stratégies mises en place avec les capacités de l'entreprise. La souplesse de l'usine K s'est révélée être en accord avec celle des gens, ceci se concrétisant par peu de stress et de tension. La capacité générale de changement est bonne, tout comme l'ambiance. Il n'y a pas de frein à l'innovation et le bien-être est établi.

La quatrième analyse a permis de s'assurer que les valeurs de la charte sont bien perçues et font l'objet d'une bonne appropriation de la part des salariés. Elles sont porteuses de développement et constituent une base de référence solide pour le management.

Troisième partie

Entreprises saines et monde sain

CONSTAT D'UN MONDE MALSAIN

« Il ne sert à rien à l'homme de gagner la Lune s'il vient à perdre la Terre. » (François Mauriac, cité dans Prenez votre santé en main*, op. cit.)*

« L'important n'est pas d'avoir plus, mais d'être plus. Mieux-être et bien-être importent plus que mieux-avoir et bien-avoir. » (Thierry Tournebise, Chaleureuse rencontre avec soi-même*, Dangles, 1996)*

« L'activité de l'homme n'est pas à opposer à la nature, elle fait partie intégrante de cette nature, elle le façonne depuis toujours et, depuis toujours, elle est façonnée par elle. » (Paul de Backer, Le Management vert*, Dunod, 1992)*

« Le défi de notre époque est de rester sain dans un monde de plus en plus malsain. » (Jon Kabat-Zinn, Nouvelles Clés*, n° 63, septembre-octobre-novembre 2009)*

« L'homme a perdu sa capacité de prévoir et d'anticiper. Il finira par détruire la Terre. » (Albert Schweitzer, cité dans Le Tao de l'écologie*, Édouard Goldsmith, Éditions du Rocher, 2002)*

Plus il y aura d'entreprises ou toute autre forme d'entités humaines reconnues saines au sens expliqué dans la deuxième partie de ce livre, plus nous convergerons vers un monde sain. Il est temps de nous investir pour que la société moderne cesse de détruire à une vitesse vertigineuse le monde naturel dont dépend la survie de l'humanité et du vivant en général. Les hommes politiques, les industriels, les universitaires, les laboratoires, les scientifiques ne peuvent rester indifférents à cela et doivent s'orienter dorénavant vers une pérennisation du bien-être et des richesses naturelles.

Le système que nous connaissons aujourd'hui est à bout de souffle, la crise économique en est le témoignage. Notre civilisation est majoritairement à connotation commerciale. Elle loue avec instance la croissance, le travail soutenu et souvent pénible ainsi que la consommation. Dans le même temps, elle annonce son naufrage écologique et un raz-de-marée démographique à court terme. Il est tant de réorienter la croissance en privilégiant le développement durable, le bien-être durable de tous les êtres, du vivant en général. La course constante à la rentabilité financière, dont le XXe siècle a été l'instigateur, porte un grave préjudice à notre planète. Beaucoup de vies humaines en pâtissent, souvent pour avoir été trop confiantes dans une foultitude de produits, d'aliments, de médicaments, élaborés de manière non naturelle dans un souci de rendement pécuniaire et non de santé des individus.

Il est vrai que le XXIe siècle est révélateur d'une conscientisation qui va en s'accélérant. De plus en plus de gens « s'élèvent en conscience » en divers endroits de la planète, de multiples échanges se font sur le web, les gens se regroupent pour se faire entendre. Pour initier un changement, une minorité doit représenter au minimum 7 %. Souhaitons que la crise financière soit une opportunité de changement à l'échelle du globe, l'occasion de réinitialiser le mode de fonctionnement de l'humanité, de repartir sur des bases saines, de retrouver de réelles valeurs humaines. Émettons le vœu que la lumière l'emporte sur l'ombre et que la notion de durabilité à l'égard du développement et du bien-être du vivant ne soit pas une cause perdue.

De même que le travail sur soi permet à un individu de changer pour son bien et celui d'autrui, qu'un changement de culture est à même de conduire une entreprise à devenir saine, le processus de conscientisation conduira à un renouveau du monde que l'on connaît. Ce processus de conscientisation prend naissance chez de plus en plus d'individus qui, à leur tour, s'investissent vis-à-vis d'autres, et ainsi de suite. Ce sont alors des entreprises, des associations, des organismes de différentes natures, constitués d'un certain nombre de personnes enclines à l'« élévation en conscience », qui se conscientisent et affichent des prises de position en phase avec le développement et le bien-être durables. Plus de telles entités progresseront sur cette voie, plus le monde aura la possibilité de changer, de se transformer, de se bonifier.

Pour l'heure, nous constatons beaucoup trop de dysfonctionnements, d'aberrations, qui ne vont pas dans le sens de la préservation de la planète et de tout ce qui y vit, dont notamment l'humanité. Ce qui est certain, c'est que celle-ci ne peut vivre en autarcie. Dès l'instant où elle en est un maillon, elle a besoin de tous les éléments constituant l'écosystème. Si les abeilles venaient à disparaître en totalité, le glas de l'humanité serait sonné. Actuellement, 50 % des abeilles ont déjà disparu du globe. Pourquoi donc persévérer dans le cautionnement de lobbies bien plus motivés par le pouvoir de l'argent que par la santé du vivant ? Pourquoi une telle inertie à l'égard du changement tant nécessaire pour la pérennité de la planète ?

L'équilibre global est aujourd'hui compromis à tout point de vue, écologique, financier, social, sociétal, et ceci au plan mondial, car la croissance, les modes de vie dits modernes se désintéressent du vivant et sont obnubilés par les notions de rendement et de rentabilité financière. Pour arrêter la déforestation, il faudrait sept milliards de dollars par an pendant dix ans ; pour favoriser l'accès à l'éducation pour tous, il faudrait onze milliards de dollars par an pendant dix ans ; pour résoudre la faim dans le monde, il faudrait dix-neuf milliards de dollars par an pendant dix ans ; pour procurer de l'eau potable à tous, il faudrait dix-neuf milliards de dollars par an pendant dix ans, pour éliminer la dette des pays les plus pauvres, il faudrait cinquante milliards de dollars par an pendant dix ans… alors que la dépense militaire mondiale est de 1 500 milliards de dollars par an – nous avons de quoi détruire trente fois notre planète –, le budget publicitaire de 500 milliards de dollars par an et l'évasion fiscale de 200 milliards de dollars par an.

Il est utopique de croire que la science pourra tout résoudre. Les lois de la nature régissent le fonctionnement de la Terre, la vie se déroulant selon la logique de la chaîne alimentaire. Tout ce qui est vivant est en interconnexion. L'eau, l'air, la terre, les espèces vivantes sont liées. Ne cassons pas cette belle mécanique ! D'une manière ou d'une autre, la nature reprendra ses droits à plus ou moins longue échéance. Réagissons donc dès maintenant pour que la réponse de la planète aux agressions que nous lui faisons subir ne soit pas fatale à l'humanité, qui est une espèce fragile dans le monde vivant. Tout a été beaucoup trop vite depuis le XIXe siècle. L'homme, ne percevant pas toujours les conséquences de ses actes, a mis la Terre en danger en un temps qui, à l'échelle de l'univers, représente celui d'un claquement de doigts. 80 % des richesses souterraines sont consommées par 20 % des humains, qui exploitent bien souvent ceux qui les possèdent. Avant la fin du XXIe siècle, pratiquement toutes les réserves seront épuisées. L'homme est en train de casser le cycle de la vie. Les espèces disparaissent à une cadence mille fois supérieure au rythme naturel…

« Parce que le monde contemporain domine la nature sans dominer le progrès, il a donné naissance à la première civilisation qui n'est plus d'accord avec elle-même », disait André Malraux. La naissance d'une société, si grande soit-elle, émane bien souvent de l'idée qu'un individu a su exploiter ; mais cela ne peut être louable que dans la mesure où celle-ci ne porte pas atteinte aux règnes minéral, végétal, animal et humain.

Sachons regarder le monde avec une vision juste, agissons de manière juste en étant dans la présence des choses, soyons attentifs à ce que nous cautionnons par nos pensées, nos actions, nos achats, analysons le système dans lequel nous vivons avec un œil neuf. De nombreux aspects sont à remettre en cause. Il nous faut réorienter la croissance durablement en reconsidérant les domaines les uns après les autres.

Prenons celui des transports. Les soldats de Napoléon mettaient pour se déplacer le même temps que les troupes de Jules César. La découverte du moteur à explosion a accéléré les choses, allant jusqu'à l'épuisement programmé des ressources pétrolières. Le pétrole a poussé l'homme à s'affranchir du temps, à faire baisser la pénibilité : un litre de pétrole équivaut à cent paires de bras pendant vingt-quatre heures. Au niveau mondial, quatre-vingt-quatre millions de barils sont consommés quotidiennement. Les véhicules 4x4 se sont multipliés, principalement par snobisme : le côté utilitaire est très peu avéré – en revanche, le désintérêt pour les répercussions environnementales est notoire. Pourquoi autant de kilomètres pour transporter la plupart des produits ? Les camions se croisent sur les autoroutes avec les mêmes denrées du Nord vers le Sud et inversement. L'équivalent carbone est bien souvent supérieur au poids de ce qui est transporté. Il devient urgent de consommer localement des fruits et des légumes de saison, de raisonner globalement mais d'agir localement. Les scientifiques s'accordent en effet à dire qu'il nous reste pour environ une cinquantaine d'années de pétrole, la consommation pour les transports s'accroissant de 4 % par an. En gros, deux siècles auront suffi à anéantir une réserve mondiale qui a mis plusieurs centaines de millions d'années à se constituer à la suite de la lente dégradation bactériologique d'organismes aquatiques végétaux et animaux ayant proliféré dans les mers et s'étant accumulés en couches sédimentaires(70). Ceci est d'autant plus inquiétant lorsque l'on prend conscience que le pétrole serait à la planète ce que la synovie est au corps humain. Pourquoi ne pas avoir favorisé plus tôt d'autres technologies pour les moyens de locomotion, comme les moteurs à hydrogène ou ceux fonctionnant avec des panneaux solaires ? Nous

70. Référence : Larousse (1991).

commençons seulement à en entendre parler. Tant mieux !

Plus globalement, un coefficient 13[71] caractérise l'accroissement de la demande énergétique mondiale au XXIe siècle, accroissant de plus en plus l'effet de serre. Le gaz naturel, au rythme où il est consommé, devrait avoir disparu d'ici la fin du XXIe siècle. Il resterait trois siècles d'existence au charbon. Des campagnes sont faites pour sensibiliser les populations aux économies d'énergie alors que, dans le même temps, les éclairages nocturnes sont de plus en plus présents dans de multiples endroits des pays dits développés. Dans les villes, les rues, les monuments sont illuminés ; les petits villages en font de même. Si tous les habitants de la planète copiaient le niveau de vie de la France, il faudrait l'équivalent de trois planètes pour subvenir à leurs besoins – quatre si la référence était les États-Unis. Mais nous n'en avons qu'une et le développement des pays asiatiques, de l'Inde, des pays d'Amérique latine va rapidement poser un gros problème, d'autant plus que la population mondiale est passée de deux milliards et demi en 1950 à pratiquement sept milliards en ce début de XXIe siècle, et est annoncée à neuf milliards à l'horizon 2020. On comprend ici que la réorientation de la croissance soit incontournable.

71. Rapporté par Marianne de Boiredon dans *Inventer une économie yin et yang*, *op. cit.*

Certes, l'énergie nucléaire n'influe pas sur l'effet de serre, mais elle présente des inconvénients tout aussi inquiétants dans la gestion et le stockage des produits et des déchets. D'ici 2025, cette énergie ne devrait représenter que 5 % environ des besoins mondiaux[72]. En France, 80 % de l'énergie est d'origine nucléaire ; notre pays se retrouve seul, avec le Japon, pour continuer à la promouvoir. Une timidité est à noter concernant la recherche et le déploiement des énergies propres telles que le solaire et l'éolien. La France accorde en effet 650 milliards d'euros à la recherche nucléaire, et seulement 45 milliards à la recherche dans les énergies renouvelables. Les Norvégiens, pour leur part, s'inquiètent – à juste titre – des courants de pollution qui atteignent leurs côtes par l'intermédiaire du Gulf Stream, provenant des usines de retraitement de La Hague, en France, et de Sellafield, en Angleterre, où arrivent des déchets nucléaires de toute la planète. Les répercussions de Tchernobyl sont encore bien présentes et nous prenons conscience maintenant à quel point la notion de frontières n'était pas fondée… Souhaitons que le processus de conscientisation conduise l'ensemble des pays à tirer un trait sur le nucléaire, qui, contrairement à ce qui est dit, rend dépendant du fait de la dangerosité de ses déchets à très longue échéance, à savoir plusieurs millénaires. L'Allemagne, qui est le premier produc-

72. D'après Jean-Marie Pelt dans *La Terre en héritage*, Fayard, 2000.

teur mondial d'énergie éolienne, est un bel exemple à suivre ; l'Inde l'a compris, mais aussi les États-Unis, qui arrivent en deuxième position. Ce pays montre là son côté paradoxal : en parallèle, il est l'un des plus grands responsables de l'effet de serre. Émettons le vœu que l'« élévation en conscience » mène à une utilisation d'énergies propres en forte progression (solaire, éolien, mais aussi géothermie et énergies marémotrices et hydroélectriques). À noter toutefois que, du fait du réchauffement climatique, deux cents barrages menacent de se rompre dans le monde, à cause d'un trop-plein d'eau provenant de la fonte de glaciers. Dans son livre *La Terre en héritage*, Jean-Marie Pelt cite un article de Benjamin Dessus dans *Le Monde* du 23 mars 1999 : « Les énergies renouvelables devraient représenter 40 % de la consommation énergétique mondiale en 2050. » Ce serait encourageant d'en être là à la moitié du XXIe siècle.

La deuxième moitié du XXe siècle a donné lieu à cinq cents fois plus de production chimique, cinq fois plus d'engrais, trois cent cinquante fois plus de production synthétique, alors qu'il est scientifiquement démontré leur impact négatif sur la santé, révélé par la recrudescence des allergies, de l'asthme, des cancers, de l'obésité et de la baisse de fertilité. Des études prouvent que les pesticides ont réduit de 50 % la fertilité mâle quel que soit le règne, animal ou humain – et le règne végétal n'est certainement pas épargné. Dans des pays comme la

France, un enfant sur deux est aujourd'hui allergique. Au cours du dernier quart du XXe siècle, les ventes de produits chimiques se sont accrues d'un facteur 9, et cela continue. Produits de nettoyage, de bricolage, de beauté, alimentaires, insecticides, pesticides, engrais, médicaments... se retrouvent partout, et il faut bien souvent un laps de temps beaucoup trop long pour en reconnaître les méfaits. Le scandale de l'amiante en est révélateur, de nouvelles maladies professionnelles sont régulièrement répertoriées, les conséquences de l'utilisation des téléphones portables pourraient d'ailleurs conduire à la déclaration de l'une d'entre elles. Là aussi, le processus de conscientisation apportera des réponses. Quid des nanotechnologies ?

L'épandage de pesticides à grande échelle crée chez beaucoup trop d'agriculteurs des maladies graves, principalement pulmonaires et hormonales, ainsi que des cancers. Ne perdons pas les enseignements de nos aïeux, qui connaissaient maints remèdes naturels tels que le purin d'ortie et autres produits phytosanitaires. Les plantes médicinales ont un effet thérapeutique évident, les producteurs bios l'ont bien compris, et toutes sortes de produits à base de plantes se vendent sur les foires ou dans les magasins bios. Le jus de hoodia – un cactus d'Afrique –, par exemple, est un excellent coupe-faim utile pour combattre l'obésité ; il ne faut toutefois pas en démunir les Bushmen et laisser à cette plante le temps de se régénérer. Un siècle a suffi pour que les trois quarts des variétés que l'homme avait sélectionnées pendant des millénaires disparaissent, à cause d'une uniformisation dans un but de rendement et de maîtrise du mode de reproduction des végétaux. Il est à souligner qu'en Europe la disparition d'un quart des plantes est annoncée pour les trente années à venir. Investissons-nous pour ralentir, voire éradiquer ce processus, par exemple en soutenant des producteurs de fruits et de légumes régionaux, notamment issus de variétés anciennes qui ont toutes les caractéristiques pour s'adapter à leur zone (Nord, Sud, mer, montagne...).

Le pillage de la planète est beaucoup trop fréquent, quelles que soient les ressources. Presque toutes les espèces animales sont en voie de disparition, seuls certains insectes et des êtres du micro-vivant résistent. Un mammifère sur quatre, un oiseau sur huit, un poisson sur trois sont menacés, quels que soient les endroits de la planète. En trente ans, nous venons de perdre 30 % de ce qui vivait sur Terre.

Selon le magazine *Terra Economica* n° 58 de septembre 2008, « 350 ppm[73] de particules d'atmosphère est le seuil maximum de CO_2 autorisé pour maintenir l'équilibre écologique. Jadis, à la surface de la Terre, l'air était composé de 275 ppm de carbone. La révolution industrielle a conduit notre planète à étouffer sous une concentration de

73. Parties par million. Un ppm est l'équivalent d'un cm^3 dans un m^3 d'air.

387 ppm de carbone, croissant de 2 ppm par an ». Le climatologue américain James Hansen a tiré la sonnette d'alarme en décembre 2007, mais l'opinion a du mal à se bouger. C'est un groupe d'étudiants qui a créé le site Internet www.350.org pour éveiller les consciences.

Les forêts amazonienne et équatoriale, poumons de la planète, diminuent de jour en jour – une déforestation qui participe au réchauffement climatique : 20 % de surface en moins en cinquante ans. Treize millions d'hectares disparaissent chaque année : chaque minute, c'est vingt-huit hectares qui sont détruits dans le monde. Les forêts stockent le carbone et en contiennent plus que la totalité de l'atmosphère terrestre. Elles abritent les trois quarts de tout ce qui vit sur Terre. N'oublions jamais que, du fait d'une origine commune, nos cellules fonctionnent de la même façon que celles des arbres ! Aujourd'hui, il ne reste que 2 % des forêts des collines d'Haïti, qui constituaient l'un des joyaux de la planète. Au cours d'un numéro de son émission Ushuaïa, Nicolas Hulot disait : « La civilisation sur l'île de Pâques s'est éteinte lorsque le dernier arbre a été coupé. Il serait temps que les Terriens se rendent compte qu'ils sont en fait des îliens habitant une île perdue au milieu du cosmos. » La déforestation sauvage au gaz napalm en Tasmanie est un scandale, surtout lorsque l'on sait que ce pays détient l'eau la plus pure de la planète. Les terrains acquis sont destinés à des plantations pour donner des « biocarburants » consommés dans les pays riches, qui se donnent ainsi bonne conscience. Le bilan n'est pas du tout écologique et ne règle rien de l'effet de serre : ce que l'on croit gagner d'un côté est perdu de l'autre. De plus, le déploiement de ces cultures pour agro-carburants augmente le risque de pénurie d'eau car un litre d'éthanol, produit à partir de 2,5 kilos de maïs, nécessite 3 600 litres d'eau. À noter que le maïs, comme le soja et le coton, est aujourd'hui majoritairement issu de cultures OGM et produit au détriment de la forêt et de l'agriculture locale. Aux États-Unis, 20 % des 270 millions de tonnes de maïs produites annuellement sont destinées à la fabrication d'éthanol.

L'ère de l'informatique était censée être favorable aux économies de papier. En fait, ce n'est pas le cas : les imprimantes et les télécopieurs sont utilisés à tout va, et les photocopieurs prennent toujours le relais. Les prospectus et les courriers inutiles sont aussi révélateurs des quantités d'arbres abattus pour rien. Un million de tonnes par an sont ainsi distribuées, soit dix millions d'arbres, quinze milliards de litres d'eau et autant de kilowatt/heure[(74)]. Là aussi, soyons attentifs, dans la présence des choses, essayons de consommer et de

74. D'après Marianne de Boisredon dans *Inventer une économie yin et yang*, *op. cit.*

vivre de manière juste, en ne favorisant pas, inconsciemment ou par laxisme, ce que nous dénonçons.

La pollution est partout et devient de plus en plus préoccupante. Rien qu'en Europe, il y a trois cent mille décès par an imputables aux particules indésirables présentes dans l'air. Chaque jour, vingt mètres cubes d'air contribuent au processus de respiration de chaque homme. Quand on sait que l'air est indispensable à la vie, il y a de quoi s'interroger sur sa pollution ! À noter que, dès le berceau, les enfants ont souvent le nez plongé dans les pots d'échappement… Selon l'OMS et l'UNEP (Programme des Nations unies pour l'environnement)(75), trois millions de morts prématurées seraient causées chaque année, majoritairement chez les enfants et les adolescents, dues principalement aux activités minières et industrielles, mais aussi à l'agriculture intensive. Il faut par ailleurs souligner que la croissance rapide des pays en voie de développement aggrave le phénomène.

La diminution drastique des insectes pollinisateurs est alarmante. Pesticides et nitrates vont à l'encontre de la sélection naturelle et favorisent la surproduction. Et que dire des cultures OGM, dont des études mettent en évidence les risques pour la santé et la pérennité du vivant naturel ? Erik Orsenna, dans *Voyage aux pays du coton* (Fayard, 2006), met en exergue « la démarche manipulatrice

75. Rapporté par Philippe Jurgensen dans *L'Économie verte, op. cit.*

de la multinationale Monsanto, qui a commencé par mettre sur le marché un herbicide bien connu, le Round-up, désactivant chez la plante l'enzyme productrice des acides aminés (privée de ceux-ci, la plante meurt), pour ensuite rendre le gène de l'enzyme résistant à cet herbicide et l'insérer dans la plante à cultiver. Cela se pratique entre autres pour le cotonnier. Monsanto fait coup double en vendant simultanément l'herbicide et la semence de la plante qui y résiste. Cette multinationale est allée plus loin en insérant dans le cotonnier le gène du *Bacillus thuringiensis*, qui tue les insectes qui se nourrissent de ces plantes. La plante devient ainsi résistante aux herbicides et aux prédateurs ». Soyons acteurs du processus de conscientisation pour que l'humanité cesse d'aller contre la nature. Pierre Rabhi faisait remarquer lors d'une conférence : « La génétique est organisée depuis les origines de la vie selon certains codes, garants de la pérennité. Brouiller ces lois pourrait être une grave transgression. »

Tout est en équilibre dans la nature. Il suffit de lire les multiples ouvrages de Jean-Marie Pelt pour s'en convaincre. La prise de possession d'une plante par des insectes est bien souvent le signe d'une fragilité, d'un déséquilibre de celle-ci. Les insectes ont un rôle régulateur, la mission d'éliminer les végétaux dont le développement serait néfaste pour la préservation de l'espèce. L'obnubilation des rendements a amené l'industrie chimique à considérer ces insectes comme nuisibles, en communiquant largement dans ce sens, et à créer des insecticides pour les détruire. C'est en faisant un effort de compréhension du langage de la nature que nous irons vers un progrès durable digne du bien-être du monde vivant. Auparavant, un bon jardinier connaissait toutes les mixtures à base de plantes (purin d'ortie, de feuilles de rhubarbe…) et les associations à faire en culture, pour traiter et soigner le potager sans pour autant porter atteinte à la biodiversité. Avoir une vision juste, c'est avant tout comprendre les causes pour pouvoir agir et réagir de manière juste.

Au cours de la seconde moitié du XXe siècle, la course aux rendements agricoles, avec tous les inconvénients liés aux pollutions dangereuses pour la santé, a conduit à la disparition des petites exploitations, alors que la surface des terres cultivées a été multipliée par trois. Le dernier quart du siècle a connu 40 % de production agricole en plus. Philippe Desbrosses disait dans une interview qu'« une exploitation agricole disparaît tous les quarts d'heure en France, une toutes les demi-secondes au niveau planétaire ». L'agriculture est la condition même de la survie de l'humanité dès l'instant où elle est pratiquée de manière adaptée à chaque peuple et chaque région de la planète, et sans faire de surproduction. Dans son livre *No Logo. La tyrannie des marques* (J'ai lu, 2007), Naomi Klein fait remarquer qu'« un pays qui abandonne son agriculture perd son âme ». Alors, œuvrons pour ne pas en arriver là, pour contribuer à la reconsidération des modèles de société en favorisant à nouveau ceux dits vernaculaires, où l'esprit de communauté est privilégié. La première moitié du XXe siècle a connu ce principe en France et dans des pays analogues. Les villages avaient leur menuisier, leur ferronnier, leur boulanger, leur épicier, leur cordonnier, leur garagiste ou leur maréchal-ferrant… Le commerce était prioritairement local, et bien entendu l'agriculture rythmait la vie de tous. Le système des Amap (Association pour le maintien de l'agriculture paysanne) est de ce point de vue une belle initiative. Le principe est d'établir des contrats locaux entre consommateurs et agriculteurs, bios ou pas, mais respectueux d'un certain cahier des charges, de rapprocher intelligemment l'urbain et le rural. Les consommateurs s'engagent à acheter régulièrement une certaine quantité de produits, et l'absence d'intermédiaires permet à l'agriculteur de s'y retrouver au plan financier. L'acheteur, quant à lui, bénéficie de produits frais et sains à des prix abordables. « S'élever en conscience » à l'égard des terres cultivées, c'est ne pas oublier que leur épaisseur n'est que de vingt-cinq centimètres, dont trois d'humus, et qu'elles ne représentent que 10 % des terres émergées[(76)]. À l'échelle de la planète, c'est

76. Dans *Graines de possibles*, Pierre Rabhi et Nicolas Hulot, Calmann-Lévy, 2005.

donc à un film d'une épaisseur quasi nulle que nous devons notre survie. Mais sa pollution a des répercussions bien plus profondes, par migration vers les nappes phréatiques, le sous-sol, au risque de rendre le processus irréversible. Nicolas Hulot, dans *Graines de possibles*, se fait le porte-parole du chimiste visionnaire André Voisin, qui a consacré sa vie à dénoncer l'agriculture intensive et disait : « Qui change le sol change le sang. »

La recrudescence de multiples maladies en est le témoignage. 80 % des pathologies mondiales concernant les humains sont dues aux eaux contaminées – triste constat dont la cause principale est l'industrie chimique à grande échelle. Six cents millions d'hectares sont en voie de désertification. La destruction des couvertures végétales de beaucoup de grandes plaines a conduit à une perte d'humus, déséquilibrant totalement la rétention d'eau dans le sol en fonction de sa nature. Sécheresse et tempêtes de sable ont fait le reste. Et ceci a débouché dans des endroits encore cultivés sur des arrosages intensifs.

Les habitants d'Europe occidentale et des États-Unis sont aujourd'hui privilégiés tandis que 1,3 milliard d'individus n'ont pas accès à l'eau potable et que 2,6 milliards n'ont pas de système d'assainissement performant. Une personne sur quatre vit toujours comme on vivait il y a six mille ans. Une sur six manque d'eau. Un Nord-Américain et un Japonais consomment 600 litres d'eau par jour, un Européen 300 litres, un Asiatique de 50 à 100 litres, un Africain de 10 à 40 litres. L'eau consommée à des fins domestiques est souvent fortement gaspillée. Les prélèvements d'eau ont triplé en cinquante ans – et cela continue. Le nombre de personnes concernées par cette pénurie devrait passer de 400 millions actuellement à 4 milliards d'ici 2025 : 90 % des populations du Maghreb et du Moyen-Orient, par exemple, devraient être affectées. Chaque année, environ 3 millions d'humains meurent à cause de l'eau – dont 2 millions d'enfants de moins de cinq ans, atteints de maladies diarrhéiques. On prévoit que, d'ici 2025, 70 % de la population du globe vivront dans des régions qui connaîtront d'importantes pénuries d'eau consommable.

Qu'en sera-t-il dans nos pays, au train où va la pollution ? L'économiste Philippe Jurgensen annonce dans *L'Économie verte* que l'accès à l'eau sera menacé dans les régions qui connaîtront des élévations de température de deux à trois degrés. En Europe, plusieurs zones pourraient ainsi devenir désertiques. Les innombrables pollutions émises par l'homme conduisent à une acidification des océans nuisible à la faune marine (75 % des espèces marines en danger), à un empoisonnement des nappes phréatiques (61 %, selon l'IFEN[77]), à une souillure des lacs et des rivières (96 %, selon

77. Institut français de l'environnement.

l'IFEN) au fur et à mesure des déversements de produits chimiques de toutes sortes et de médicaments. Rien qu'en France, cent mille tonnes de pesticides sont épandues chaque année. Selon l'Organisation des Nations unies pour l'alimentation et l'agriculture, 375 millions/an de litres d'eaux usées sont rejetés dans les rivières, les fleuves, les lacs, les mers et les océans. Cela donne le vertige !

Cette pollution généralisée est particulièrement inquiétante pour les très jeunes enfants, qui sont dix fois plus vulnérables que les adultes du fait que leur système nerveux et immunitaire est en train de se construire. Plus globalement, les analyses sanguines de la plupart des humains révèlent des taux de toxicité élevés présentant une probabilité non négligeable de cancers. Soyons conscients que c'est la même eau que boivent toutes les espèces vivantes qui se sont succédé sur Terre.

L'eau est également une menace : fonte des glaces – autrefois, les glaciers représentaient 70 % des réserves d'eau douce de la planète –, montée du niveau de la mer, catastrophes naturelles, inondations, intempéries en sont la preuve. En quarante ans, la banquise a perdu 40 % de son épaisseur, cette eau douce partant dans les océans. Il faut savoir que la fonte totale du pôle Nord entraînerait une montée des eaux de sept mètres et, si le permafrost sibérien fondait, nous irions vers une catastrophe gigantesque. Certains experts évoquent actuellement une montée des eaux de deux mètres d'ici 2100 – alors que le point le plus haut des Maldives se situe à 2,3 mètres au-dessus du niveau de la mer ! Des régions entières sont ainsi menacées de disparition. Par ailleurs, l'eau salée infiltre petit à petit les terres arables de certaines îles du Pacifique. Il y a déjà des réfugiés climatiques : la moitié de la population mondiale habite à moins de soixante kilomètres d'une côte, cent millions de personnes vivent à moins d'un mètre au-dessus du niveau actuel de la mer, et onze des plus grandes villes du monde se trouvent sur une côte...

Ce sont bien le non-respect des écosystèmes et la dérive notoire de la gestion des activités agricoles qui ont principalement engendré tous ces bouleversements. La Terre a cessé de prendre des coups sans réagir. Même si nous ne sommes peut-être pas responsables à 100 % du réchauffement climatique, nous y contribuons, nous polluons à tout va et l'eau s'en trouve fortement touchée. Or, elle est à la Terre ce que le sang est à l'humain. Ne soyons pas étonnés que notre planète se rebelle ! L'eau est déterminante pour notre avenir : plus son manque se fera sentir, plus son contrôle deviendra sujet à conflit, plus l'hypothèse de nouvelles guerres risque de se concrétiser – car des peuples seront contraints de migrer du fait des inondations, pendant que d'autres ne trouveront plus d'eau pour boire... L'humanité se trouve désormais prise en étau entre la montée des eaux et l'avancée des déserts ; trop de réchauffement va l'étouffer.

Des sécheresses importantes sont déjà constatées en Amérique latine, en Australie, sur la côte est de l'Afrique, dans beaucoup de régions de Chine, dans plusieurs zones des États-Unis. Pour l'instant, il n'y a que l'Amérique centrale, la Russie et l'Europe qui ne connaissent pas le manque d'eau. Certains pays concernés par la sécheresse commencent à louer ou à acheter de manière stratégique des terres arables dans d'autres pays : c'est le cas de la Chine, de la Corée du Sud, des Émirats arabes unis, du Japon, de l'Arabie Saoudite – déjà 7,6 millions d'hectares concernés. Le monde entame là un nouveau contexte géopolitique lié à la recherche d'eau et de terres cultivables. Cela va demander d'autant plus de vigilance à l'égard de la biodiversité.

Je voudrais ajouter d'autres chiffres pour faire prendre conscience de ce qu'économiser l'eau signifie. L'agriculture intensive – dite moderne – consomme presque 90 % de l'eau douce de toute la planète, et vise à remplacer la diversité par la standardisation. L'élevage des animaux nécessite douze fois plus d'eau que la consommation domestique des ménages. Réduire, voire arrêter la consommation de viande constitue donc un acte solidaire à l'égard de l'eau. Un végétarien fait économiser cinq mille litres d'eau par jour. Produire un kilo de viande bovine demande cinquante à cent fois plus d'eau qu'un kilo de fruits, de légumes ou de céréales, sans compter l'émission de gaz à effet de serre, très nettement supérieure ; un kilo de viande de porc, c'est environ dix fois plus, celle de poulet cinq fois plus. Sur la base d'une douche de cinq minutes, à raison d'un flux de dix-huit litres d'eau à la minute, trois années de douches quotidiennes équivalent à la quantité d'eau nécessaire à la production d'un kilo de viande de bœuf ! Selon les statistiques officielles, la consommation de viande monopolise 60 % des réserves d'eau mondiales. L'ensemble des élevages mondiaux produit plus de gaz à effet de serre que l'ensemble des transports réunis. Il est à noter qu'il y a vingt-trois millions de végétariens en Europe, mais seulement un peu plus d'un demi-million en France. Avoir donné la possibilité aux Français de manger de la viande tous les jours est-il bien un acquis social – surtout lorsqu'on sait que, d'un point de vue diététique, il ne faut pas manger plus de trois fois de la viande par semaine, à raison de cent cinquante grammes à chaque fois, provenant d'animaux n'ayant pas souffert ? Où en est l'époque de la poule au pot d'Henri IV ? Albert Einstein ne pouvait être plus visionnaire lorsqu'il disait : « Rien ne bénéficiera autant à la santé humaine et n'augmentera autant les chances de survie de l'humanité sur Terre que l'évolution vers une alimentation végétarienne. » À ce sujet, le journal *Pratiques de santé* n° 90 de mai 2009 révèle que des scientifiques vietnamiens de l'université de Hô-Chi-Minh-Ville ont mis en évidence le fait que consommer des protéines animales n'influait pas positivement sur la densité osseuse. Des tests comparatifs ont été réalisés sur des femmes omnivores et des nonnes bouddhistes végétaliennes du même âge : non seulement les densités osseuses sont identiques, mais il n'a pas été constaté de différence significative à propos des taux d'ostéoporose.

Pour ma part, puisque je ne mange pratiquement plus de viande, je peux prendre mes douches froides sereinement – d'autant plus que le fait de m'adonner au yoga du froid me conduit à très peu m'habiller, donc à moins dépenser l'eau nécessaire aux productions textiles !

Les préjudices portés aux 3 % d'eau douce accessibles sur la planète en feront de plus en plus un produit recherché, un or bleu qui sera bien plus prisé que l'or noir qu'est le pétrole. Comprenons combien il est important de rester vigilant en ne cautionnant pas ce qui est contraire à la qualité de ces 3 % d'eau douce, dont 70 % sont aujourd'hui destinés à une agriculture majoritairement intensive. Parviendrons-nous à contrer le pouvoir égoïste des multinationales de l'eau ? Oui, s'il y a un nombre suffisant d'individus « élevés en conscience » se mobilisant pour les autres... La répartition de cette eau à la surface du globe, tant en qualité qu'en quantité, n'est pas homogène. Des recherches sont à mener pour permettre une distribution plus équitable. Les usines de dessalement de l'eau de mer sont probablement prometteuses à cet égard. En un siècle, les glaciers ont perdu la moitié de leur surface. Les scientifiques estiment que, d'ici 2025, tous les glaciers de l'Himalaya auront disparu. Sachant que le Gange, l'Indus, le Brahmapoutre, le Mékong, le Thanlwin, le Yangtze et le fleuve Jaune y prennent leur source, cela donnera d'abord lieu à d'importantes inondations, à des glissements de terrain, puis à une inexorable pénurie d'eau. Le problème est identique pour les glaciers des Andes. De plus en plus de zones géographiques de grande ampleur vont devenir inhabitables. La problématique des glaciers, ajoutée à celle de la montée des eaux, annonce des moments très difficiles, des catastrophes contre lesquelles la solidarité et le raccrochement sincère à des valeurs humaines seront une impérieuse nécessité. 50 % des zones humides de la planète ont disparu : constituées de marais, elles sont des filtres écologiques, de gigantesques éponges dont la fonction est d'absorber en période humide et de restituer à la saison sèche. Les zones humides représentent 6 % de la surface de la planète. Le détournement du Jourdain a conduit à diminuer le niveau de la mer Morte, laquelle baisse d'un mètre par an : elle a perdu 30 % de sa superficie en un demi-siècle et devrait avoir totalement disparu d'ici 2050. Le Colorado, lui, n'atteint plus la mer. En quarante ans, le lac Tchad a perdu 95 % de sa surface. La mer d'Aral a presque totalement disparu. Dans le Nevada, la surconsommation d'eau des habitants de Las Vegas[78] fait baisser le niveau du lac Mead. Il est déjà très tard pour réagir : ne poussons pas le bouchon trop loin !

Du fait du réchauffement climatique, les polluants (pesticides, métaux lourds, nitrates...) que l'on retrouve dans toutes les eaux des fleuves et des mers atteignent la banquise, qui fond régulièrement, et se concentrent dans le plancton servant de filtre. Celui-ci est consommé par les crevettes, qui alimentent à leur tour les poissons, lesquels sont avalés par les phoques, dont les prédateurs sont les ours blancs. Ces polluants se retrouvent donc dans la graisse des phoques, qui constituent la nourriture principale des Inuits et des ours polaires, qui sont alors atteints avec le temps de troubles digestifs et autres dérèglements plus ou moins importants. Le nombre de cancers du sein a ainsi doublé chez les Inuits ; le lait maternel est aussi contaminé. Il existe d'innombrables exemples révélateurs de la déstabilisation par la pollution de peuples habitués à vivre naturellement. Certains peuples d'Amazonie ne peuvent plus consommer de poisson riche en oméga-3 du fait de la contamination des eaux par le mercure utilisé dans la recherche de l'or.

78. Mille litres d'eau par jour et par personne en moyenne, deux fois plus que la moyenne nationale, quatre fois plus que celle de la France. Cette surconsommation donne lieu actuellement à l'étude d'un projet d'aqueduc géant pour faire venir l'eau de bien plus loin, afin de sauvegarder cette ville artificielle gigantesque faite de béton, de verre et d'acier, et dont l'activité est tout aussi artificielle...

Il y a aujourd'hui 820 millions de personnes sous-alimentées dans le monde, la majorité vivant dans des régions arides. Chaque jour, 18 000 enfants meurent de faim. Procéder globalement en conscience, c'est admettre que la solution ne réside pas dans l'envoi de victuailles à ces populations – d'autant plus qu'elles proviennent de l'agriculture intensive –, mais bien dans l'enseignement de technologies adaptées à leur contexte, dans l'apprentissage de la culture locale, dans le fait d'avoir de l'eau, de se loger, d'accéder à une autonomie énergétique... Comme le montrent beaucoup d'ONG, il faut aller les aider sur place. La promotion du commerce équitable et du microcrédit comme le conçoit Muhammad Yunus(79) y contribue également.

Utah Philips(80) l'a affirmé : « La Terre n'est pas en train de mourir, on est en train de la tuer. Et ses meurtriers ont un nom et une adresse. » Pourquoi autant d'inconscience ? Celle-ci ne seraitelle qu'apparente ? Ne devrait-on pas parler plutôt de « conscience téléguidée » ? Que les plus « élevés en conscience » se rassemblent et s'impliquent pour conscientiser leur entourage, afin qu'il y ait de plus

79. Lire *Recherche volontaire pour changer le monde*, Laurent de Cherisey, Presses de la Renaissance, 2008.

80. Utah Philips (1935-2008) s'occupait des travailleurs, décrivant les luttes ouvrières et la puissance du contact direct. Il était aussi chanteur de folk, conteur, poète. Il se considérait comme anarchiste et mettait souvent en valeur les travailleurs du monde entier dans ses musiques, ses actions et ses paroles.

en plus d'humains enclins à se mettre au « chevet de la Terre[81] », notre mère nourricière à tous, membres du vivant. Du livre d'Albert Jacquard *Petite philosophie à l'usage des non-philosophes* (Calmann-Lévy, 1997), retenons que « la Terre pourrait nourrir plus de dix milliards d'êtres humains, mais si ceux-ci sont aussi exigeants que les Occidentaux actuels qui détruisent des richesses non renouvelables, alors moins d'un milliard est un maximum dans un proche avenir ». C'était la population du globe au XVIIIe siècle ! Même si la mondialisation peut présenter des avantages en matière d'échanges, de mise en commun du savoir, des questions sont à se poser quant aux délocalisations de production, générant une pollution due en partie aux transports, néfaste pour la couche d'ozone, et conduisant aussi à plus de chômage et de précarisation des emplois dans nos pays – alors que les pays asiatiques, pour ne citer qu'eux, peuvent produire par leurs propres moyens et pour leurs propres besoins. Il serait sans doute plus juste de rééquilibrer les marchés, de favoriser les entreprises à taille humaine pour produire localement, plus durablement, en conscience, et réfuter le diktat des multinationales. Le développement du service après-vente en maintenance de matériels et équipements à plus forte longévité est sans doute à reconsidérer. Notre système est en effet à bout de souffle et, en

81. Expression utilisée lors du sommet de la Terre à Rio en 1992.

vertu du concept d'« élévation en conscience », nous ne pouvons continuer d'accepter que la richesse soit concentrée entre les mains d'un très petit nombre. Jean-Marie Pelt prouve que sa vision est juste à cet égard lorsqu'il dit : « La loi du plus fort, du toujours plus, de la mainmise sur les marchés, va à l'encontre de la solidarité entre l'économie et l'écologie, les employeurs et les employés, les générations, les pays. » C'est en préférant une tri-articulation homogène au niveau des sphères économique, sociale et environnementale, en faisant en sorte qu'aucune ne soit prépondérante sur les autres, que le monde aura une chance de s'en sortir. Le déséquilibre est par définition instable et ne peut donc engendrer la pérennité. Un rééquilibrage serait, de mon point de vue, envisageable si le monde fonctionnait en phase adulte : nous verrons plus loin quel mode de fonctionnement global y contribuerait.

Face à toute action, avant toute prise de décision, il serait souhaitable de se poser systématiquement ces trois questions : quelle est la rentabilité financière du projet ? Est-il garant de la santé de ceux qui y travaillent, des utilisateurs ? Est-il viable pour l'environnement ?

Seules trois réponses positives autoriseraient la réalisation du projet. Prenons l'exemple du porte-avions Clemenceau : le désamiantage était prévu en Inde car la main-d'œuvre y est à moindre coût, inconsciente et non protégée, la destruction des déchets n'était pas clairement établie ; seule la rentabilité financière avait été appréhendée, le social et l'environnement avaient été négligés, voire occultés. Il a fallu que l'association écologiste Greenpeace dénonce et s'oppose à ce projet pour qu'il soit reconsidéré après renoncement des autorités indiennes : le navire est revenu en France pour être démantelé chez ses concepteurs. L'éthique aurait dû conduire d'emblée à ce type de solution. De la même façon, dans un autre ordre d'idée, les dégazages en pleine mer pour gagner du temps, donc de l'argent, se font au détriment de l'environnement mais aussi du social vis-à-vis des gens qui nettoient les plages avec tous les risques que cela suppose. Ils sont plus polluants que les marées noires car en bien plus grand nombre et récurrents.

Oui, l'« élévation en conscience » est éminemment requise, mais ne perdons pas de vue qu'elle est liée à la phase adulte, où le participatif est privilégié. Le sauvetage de la planète est l'affaire de tous. L'égoïsme des pollueurs, notamment financier, ne peut continuer. Réagissons sans attendre, avant que ce ne soit l'envolée des problèmes de santé qui l'impose. Arrêtons notre inconscience, dont le très lourd passif pèsera longtemps sur les générations à venir. Nous devions seulement emprunter la Terre à nos enfants, qu'allons-nous leur laisser ? Pouvons-nous encore infléchir ce processus dévastateur qui n'aura rien épargné ? Ne pas respecter la Terre, c'est ne pas l'aimer – alors changeons ! L'euphorie financière, vécue surtout depuis un demi-siècle, nous a éloignés de la nature, de ses mystères ; nous sommes devenus insensibles à sa beauté et avons perdu la plupart des repères qu'elle offre à l'humanité depuis des temps immémoriaux. Nous vivons bien plus souvent dans des ensembles de béton et de verre, à l'air confiné, obligés de mettre parfois des masques, que dans la campagne, au grand air. Le manque de soleil est néfaste pour la santé. Nous courons tout le temps, sommes devenus nettement matérialistes. Nous vivons pour beaucoup dans le superficiel, où séries et jeux télévisés, grandes surfaces commerciales rythment notre vie. Prenons conscience de toute cette illusion et revenons à de vraies valeurs. Refusons de vivre dans le virtuel où le système nous pousse, ouvrons les yeux et mobilisons-nous pour que notre mère nourricière ne nous renie pas. Renouons avec la nature, dont les possibilités d'enseignement sont inépuisables. Soyons-y attentifs, car c'est la Terre qui nous dira comment revenir à plus de sagesse, être enfin matures.

Pour être comprise, elle a besoin de l'aide inconditionnelle des plus « élevés en conscience ». Ce qui nous distingue des animaux, c'est notre capacité à imaginer demain. Ne galvaudons pas ce merveilleux don de la nature. Refusons de vivre égoïstement et douillettement, et sachons nous exprimer sur ces dérives. Les humains ne peuvent avoir la prétention de dominer la nature, leur destin s'inscrit dans un univers aléatoire. La taille de la planète, ramenée à l'échelle de l'univers, doit faire prendre conscience aux humains que, n'ayant pas choisi ce miracle naturel qui les prédétermine, ils doivent comprendre les limites de leur liberté. En revanche, ils sont libres d'organiser leur vie dans un bonheur commun. C'est parce qu'ils ont l'entendement et la conscience qu'ils doivent s'évertuer à mettre leur créativité à faire aboutir le monde vers le bonheur, le bien-être durable. Nous ne vivons pas dans un écosystème aux ressources illimitées et, quoi que nous fassions, que nous inventions, nous n'aurons toujours qu'une planète. Il est temps que les acteurs économiques prennent conscience de la responsabilité collective que nous devons tous avoir vis-à-vis de son équilibre. L'environnement, l'écologie ne sont certainement pas pénalisants pour l'économie, mais constituent au contraire une réelle opportunité. C'est au nom d'une solidarité planétaire que les humains pourront trouver des solutions pérennes et bénéfiques pour la nature, qu'ils parviendront à diminuer les inégalités tout en respectant les différences, qu'elles soient physiques, culturelles, ethniques... Faisons tout pour que les trajectoires de l'humanité et de la nature n'entrent pas en collision.

VERS UN MONDE SAIN

« L'arbre qui tombe peut faire beaucoup de bruit, la forêt en germination n'en fait aucun. Le monde n'est pas tel qu'il est. Il est tel que nous le faisons. » (Gandhi, cité dans Recherche volontaire pour changer le monde, *op. cit.)*

« Tout le monde savait que c'était impossible à faire. Puis un jour quelqu'un est arrivé qui ne le savait pas, et il l'a fait. » (Winston Churchill, Triomphe et Tragédie (mémoires de guerre), *Éditions Rombaldi, 1972)*

« La plus grande priorité de l'humanité et de réintégrer le monde naturel. » (Jonathan Porritt, dans Le Tao de l'écologie, *op. cit.)*

Face à ce monde que l'on peut effectivement qualifier de malsain, un monde en marge des valeurs humaines tant prônées dans ce livre, un monde certainement pas en phase adulte, il est souhaitable qu'un maximum d'individus, guidés par leur conscience, se mobilisent. Dès lors que nous avons une vision juste de ce monde, nous ne devons pas être fatalistes, mais au contraire nous investir pour éveiller un maximum de consciences individuelles de manière à « élever la conscience collective ». Voir le monde de manière juste, c'est ne pas cautionner les injustices au niveau des classes sociales, des peuples, des ethnies, des sexes. C'est agir pour que tous les êtres humains vivent dignement, mangent à leur faim, aient les moyens de se nourrir correctement, de boire une eau non polluée. Il est bien connu que l'union fait la force. Le yoga, qui est de plus en plus reconnu dans les pays occidentaux, continuera sans l'ombre d'un doute à rassembler de plus en plus de gens autour de vraies valeurs. Sa connotation de lien prend ici tout son sens à l'égard du collectif ; il génère l'union. C'est un excellent moyen de rencontre saine, chacun pouvant à son tour diffuser autour de lui la richesse de cet enseignement, susciter des envies de pratiquer, de travailler sur soi, de s'impliquer pour autrui. Agissant sur les comportements, il apporte des réponses localement, au sein des groupes d'élèves qui s'ouvrent en conscience et contribuent alors à la démultiplication du processus. À titre personnel, je constate qu'il y a de plus en plus de gens autour de moi qui souhaitent suivre la voie que je me suis tracée en ce sens.

On parle aujourd'hui de yoga dans le monde entier et c'est une excellente chose, car cette progression du travail sur soi, notamment au travers des deux membres yama et niyama, fait d'autant plus voir la souffrance de la planète, dont nous sommes partie intégrante. Plus on va en soi, le plus en profondeur possible, plus on comprend ce que ressent notre Terre, et bien évidemment plus cela s'avère intolérable, insoutenable. Forts de cette vision, nous pouvons innover dans nos manières de faire, d'être, de voir les choses pour ainsi inspirer confiance, redonner de l'espoir en faisant comprendre que l'avenir de la planète et de l'humanité est entre nos mains à tous et que plus il y aura de personnes menant des actions saines et dignes du développement et du bien-être durables, plus la minorité à laquelle j'adhère aujourd'hui se renforcera et deviendra réellement influente.

Cette déontologie, ce dynamisme, cet investissement individuel se répercuteront au niveau collectif, alimentant ainsi des formes pensées et donc des égrégores. Ce début du XXIe siècle est clairement initiateur d'« élévation en conscience » : nous comprenons au cours de cette crise qui sévit de façon structurelle au plan financier, économique, environnemental et sociétal que nous allons vers un nouvel ordre mondial. Il ne faut donc pas rater le tournant. Le côté manipulateur du système dans lequel nous vivons doit cesser. Plus il y aura d'individus pour refuser les aspects superficiels, virtuels et de dépendance dans lesquels ce système a intérêt à nous enfermer pour mieux influer sur nous, plus la sagesse et la liberté retrouveront leurs lettres de noblesse. La vie n'a pas lieu d'être rythmée par la télévision, fortement abêtissante aux heures de grande écoute, par les multiples grandes surfaces et toutes leurs perfidies, par toutes les peurs que l'on veut nous faire avoir pour nous inciter à vouloir être sous protection. L'incitation au repli sur soi, à la peur de l'autre, l'encouragement de l'individualisme, des comportements égoïstes, pour que la consommation continue de s'accroître, doit cesser. La sphère économique ne peut rester supérieure à celles de l'environnement et du social. Les valeurs humaines doivent redevenir le souci collectif majeur et détrôner ainsi les concepts de pouvoir d'achat et de consommation, qui sonnent de plus en plus faux.

Il est temps de renouer avec la solidarité. Avoir une vision juste de la vie conduit à avancer en confiance, à réfuter l'appréhension, la peur conditionnée par nos mémoires, nos blocages, et entretenue voire attisée par le système dans lequel nous vivons. Croyons en la vie, ne baissons pas les bras, résistons au formatage qu'on tend à nous imposer, ne soyons pas défaitistes mais réalistes et agissons pour que le monde change. Il suffit de regarder et d'étudier les multiples exemples qui, de par le monde, ont apporté des solutions pour procurer plus de bien-être à des individus pour être convaincu que ce n'est pas impossible, que cela demande juste de l'audace, de la confiance, de la persévérance, de la vigilance. Nous pouvons tous à notre échelle en faire de même. C'est en exerçant notre vigilance, en étant dans la présence des choses que nous avons la possibilité d'œuvrer pour changer le monde, quelle que soit la portée, l'importance de notre action. Si petite soit-elle, dès l'instant où elle apporte sa pierre à l'édifice « durabilité », elle est remarquable. Dans tous les métiers, il y a des gens qui « s'élèvent en conscience » et se mobilisent pour faire progresser vers ce monde meilleur, équitable, sociable, respectable, y compris chez les journalistes, dont certains s'efforcent de mettre en lumière les actions humanitaires et nous motivent ainsi à nous inscrire dans le processus de conscientisation. Il est nécessaire d'être bien au fait de la problématique à laquelle notre planète doit faire face, et il est important aussi d'avoir une idée globale des actions qui sont menées pour apporter des réponses. Le lecteur peut mesurer combien le fait d'avoir une vision globale juste, à titre individuel, au plan collectif par le biais des entreprises, des associations, des écoles où les personnes travaillent sur elles-mêmes, mène à une vision globale juste, à grande échelle, en ne négligeant aucune forme de vie. Le processus de conscientisation est à l'humanité ce que la notion de germination est à la végétation. Il nécessite du temps, mais se consolide au fur et à mesure de son avancement. Souhaitons qu'il puisse donner naissance à une culture planétaire commune à tous les peuples, pour aller vers le respect mutuel, la tolérance, la solidarité.

Ne pas cautionner les lobbies permet de favoriser les solutions locales et de renouer avec des méthodes et des modes de vie ne laissant pas les peuples mourir de faim et de soif. Certes, le concept de mondialisation résulte des progrès technologiques en tous domaines, les moyens de communication (Internet, téléphonie mobile, médias...) et les transports sont de plus en plus performants et rapides, mais l'argent ne peut continuer à être la seule motivation. Il est temps de donner une connotation d'humanisation à la mondialisation en allant vers un équilibre juste. Comme l'a souligné Erik Orsenna dans *Voyage au pays du coton*, « la mondialisation qui annule l'espace veut aussi tuer le temps ; peut-être que le renchérissement du prix de l'énergie, en redonnant un vrai coût aux transports, redonnera de la réalité à l'espace et ressuscitera le temps ». Il est temps que les acteurs économiques prennent conscience de la responsabilité collective que nous devons avoir vis-à-vis de l'équilibre de la planète. L'environnement, l'écologie ne sont certainement pas des contraintes, mais constituent au contraire une réelle opportunité pour l'économie. Le monde économique ne peut en effet continuer à représenter un problème majeur pour l'équilibre naturel. « S'élever en conscience » est un progrès durable et nous amène à comprendre que la plus grande liberté est celle de notre propre liberté générant de la liberté chez les autres. Jean-Marc Governatori, président de l'ancien parti politique *La France en action*, a très justement dit dans son livre *Vivre, c'est possible* (Le Courrier du livre, 2006) : « Nous avons besoin de liberté pour nous épanouir, mais liberté sans responsabilité ni fraternité est synonyme de calamité. » La liberté exige de la rigueur – l'une des valeurs de la charte de l'usine K – car dès l'instant que l'appropriation des règles est avérée, on devient libre.

Il est indéniable que, grâce à la science, la vie est devenue aujourd'hui plus confortable et plus agréable pour beaucoup d'entre nous ; mais certains succès ont engendré des processus intolérables et des ravages irréversibles, tant au niveau humain qu'au plan environnemental. Tout savoir extérieur n'est profitable que s'il engendre une sagesse intérieure.

L'écologie est à considérer comme un problème universel de survie collective, non comme un parti politique. La montée des partis écologistes aux élections européennes de juin 2009 est toutefois un signe de « l'élévation des consciences ». Souhaitons que l'ensemble des hommes politiques sachent en tenir compte sans que cela soit de la démagogie ! Dans une interview au magazine *Terra Economica*, Alain Juppé souligne très justement : « C'est aussi à nous, décideurs politiques, d'agir concrètement, dans les domaines qui intéressent notre société tout entière : le logement, l'éducation, la lutte contre la précarité et la pauvreté. Construire un avenir partagé, c'est-à-dire dans un cadre démocratique, avec une volonté de vivre ensemble, n'est réalisable qu'avec l'implication de tous, le Nord et le Sud, les privilégiés et les fragilisés, notamment dans les villes. Car c'est bien là que le politique peut mesurer son pouvoir de changer, d'améliorer les choses pour ses concitoyens. Du local au global, c'est au niveau des villes que se joue la réduction des gaz à effet de serre. L'urgence climatique à l'échelle planétaire se mesure d'abord à l'échelle de la consommation individuelle. Et c'est son environnement proche qui va stimuler, aider, encourager l'individu à mieux consommer, plus sobrement, plus solidairement. »

Il est temps que les gouvernements comprennent que le pouvoir implique plus de devoirs que de droits. La taille des multinationales leur conférant plus de puissance que les gouvernements, celles-ci devraient être assujetties aux contrôles de responsabilité et de transparence que nous exigeons de nos institutions publiques : des procédures juridiques sont assurément à mettre en place.

Être un acteur du développement et du bien-être durables, c'est procurer du bonheur autour de soi, et ceci joue alors sur le moral de celui qui donne et de ceux qui reçoivent. Cette attitude est en droite ligne avec la valeur « respect de l'autre ». Travailler sur soi conduit chacun de nous à comprendre sa mission, le rôle précis qu'il peut jouer. Plus on va profondément en soi, plus on accroît sa compréhension de l'autre, son empathie, sa compassion, plus par conséquent on œuvre pour un monde meilleur.

Il ne faut jamais perdre de vue que, malgré les progrès spectaculaires des moyens de communication, rien ne peut remplacer notre unicité, dont notre ADN est le témoignage. Comprenons que cela représente une force indéniable, qui, bien utilisée, peut soulever des montagnes, alimenter des égrégores, faire d'une action locale une démarche mondiale. C'est pourquoi il ne faut pas baisser les bras, mais au contraire nourrir la yog'entreprise planétaire, qui, à force d'unions, de liens multiples, mènera au changement dont notre monde a tant besoin. La démarche que je mène au sein de l'usine K prouve combien il est important d'oser le changement, d'être un innovateur volontariste, de surmonter les peurs pour promouvoir le facteur humain, mettre l'autre en valeur, aller à sa rencontre. Plus cet élan devient naturel, plus le retour est fort, plus on reçoit et progresse de plus en plus vite. C'est parce que j'ai compris qu'en alliant plusieurs principes de fonctionnement on était bien plus fort que j'ai fortement progressé au plan personnel et que je peux aujourd'hui en faire bénéficier mon entourage familial et professionnel, et plus largement tous ceux pour qui je sème dans le mental. Cela rend foncièrement heureux car la joie d'apporter aux autres est la plus grande des richesses pour un humain. Il y a maintenant plusieurs années, lorsque j'étais amené à côtoyer le monde du yoga, je ne savais que dire car trop enfermé dans celui de l'industrie. Le travail sur soi m'a fait comprendre que l'on pouvait parler du monde industriel aux adeptes de yoga, et qu'il était également possible d'apporter le yoga et sa philosophie dans le contexte de l'entreprise. Relier la philosophie du yoga au fonctionnement de l'entreprise est une démarche désormais parfaitement claire dans mon esprit, et c'est pour cela que je deviendrai un yogi de l'entreprise et un entrepreneur du yoga. Telle est ma mission. C'est cette vision juste qui me permet aujourd'hui de faire toutes sortes de rencontres, de conscientiser un maximum de personnes grâce à des conférences que je donne partout en France dans l'espoir que cela dépasse les frontières et puisse contribuer à humaniser la mondialisation. C'est une forme de réponse au mal-être de la planète et de l'humanité.

Ne perdons jamais de vue qu'au plan humain, quel que soit l'endroit sur la planète, nous sommes tous égaux, nos références sont communes, la nature humaine est immuable. De ce fait, nul ne peut prétendre avoir des droits sur les autres, seulement des devoirs à leur égard. Toutes les religions, les cultures convergent vers une même vision du monde, une puissance créatrice identique pour tous. La mondialisation rapproche les consciences et invite à réfléchir au fait que nous avançons tous vers une recherche commune de notre existence, du pourquoi de la vie, que la diversité des modes de fonctionnement et des points de vue enrichit et consolide notre quête. Dès l'instant où l'on « s'élève en conscience », on ne peut continuer à tolérer, accepter les injustices ; c'est pourquoi un certain nombre se mobilise pour les autres. C'est en nous respectant mutuellement dans nos différences que nous pourrons contribuer au changement, désormais vital pour la Terre et les êtres qu'elle héberge naturellement. Le rassemblement et l'évolution en nombre de ceux qui adhèrent à cette analyse dénuée d'intérêt personnel permettront de valider l'essai.

Il suffit de lire le livre de Laurent de Cherisey, *Recherche volontaire pour changer le monde*, pour comprendre que rien n'est impossible pour peu que l'on ait la ferme conviction que l'action que l'on mène peut avoir un impact pour le bien-être d'autrui, du vivant en général, de la planète. Bien entendu, toutes ces actions demandent de la volonté, un fort investissement personnel, de la persévérance, l'envie d'agir et de réussir, de surmonter ses peurs. Je voudrais citer quelques exemples, en précisant que tous ceux mentionnés dans le livre sont remarquables :

– Le cas de Guillaume Bapst, qui a fondé l'Association nationale de développement des épiceries solidaires (Andes), qui achète des produits d'alimentation, d'hygiène et de bien-être à prix coûtant pour les rétrocéder aux épiceries membres à des prix situés à 8 % de leur valeur publique. Cela couvre tout juste les frais d'acquisition et de transport. L'Andes est devenue le cinquième réseau d'aide alimentaire de France.

Cette association apporte une réponse aux plus démunis, qui peuvent ainsi envisager des projets personnels et influer sur leur propre vie.
– Au Brésil, le Dr Vera Cordeiro a créé l'association Renascer (« renaître »), dont le but est d'animer des équipes de bénévoles pour ce que l'hôpital ne peut faire auprès des mères et des enfants déshérités du gigantesque bidonville de Rocinha. Les mères sont ainsi formées aux soins et aux tâches quotidiennes de la vie. Le processus a pris de l'ampleur et Vera Cordeiro a été élue femme de l'année en 2001. Aujourd'hui, son action s'étend dans d'autres pays du globe.
– On peut aussi évoquer Bill Drayton, qui a inventé le « capital-risque philanthropique » pour détecter, financer et soutenir à travers le monde des « entrepreneurs sociaux innovants ». Ashoka International a ainsi vu le jour et soutient actuellement mille sept cents personnes réparties sur tout le continent américain, en Asie, en Afrique et en Europe.
– Craig Kielburger, un Canadien de douze ans qui a « secoué le monde » en dénonçant le scandale des enfants esclaves. Pour cela, il a fondé une organisation de jeunes : FTC (Free The Children), encore appelée Enfants-Entraide. Elle a entre autres « participé à la construction de quatre cent cinquante écoles primaires en Asie et en Afrique, a aidé à ouvrir un camp d'éducation à la paix pour les enfants africains meurtris

par les guerres »... Craig Kielburger devrait devenir Nobel de la paix et a reçu plusieurs prix, en particulier le prix Nelson-Mandela.

– Maria Nowak, quant à elle, a fondé la « banque des pauvres » ADIE (Association pour le droit à l'initiative économique), qui applique en France le principe du micro-crédit inventé au Bangladesh par Muhammad Yunus, lui-même prix Nobel de la paix 2006.

– Abdellah Aboulharjan est à l'origine de l'association JEF (Jeunes entrepreneurs de France), qui a permis des « créations d'entreprises et d'emplois avec un taux de pérennité de 75 % », meilleur que la moyenne nationale. Cette association a mis en place des structures pour faire accompagner des jeunes vivant dans des quartiers défavorisés par des entrepreneurs de moins de trente-cinq ans qui ont connu le succès et proviennent des mêmes quartiers.

– Jacques Baratier, décédé en 2007 à quatre-vingts ans, a fondé une ONG d'appui au développement, Agrisud International, dans le but de favoriser la création de petites entreprises en Asie et en Afrique, en identifiant les besoins locaux, en formant les gens, en utilisant le micro-crédit, en fournissant un minimum d'équipements, en donnant des conseils techniques, commerciaux et financiers... Seize mille micro-entreprises ont ainsi été créées, et plus de soixante mille emplois durables.

– Takao Furuno est un Japonais qui a décidé de passer à l'agriculture biologique pour sa rizière. Passionné, il a recherché comment les anciens pratiquaient et s'est rendu compte qu'il fallait faire cohabiter des canards *aigamo* et le riz. Les volatiles sont laissés à barboter jusqu'à la formation des fleurs d'épi. Ils mangent les insectes, les limaces et les escargots qui s'attaquent aux plantations, mais pas les semis de riz. Ce fabuleux écosystème a permis à Takao Furuno de n'utiliser ni désherbants ni pesticides. Les fientes des canards servent d'engrais et leurs pattes stimulent les tiges des plants. Takao Furuno produit pratiquement deux fois plus de riz à l'hectare que ceux qui sont restés aux pesticides, et la qualité du riz est meilleure. De plus, il peut commercialiser les œufs de ses canards. Cette méthode a fait des émules : dix mille fermiers procèdent aujourd'hui de même.

Procurer du rêve aux autres les aide à réussir. Ces exemples parmi tant d'autres sont révélateurs de toutes ces yog'entreprises qui naissent grâce à des idées innovantes émanant de gens qui ont su travailler sur eux-mêmes pour restituer au centuple vers les autres. Chacun a su trouver le moyen de contribuer à changer le monde, l'efficacité de l'action dépendant de son aptitude à créer, des risques qu'il a osé prendre dans l'intérêt d'autrui, du collectif, du vivant. Les exemples évoqués montrent aussi que le souci des autres et du monde dans lequel ils vivent est l'affaire de tous sans aucune barrière, même pas l'âge, comme le prouve le cas de Craig Kielburger.

Est également à pointer l'exemple de Jacqueline Délia-Brémond[82], qui a créé la fondation Ensemble, reconnue d'utilité publique, dont le but est d'« améliorer les conditions de vie de ceux qui souffrent tout en restaurant leur environnement ». Cette fondation soutient principalement des projets où les femmes sont majoritairement concernées : « Les femmes sont le nœud des solutions que nous réalisons », dit Jacqueline Délia-Brémond. La fondation Ensemble intervient prioritairement dans les domaines de l'eau et de l'assainissement, en y consacrant les deux tiers des fonds. Ceci apporte une aide directe aux femmes de beaucoup de pays émergents, contraintes bien souvent de puiser et de transporter l'eau à la force de leurs bras. Le programme Solar Power a également été initié pour leur apprendre à monter, à entretenir et à réparer des panneaux photovoltaïques. Cela permet à ces populations d'être plus autonomes, et en particulier aux femmes d'être davantage respectées par leurs conjoints et d'avoir plus de liberté. Soixante-dix-sept programmes sont actuellement en cours, dont un en France, qui a pour but de « valoriser des fruits et légumes invendus sur le marché de Rungis pour les mettre à disposition des plus démunis ». Depuis sa création, la fondation Ensemble a soutenu un peu

82. Voir *Nouvelles Clés* n° 62, juin-juillet-août 2009.

plus de cent projets et y a consacré plus de douze millions d'euros.

Lors d'une journée-évènement, en novembre 2009, sur le leadership éthique, organisée par « Recherches & Évolution, l'école des leaders éthiques », certains témoignages ont été donnés. Je souhaite les rapporter ici :

– Celui de Nicolas Métro, fondateur de la société Kinomé, qui développe des solutions permettant aux entreprises de participer à des programmes rentables et éthiques de revalorisation des forêts. Son but est d'inverser la déforestation en plantant à l'horizon de dix ans deux arbres par personne au niveau planétaire. Le projet Trees and Life peut être consulté sur Internet (www.treesandlife.com).

– Celui d'Éric Allmang, porteur du projet Incub'Ethic, structure d'incubation dans le domaine du développement durable, fondée sur les repères du leadership éthique. Il a pris conscience de la nécessité d'agir face aux dérèglements climatiques en préparant les entreprises. Il leur propose un conseil et développe de nouveaux services apportant des réponses concrètes en matière de logistique, d'innovation, d'insertion, de technologies propres…

– Celui de Véronique Chabernaud, qui a fondé la société Créer la vitalité après s'être repositionnée par rapport à l'industrie pharmaceutique, où elle a commencé sa carrière en tant que médecin.

Son but est d'accompagner les entreprises dans le déploiement d'une véritable vision de la santé, la promotion de la santé au travail, de privilégier le préventif en développant la vitalité, en mettant en évidence le concept de ressenti, non abordé pendant les études de médecine.

– Celui de Caroline Sost, qui a créé Living School, une école qui prépare les enfants à devenir des citoyens épanouis et responsables en fondant leur épanouissement global selon trois axes : savoir-être, écocitoyenneté, coéducation.

– Celui d'Alexandre de Carvalho, fondateur de la société Sankhôfa, qui impulse des projets innovants, globaux et intégrés dans les pays en voie de développement, dont le premier laboratoire international à lancer des médicaments génériques en Afrique.

Gardons confiance en la vie, prenons du recul par rapport aux médias qui, bien souvent, spéculent sur les catastrophes, les menaces, la peur du pire… Tous ces « entrepreneurs sociaux », qui cadrent bien avec le vocable de yog'entrepreneurs, font la démonstration que, si l'on sait vaincre ses peurs, et surtout cette peur du pire, alors beaucoup de choses sont possibles et porteuses d'espoir. Laurent de Cherisey cite cette parole très évocatrice de mère Teresa : « Notre travail est une goutte d'eau. Cette goutte est nécessaire. On ne fait pas de grandes choses, seulement des petites, avec un amour immense. L'océan est fait de gouttes d'eau. »

Il est rassurant de constater que, par la volonté, il est possible de ne pas se résoudre à ce que la civilisation moderne occulte la vie intérieure des individus, et que c'est justement celle-ci qui les pousse à s'investir pour les autres. Plus on va profondément en soi, plus on comprend le vécu des autres et plus on a envie de les aider. Plus on découvre son chemin de vie et la mission qui nous incombe, plus on éprouve de bonheur dans l'action altruiste. On mesure ici toute l'importance qu'il y a à savoir s'autogérer, s'intéresser à soi, entreprendre un changement comportemental à l'égard de ses différents corps pour ainsi devenir maître de sa propre yog'entreprise. Plus il y aura d'individus sensibles à cette démarche, plus il sera alors possible d'engendrer des collectivités s'appropriant alors elles aussi le concept de yog'entreprises. L'essaimage de toutes ces yog'entreprises fera que le monde lui-même aura une chance de devenir à son tour une colossale yog'entreprise fonctionnant selon le concept de phase adulte. Il est grand temps de remettre l'humain au cœur des actions et des décisions pour ainsi aller vers un changement de société, une culture fondée sur la durabilité du vivant et de son bien-être. La clé du succès de cette nécessité de changement réside en effet dans l'humain et non dans le système. La technologie et la science ne sont que des conséquences des recherches, des expériences, des analyses, des idées émanant des hommes. Pour réorienter le fonctionnement du monde, il s'avère donc nécessaire que le regard porté sur l'humain change lui aussi, car il constitue la solution à la préservation du vivant et donc de lui-même, dès l'instant où l'on part du principe qu'il n'est pas déjà trop tard. Sachons être à l'écoute de tous nos semblables et, si nous ressentons de l'aversion pour certains, allons au devant d'eux, ne cherchons pas à les éviter, parlons avec eux pour trouver le moyen d'agir ensemble. L'essentiel est de croire que c'est possible et de ne pas avoir peur.

Il serait bien de créer une organisation mondiale qui permettrait de rééquilibrer le monde en contre-balançant en particulier l'OMC (Organisation mondiale du commerce) et l'OMS (Organisation mondiale de la santé). En écho au yoga et à toute sa philosophie, le sigle de cette organisation pourrait être OME pour Organisation mondiale de l'éthique. Phonétiquement, ce serait un clin d'œil au mot « homme » ; mais il reproduirait aussi le son « Om », régulièrement chanté par les adeptes du yoga. Ce son représente la résonance du bruit émis par le big-bang, il témoigne de la vibration de l'univers et de son Créateur. De même que ce son est chanté trois fois de suite, nous pourrions faire un triple rapprochement du « E » du sigle OME avec les « E » de Environnement, Écologie, Eau – mais aussi Écosystèmes, Ethnies, Écoles, ou encore Économie, Emploi, Entreprise. Ces trois triades ne peuvent en effet se concevoir sans éthique si l'on souhaite qu'elles soient traitées de manière saine. Si les objectifs de tous les acteurs de la vie économique consistent à retrouver des valeurs humaines, à ne pas être dans le jugement, à développer le sens de la responsabilité universelle, à réinstaurer la cohésion sociale, à ne pas faire de différences entre les individus, à privilégier la justice et la paix, alors le changement du monde pourra s'envisager beaucoup plus sereinement. Le respect des droits de l'homme devrait être d'actualité partout dans le monde. Combattons l'individualisme pour favoriser le collectif pour que les gens de toutes tendances se rencontrent, osent aller les uns vers les autres, se parlent, échangent des idées, de manière à générer une émulation culturelle, responsable, adulte. Je n'insisterai jamais assez sur l'impérieuse nécessité de travailler sur soi pour aller plus facilement et naturellement vers les autres. Ceci procure la liberté, invite les autres à venir vers soi pour soutenir ses projets et aider à les mettre en œuvre. Mettre en valeur le concept de yog'entreprise, c'est prôner la diversité, rassembler au maximum des individus, des collectivités différentes, de manière à éviter de se retrouver dans des organisations tribales.

C'est en rassemblant le plus largement possible, en mettant en commun nos opinions, idées, expériences, que l'on pourra sortir de ce marasme dans lequel le système tend à nous enfoncer de plus en plus, retrouver chacune et chacun son identité. Fonctionner en yog'entreprise, c'est se trouver dans l'action et la création – le propre de l'entrepreneur –, mais aussi faire preuve de sensibilité, d'intuition, de compréhension de soi et des autres, ceci étant plus en reliance avec la philosophie du yoga. Un yog'entrepreneur est quelqu'un dont le travail sur soi conduit à être autant cerveau gauche que cerveau droit, à être autant yin que yang. Bien qu'opposés, ce sont deux principes complémentaires : le yin représente la force féminine associée à la lune, un réceptacle pour la vie ; le yang est lié à la force masculine associée au soleil(83), l'impulsion pour donner la vie. La vision orientale de la vie sur Terre est fondée sur ces deux principes. L'analyse du monde actuel conduit à dire qu'il est majoritairement yang et que, par conséquent, un déséquilibre existe. Il suffit de réfléchir aux multiples injustices entre les peuples, entre les riches et les pauvres, les hommes et les femmes, aux nombreuses frustrations liées à une tendance clairement matérialiste dans laquelle le système nous place, ou encore aux négligences inhérentes à l'environnement et à la santé pour comprendre qu'il est urgent de procéder à un rééquilibrage. Celui-ci passe indubitablement et globalement par la montée du yin à titre individuel et collectif. Les pays pauvres sont, eux, à prédominance yin, mais

83. Marianne de Boisredon écrit : « Le yang apporte le masculin, l'énergie, l'expansion, le plein, le grand, l'actif, le visible, le mouvement, le haut, le manifeste, l'extérieur, l'éclatant, le changement, le montré, le sec, le léger, le sud, l'été, le clair, le chaud, le feu, le blanc et la lumière. Le yin traduit la féminité, la réceptivité, l'intériorité, l'écoute, la lenteur, la profondeur, le repos, la douceur, la liquidité, le noir, l'ombre, le bas, la lourdeur, le caché, la concentration, l'horizontalité, le vide, le froid, l'eau et la passivité. »

pour vivre dignement ils ont besoin de retrouver plus de yang. Il est bien connu qu'il n'est jamais bon de s'écarter de l'équilibre. Promouvoir la philosophie de la yog'entreprise consiste justement à évoluer de manière équilibrée. La culture occidentale des pays dits développés pousse à la rentabilité, à l'efficacité et à la mise en valeur de la performance et de la force : c'est clairement le yang qui prédomine. Ce qui est fragile, faible, diminué, inquiète – il suffit de voir ce qu'endurent les handicapés, les vieillards, les sans-emploi, les SDF, les grands malades pour comprendre à quel point la dimension yin fait défaut. Ces composantes de la société nous mettent tous autant que nous sommes face à cette réalité de la vie, nous stimulent pour épauler ceux dont nous pouvons faire partie d'un moment à l'autre, elles appellent au réveil du yin. Ce qui est rattaché au yang contribue beaucoup plus au rapport d'argent, à la conquête, que ce qui concerne le yin, lié davantage au social. Pourtant, ce sont principalement les valeurs humaines qui nous permettront de poursuivre notre évolution, notre quête de qui nous sommes, d'où nous venons, où nous allons et pourquoi, notre mission. Pour cela, il faut de la patience, de la persévérance, du calme, aller au plus profond de notre intériorité pour d'autant mieux comprendre les autres et donc le monde qui nous entoure. Ceci est typique du yin et explique qu'il est temps qu'il y ait autant de femmes que d'hommes aux fonctions à responsabilité, y compris les plus élevées.

Il nous faut savoir travailler en commun, négocier, développer les notions de solidarité, d'entraide, de compréhension, de dialogue pour pouvoir retrouver la conscience de notre destinée humaine : c'est dans le yin que cette aptitude se trouve. Sachons le comprendre et nous investir pour que soit restaurée cette part féminine de l'humanité qui n'a que trop été dénigrée. Les femmes ont en elles depuis très longtemps ce qui sera propre à changer le monde, à aller vers un monde nouveau. Si les hommes conscients de cela font l'effort de développer leur côté yin, d'aimer sans honte le féminin qui est en eux, alors un élan de réconciliation de chacun avec la profondeur de son être, ses racines, la Terre, mère nourricière, sera possible. La paix de l'humanité passe incontestablement par la reconnaissance et le respect du féminin. Il est remarquable que les femmes se soient démenées pour être à égalité avec les hommes, mais il n'est pas souhaitable pour autant qu'elles imitent les hommes, car c'est bien d'un renforcement de yin que le monde a besoin, non d'un accroissement de yang chez les femmes. La vigilance est ici requise de manière à ce que toute forme de manipulation émanant des hommes, pour favoriser la croissance spéculative, soit tuée dans l'œuf. L'humanité a encore une chance de subsister si chacun d'entre nous fait l'effort de comprendre son prochain, de lui procurer du bien-être, de l'aimer, tout simplement. Pour cela, il est donc nécessaire, je le répète, de travailler sur soi pour devenir autant yin que yang, autant cerveau gauche que cerveau droit. Hommes et femmes portent en eux les deux aspects yin et yang ; ce qu'il faut, c'est développer la part qui nous est naturellement la moins attribuée. Sur un plan physiologique, les femmes sont à la fois cerveau gauche et cerveau droit, alors que les hommes sont naturellement cerveau gauche ; peut-être ceux-ci ont-ils ainsi plus de travail à faire que les femmes !

Le fonctionnement propre à l'usine K aujourd'hui montre la prise en compte de ces notions dans la manière équilibrée de gérer l'entreprise, l'action sur le facteur humain étant prépondérante sans pour autant que l'atteinte des objectifs et résultats financiers soit négligée. Si la société en général parvient à reconnaître chaque individu dans sa spécificité, quelle qu'elle soit, même si elle ne rapporte rien au niveau pécuniaire, alors la valeur « respect de l'autre » prendra toute sa place et sera prépondérante dans la réorientation du monde, de son fonctionnement et de son développement. Chacun a son rôle à jouer et doit être reconnu pour sa contribution humaine. Nous ne pouvons continuer à raisonner en termes de rendement uniquement car l'ampleur des dégâts est alarmante. Seule la fibre humaine, pour peu qu'on la retrouve réellement et sainement, est susceptible de remettre le monde et l'humanité sur la bonne voie.

C'est bien la vision purement financière des choses qui a mené à la crise que l'on connaît en ce début de XXIe siècle. Une crise mondiale structurelle, économique et financière à laquelle se juxtaposent une crise environnementale, une crise sociale et une crise sociétale. Globalement parlant, cette crise est donc plus importante et lourde de conséquences que celle de 1929. Certes, celle-ci faisait suite à un krach[84] qui a débouché indirectement sur la seconde guerre mondiale, obligeant les gens liés à la finance à reconsidérer leurs fonctions et statuts sociaux dès la paix rétablie. Rien ne devait plus être comme avant – mais la griserie de l'argent a rapidement repris le dessus pour aboutir à des aberrations bien plus importantes puisque la fonction financière s'est éloignée des réalités de l'entreprise et s'est mise à faire travailler l'argent de manière vertigineuse, sans contrepartie de production de biens. La crise qui s'est déclarée fin 2008 est venue des acquisitions d'actifs à crédit. En effet, plus le crédit est élevé, plus les prix des actifs augmentent, et plus nombreux sont les acheteurs incités à s'endetter puisqu'ils peuvent gager leurs crédits sur des actifs de plus en plus chers.

Ce processus a débouché sur la crise immobilière que l'on connaît, laquelle a conduit à l'éclatement de la bulle financière. Nous assistons ainsi à un tsunami planétaire dont nous ne connaissons pas le

84. Ce krach a été engendré par la « capitalisation de l'optimisme, la carence des consommateurs, l'accumulation des capitaux, le développement de la spéculation et l'enrichissement des riches », disent Jean-François Daigne et Xavier Joly dans *Tempêtes sur la finance* (Flammarion, 1988).

terme. On constate là cet aveuglement de ceux qui possèdent l'argent, cet excès de yang : les banques ont considéré avoir tout intérêt à prêter beaucoup et donc à s'endetter dans les mêmes proportions. C'est le levier du crédit qui a mené à tous ces excès sans que personne ne perçoive à temps le danger de cet emballement. Beaucoup de monde ont profité du système de titrisation[85] et ne percevaient que des avantages dans cette fuite en avant. Dès lors que l'on est dans une bulle spéculative et que le prix ne trouve plus de justification au regard des flux futurs de revenus, le phénomène finit par éclater au grand jour. Les acheteurs ont soudainement manqué, les subprimes dont la probabilité de défaut était la plus élevée ont généré les premières défaillances et ont engendré le naufrage de ce Titanic financier en même temps que la panique générale. Ceci marque l'initialisation d'un nouveau fonctionnement mondial : les flux financiers vont s'inverser, le centre de gravité de l'économie et de la finance va se déplacer vers l'Orient, mais la mondialisation se poursuivra. Si les problèmes financiers n'ont jamais qu'une connotation matérielle, les atteintes à l'environnement, les problèmes de sociétés touchent, eux, directement à la planète et à l'humanité, ce

85. La titrisation est une opération permettant aux établissements bancaires de céder leurs créances à des organismes appelés « fonds communs de créances », ceux-ci émettant des titres négociables sur le marché. Cette opération de titrisation a donc pour objet de transformer des créances bancaires en titres (Petit Larousse 2005).

qui est éminemment plus grave. La réorientation de la mondialisation et de la croissance, si celle-ci est encore possible, est donc incontournable. Si les Européens parviennent à bien intégrer la nécessité du rééquilibrage du yin et du yang mais aussi des sphères économique, politique et de la société civile, à œuvrer pour aller vers une démarche de yog'entreprise, alors il se pourrait que cette crise soit un levier de renforcement de la construction européenne. Monopolisons-nous donc pour que l'Europe devienne l'exemple à suivre, la référence saine d'un nouvel ordre mondial.

Au plan humain, cette notion d'équilibre est intéressante à analyser car dès l'instant que c'est dans ses actions au contact des autres qu'un individu acquiert sa spécificité, plus il y a d'équilibre yin et yang au niveau collectif, plus il y en aura chez l'individu considéré. La rencontre des êtres se fait telle la propagation des ondes, c'est-à-dire en cercles concentriques[86]. On comprend que plus il y aura de yog'entrepreneurs, de yog'entreprises équilibrés, plus ce concept alimentera l'égrégore correspondant et se propagera de manière exponentielle. Tel doit être l'enjeu du XXIe siècle !

C'est à travers tout ce qui régit le vivant que les qualités yin se révèlent. La yog'entreprise est l'entreprise qui n'oublie pas, à propos de son (ses) métier(s), que le but principal des savoir-faire et

86. Lire *Le Livre du vide médian*, François Cheng, Albin Michel, 2004.

des techniques est l'amélioration de la qualité de vie, l'apport de bien-être. C'est également celle qui aura une vision économique en cohérence avec ce principe. Une entreprise fonctionnant en phase adulte connaît un équilibre yin et yang. Ceci est le cas de l'usine K, où il y a égalité des préoccupations pour les produits réalisés et les salariés. La charte des valeurs et son appropriation par les individus constituent sans ambiguïté la preuve d'un côté yin d'égale importance au côté yang, plus soucieux de la rentabilité financière. Dès lors que la distribution des bénéfices concerne à la fois les actionnaires et les salariés de l'entreprise, c'est plus le yin qui est en action car le facteur humain est pris en considération. Management participatif, écoute, confiance et respect de l'autre sont entre autres liés au yin.

Tout être humain porte naturellement en lui ces deux dimensions ; c'est en favorisant leur libre évolution, notamment par le travail sur soi, que nous pourrons prétendre retrouver un monde équilibré.

Cette vision d'une équité yin et yang conduira l'humanité à être de plus en plus sensible à la problématique environnementale et sociétale que connaît aujourd'hui la planète. Il est rassurant de constater que le processus de conscientisation s'accélère. Des personnalités médiatiques, véritables éveilleurs de conscience, se démènent pour que les comportements changent : Al Gore a alerté avec son film *Une vérité qui dérange*, Alastair Fothergill s'est placé en éveilleur de conscience avec son film *Un jour sur Terre*, mais aussi Yann Arthus-Bertrand avec *Home* et ses émissions *La Terre vue du ciel*, Nicolas Hulot avec son film *Le Syndrome du Titanic*, ses émissions *Ushuaïa* et ses livres, Georges Pernoud avec *Thalassa*. Jean-Marie Pelt, Dominique Belpomme, Philippe Desbrosses, Pierre Rabhi, Albert Jacquard, Jean-Marc Governatori et bien d'autres en ont fait de même avec leurs livres et leurs conférences. On peut souligner également le courage et l'implication du chef d'orchestre et pianiste Daniel Barenboïm – lequel a quatre nationalités, argentine, israélienne, palestinienne et espagnole –, qui se bat infatigablement pour la réconciliation entre Israéliens et Palestiniens, donc pour la paix. Beaucoup d'autres agissent à leur échelle. Quelle que soit l'action menée, si petite soit-elle, dès l'instant où elle va dans le sens de la réhabilitation de l'humain, du vivant et de la planète, elle est forcément remarquable.

Nous ne stockons pas aujourd'hui les énergies renouvelables. L'hydrogène liquide peut permettre de stocker de l'électricité car son retour à l'état gazeux procure de l'électricité. Les raisons économiques et l'expérience de vie limitée des énergies fossiles (charbon, gaz naturel, pétrole) poussent à faire des recherches techniques, telles le condensateur à supraconducteur remis au goût du jour alors que le projet avait été enterré en 1982 car le monde sortait de la crise pétrolière. La pile à combustible[87] connaît aujourd'hui des avancées notoires et a de l'avenir dans les domaines des groupes électrogènes, des véhicules, des téléphones et ordinateurs portables. Les moteurs thermiques sont maîtrisés et peuvent s'adapter à l'hydrogène sans problème. Selon l'AFH_2, « ces moteurs sont capables d'assurer la transition vers une économie de l'hydrogène, notamment pour animer une voiture hybride, qui serait totalement propre ». Il est bien que l'on commence à prendre conscience de l'aspect « indépendance énergétique », où l'hydrogène a indiscutablement son intérêt car, contrairement au nucléaire, il ne génère pas de déchets. Il a l'avantage d'apporter des solutions locales et de s'intégrer dans une réflexion en filières globales. La géothermie présente aussi un intérêt dès l'instant que l'on reste vigilant à l'égard du milieu naturel, des nappes phréatiques. Nous avons tous la responsabilité de l'endroit où nous nous trouvons, où nous vivons, où

87. La pile à combustible fonctionne sur le mode inverse de l'électrolyse de l'eau et est constituée de cellules en série dont chacune comporte deux électrodes garnies de catalyseur (l'anode pour l'oxydation de l'hydrogène, la cathode pour la réduction de l'oxygène) et un électrolyte entre les deux, qui bloque le passage des électrons mais laisse circuler les ions. Le point de fonctionnement moyen des piles est choisi pour un rendement électrique brut de 50 %. Le rendement global en cogénération atteint 80 %.

L'hydrogène n'existe pas à l'état libre dans la nature ; il faut l'extraire de composés hydrogénés (eau, alcools et hydrocarbures) grâce à divers procédés qui tous nécessitent un apport d'énergie primaire. La recombinaison de l'hydrogène avec l'oxygène de l'air, avec pour seul rejet de l'eau pure, peut produire de la chaleur, mais restitue surtout l'énergie sous forme électrique par l'intermédiaire d'une pile à combustible, ou mécanique avec des moteurs thermiques classiques. Référence : Association française de l'hydrogène (AFH_2).

nous travaillons. Dès l'instant où nous gérons nos déchets, ceux-ci deviennent des ressources et offrent en conséquence une possibilité de développement économique. Il est important de savoir gérer la juste quantité de CO_2 nécessaire à la vie, de gérer son flux. Les déchets sont à considérer comme des sources de vie dès lors que l'on en respecte le cycle d'existence jusqu'au retour à ce qui est nécessaire pour faire pousser les végétaux. Mettons en équation notre vie et l'économie et prenons en compte dans nos réflexions une très forte dose d'humanité, en ne perdant jamais de vue que les principaux piliers sont le social et l'environnemental.

Il apparaît clairement qu'il est temps d'inventer la « société décarbonée », c'est-à-dire sobre en carbone, utilisant nettement moins, voire plus du tout à terme, de pétrole, de charbon, de gaz naturel, pour s'orienter vers des énergies renouvelables et non polluantes. L'utilisation d'énergie électrique ou à hydrogène pour les transports en commun, ainsi que l'isolation des bâtiments(88) et l'utilisation d'énergies renouvelables permettraient aux grandes villes de réduire leurs émissions de gaz à effet de serre de 90 %(89). La baisse des transports polluants, le développement de l'éco-mobilité (trans-

88. En Europe, le secteur du bâtiment consomme encore plus du tiers de l'énergie globale et représente le plus grand gisement d'économies d'énergie.

89. Selon une étude commandée par Siemens (référence : *Nouvelles Clés* n° 62, juin-juillet-août 2009). Fribourg, en Allemagne, est un bel exemple.

ports en commun, vélos, covoiturage, autopartage), la baisse de la consommation de viande et donc des élevages intensifs, grands cautionneurs de modes de production dévastateurs, sont également des idées en faveur de la diminution de l'effet de serre. Le sort du monde devait se jouer en décembre 2009 lors du sommet de Copenhague, suite de celui de Kyoto : il n'y a pas eu d'accord conséquent, mais ce sommet a permis à un maximum d'individus de tous pays de se focaliser sur la problématique environnementale. Le débat est aujourd'hui clairement posé.

Aux premières phases d'un modèle de développement, un pays pollue beaucoup plus, et cela peut se comprendre quand il n'y a pas d'antécédents connus ou reconnus. Ce qui n'est pas acceptable, c'est que les pays émergents reproduisent les mêmes erreurs que nous. Si nous savons coopérer avec eux pour qu'ils évitent d'aggraver la situation, c'est le yin qui est en jeu, si au contraire nous les exploitons et leur laissons pollution, malnutrition et maladies, c'est alors le yang qui est prédominant, et donc la spéculation financière. La gravité de la situation économique concerne l'humanité dans son intégralité : nul n'a le droit de dire : « Puisque des pays ont agi de telle façon à une certaine époque, d'autres peuvent faire pareil aujourd'hui au regard de leur degré d'évolution. » Non, cela n'est pas responsable, et surtout pas en phase avec le concept de développement durable. Tout pays a le droit de se développer, mais il a le devoir de le faire de manière responsable et durable en fonction des connaissances et avancées technologiques du moment.

Les ONG prouvent que l'engagement rend heureux et qu'en aidant des peuples à progresser sur leur lieu de vie, sur la terre de leurs ancêtres, alors le monde retrouvera du sens, les transports seront nettement moindres, car moins d'aberrations dans les échanges commerciaux, et la pollution affaiblie par voie de conséquence. C'est la force du lien entre la santé et l'environnement qui accélérera le fait de faire bouger les choses, qui réveillera les consciences. On peut parfaitement vivre avec moins et tout aussi bien. Il est temps que les pays aient des visions partagées pour la gestion de l'eau, et ceci sans tenir compte des frontières. Nous nous en sortirons si nous parvenons à réconcilier le social et l'environnemental. Si l'on prend conscience que la biodiversité est assimilable à un château de cartes et que nuire à une espèce peut conduire à l'écroulement du reste, alors nous aurons fait un grand pas. Tout le vivant est interconnecté. Pour que la biodiversité soit entretenue, il faut que la société humaine soit partie prenante. Le cautionnement du commerce équitable, le développement du bio, le passage de l'agriculture intensive vers une agriculture au moins envisagée avec plus de raison (le bio étant de loin préférable) sont des beaux exemples d'amélioration de la problématique mondiale. Essayons de ne pas opposer progrès et environnement, et considérons celui-ci comme un facteur de progrès, une opportunité de réorientation de la croissance. Ceci est possible grâce à la progression du nombre de yog'entrepreneurs, lesquels agissent en écolo-développeurs.

Les créatifs culturels[(90)] sont d'excellents exemples de yog'entrepreneurs. Ils s'investissent pleinement dans une dynamique pour guider la société de manière plus humaine et plus écologique. La politique n'est pas leur leitmotiv ; ce qu'ils souhaitent, c'est être positionnés et reconnus au sein de la société en étant libres de leurs paroles et de leurs actions. Leur but est d'influer de façon responsable, intelligente et humaine sur les décisions prises dans ce monde. Ils s'organisent pour peser sur les entreprises dans le sens d'une évolution positive soucieuse du développement et du bien-être durables. Les actions qu'ils mènent sont de nature à pousser l'entreprise à adopter une gouvernance prenant en compte le facteur humain ; ils sont à l'écoute des collaborateurs et ne sont pas avares d'informations de toute nature pourvu qu'elles soient bénéfiques à ceux-ci. Leur approche de management, fondée sur l'intelligence collective, en fait des leaders naturels. Ils agissent en éveilleurs de conscience. On les retrouve dans tous les domaines et leur implication est de plus en plus utile et

90. Lire *L'Émergence des créatifs culturels*, Paul H. Ray et Sherry Ruth Anderson, Éditions Yves Michel, 2001, et *Les Créatifs culturels en France*, Association pour la biodiversité culturelle, Éditions Yves Michel, 2007.

nécessaire à la sauvegarde de la planète, du vivant et de l'humanité en particulier. Le créatif culturel se caractérise par les critères suivants :

- il aime la nature et est préoccupé lorsqu'il constate des agressions à son égard ;
- le sort de la planète dans sa globalité le soucie et il milite pour plus d'actions correctives, une réorientation de la croissance et moins de pouvoir financier ;
- il est disposé à payer plus de taxes, à faire des dons, si cela peut avoir un impact positif sur l'environnement ;
- il est très attaché à la qualité des relations humaines ;
- il s'investit pour aider les autres et les mettre en valeur ;
- le bénévolat est pour lui une motivation ;
- développement personnel, travail sur soi, « élévation en conscience » et spiritualité rythment sa vie ;
- les intégrismes religieux l'inquiètent ;
- il est partisan de l'égalité entre hommes et femmes, et souhaite la parité dans tous les secteurs ;
- il s'insurge contre la violence à l'encontre des femmes et des enfants dans le monde ;
- il s'implique pour un avenir meilleur et s'exprime clairement pour que l'argent public bénéficie à l'éducation et au bien-être des enfants, à la réhabilitation des quartiers et communautés,

à un système stable, équilibré, humainement et écologiquement pérenne ;
– il rejette les clivages politiques ;
– il essaie de rétablir la vérité par rapport aux manipulations des politiques et des médias ;
– il s'implique à fond pour le changement de la société et du monde ;
– il dénonce les entreprises qui font du profit au détriment du facteur humain ;
– il combat la surconsommation et gère ses dépenses ;
– il ne cautionne pas la manière qu'a le système de pousser les gens à la compétition, le succès par l'argent, le matérialisme à outrance, les signes extérieurs de richesse et de luxe ;
– il est sensible aux rencontres, aux découvertes de cultures, et il est respectueux de tout ce qui concerne autrui.

À l'image de Maud Fontenoy, qui a traversé l'Atlantique à la rame grâce à sa persévérance, à sa volonté, à sa confiance en elle, nous avons les moyens de traverser étape après étape cette crise écologique et climatique dès l'instant que l'on y croit. C'est le solutionnement de celle-ci qui rétablira la confiance et enrayera de fait les crises économique, financière et sociétale. Si nous nous investissons pour étudier des solutions permettant une allocation plus juste des ressources mondiales, alors nous aurons plus de chances de préserver la paix et l'harmonie, ceci d'autant plus à une époque où plus personne, plus aucun peuple, ne peut prétendre être isolé du reste. La sagesse, la vision juste veulent que nous acceptions le changement perpétuel dont la mondialisation est un aspect, mais également que nous veillions à ce que ce ne soit pas au détriment de certaines populations, de la biodiversité, de l'écosystème. Ceci représente l'un des défis majeurs pour ce XXIe siècle. Bien que cela ne soit pas aisé du fait de la diversité des cultures, c'est dans le concept du respect d'autrui que la confiance peut s'instaurer. Il est temps de prendre conscience qu'aucun peuple n'est supérieur aux autres, que nous sommes tous des locataires de la planète et que c'est ni en s'opposant ni en se faisant la guerre que nous parviendrons à sauver notre Terre. Il n'y a plus de temps pour cela, nous devons désormais agir pour préserver l'humanité et sauvegarder notre poussière de l'univers, car quoi qu'il puisse arriver à notre planète, l'univers n'en sera pas ébranlé. Les exemples cités dans ce chapitre sont prometteurs mais, pour éviter une catastrophe environnementale, nous devons aller bien au-delà. Nous avons tous notre part de responsabilité et d'influence par rapport à ce que sera le futur. Donc, mobilisons-nous chacun à notre échelle, avec nos moyens, en ne nourrissant pas le découragement et la sinistrose, qui ne solutionnent rien. Devenons de vrais yog'entrepreneurs, des écolos responsables partout où nous travaillons, enseignons, œuvrons de manière bénévole ou non, pour stimuler, inciter ceux qui nous emploient, si grands soient-ils, à devenir des yog'entrepreneurs, des yog'gouvernements, et à prendre les décisions qui s'imposent pour que notre planète subsiste et que les générations qui nous succéderont connaissent encore du bonheur, du bien-être, de l'amour. Il est absolument nécessaire que la prise de conscience évolue très vite vers une « élévation en conscience » la plus large possible. En effet, comme le souligne Hervé Fischer, ingénieur environnement et chargé de mission pour la revue *Confrontation Europe*(91) : « Nous sommes la dernière génération à pouvoir tenter quelque chose pour éviter que le réchauffement climatique n'enclenche de nouveaux cycles naturels qui jetteront définitivement l'humanité hors des sentiers du développement. » Il est urgent de changer notre modèle de développement et de nous mobiliser avec vigueur pour la promotion des hommes et des technologies capables de favoriser la société décarbonée grâce, entre autres, à la diminution des transports, des énergies fossiles, et à l'amélioration de l'isolation des immeubles. Les actifs d'aujourd'hui ont pour mission de réorienter la société humaine en lui faisant prendre conscience de la nécessité de reconsidérer les modalités de ses besoins, où éthique et solidarité sont désormais les fondements de son évolution. Si nous sommes conscients que le XXIe siècle est un siècle d'« éléva-

91. Voir la revue *Confrontation Europe* n° 87, juillet-septembre 2009.

tion en conscience », alors arrêtons de philosopher et agissons.

Je souhaite de tout cœur, de toute mon âme, que ces idées puissent alimenter l'égrégore afférent et le faire croître le plus rapidement possible.

Conclusion

> *« Nous devons être le changement que nous voulons voir dans le monde. » (Gandhi, cité dans* L'Art de la méditation, *Matthieu Ricard, Nil Éditions, 2008)*
>
> *« Les êtres vivants sont si liés, si étroitement enchaînés les uns aux autres qu'ils visent tous le même but et qu'un grand nombre de buts intermédiaires sont subordonnés à celui-ci. » (Linné, cité dans* Le Tao de l'écologie, *op. cit.)*

Il est bien d'appréhender le concept de yog'entreprise dans sa vision la plus élargie possible. À l'échelle individuelle, nous avons vu que le travail sur soi est primordial pour progresser vis-à-vis de soi-même, des autres et du monde qui nous entoure.

Plusieurs moyens d'aide au travail sur soi existent, le yoga étant, de mon point de vue, le plus complet. Prendre soin de son corps et de son mental est crucial pour rester en bonne santé et pouvoir restituer le meilleur de soi-même vers autrui.

En agissant de la sorte, nous devenons ainsi des yog'entrepreneurs vis-à-vis de nous-mêmes, des yog'entreprises donnant aux autres sans être forcément dans l'attente d'un retour. Plus il y a d'individus procédant de cette manière, plus les collectivités sont alimentées pour devenir à leur tour des yog'entreprises développant des mentalités de yog'entrepreneurs. C'est cela qui fait la force de l'usine K. Une entreprise a aussi à travailler sur elle-même en définissant ses propres valeurs, en s'intéressant au facteur humain, en ayant le souci permanent du bien-être des individus qui la composent, mais aussi de ceux qui consomment ses produits et dépendent d'elle, de près ou de loin.

Le travail sur soi, inhérent à la conscience, à l'essence de l'être, est le facteur clé d'évolution en phase adulte car il replace les individus face à eux-mêmes et les incite à mieux se tourner vers les autres après avoir fait leur propre diagnostic. À une échelle plus large, l'humanité a également à faire un travail sur elle-même, à développer une conscience globale, afin d'identifier les aberrations qu'elle est amenée à cautionner, sciemment ou non. Cela est capital pour l'avenir de la planète et vital pour les générations à venir. Un nouveau fonctionnement est à créer sur la base solide d'un changement de culture profond au niveau du globe, une yog'entreprise planétaire. Sachons mettre nos talents au service de la vie et œuvrer pour que ce principe devienne l'énergie motrice d'un maximum d'individus. Pensons globalement et agissons localement. Ne devenons pas étrangers au monde naturel et pensons à demain. Ne laissons par les outils que nous inventons déterminer notre mode de vie et prendre insidieusement le pouvoir.

Comprenons le message de la crise initiée fin 2008 et sachons en tirer les conclusions. Comme toute crise, c'est une période de déséquilibre. Elle est toutefois différente de toutes celles vécues jusqu'ici. Elle nous fait prendre conscience à quel point l'écologie, au sens large du terme, a tout lieu de primer sur l'économie. Contrairement à la logique économique, la logique écologique est la même pour tous, y compris pour les générations à venir. Cette dernière est éthique et met en évidence de réelles valeurs humaines comme le respect, la responsabilité, la solidarité... La pollution chimique, désormais présente sur l'ensemble de la planète, dans tous les milieux, ainsi qu'une surexploitation destructrice de la Terre sont de nature à sonner le glas de l'humanité. Nous entrons dans un goulet d'étranglement : réagissons avant qu'il ne soit trop tard. Rendons-nous à l'évidence : dans la nature, la raison du plus fort n'a pas obligatoirement sa place, tous les êtres vivants dépendent les uns des autres et ne doivent pas négliger la solidarité. Les humains sont concernés au premier chef : ils ont des obligations qu'ils doivent non seulement percevoir mais également ressentir au plus profond de leur être.

Cette crise tripartite (financière, environnementale et sociétale) et mondiale révèle clairement la fin d'un système ; elle est une période transitoire où d'importantes remises en question s'avèrent impératives. Elle met en évidence l'accélération du travail sur soi que l'humanité doit faire si elle veut subsister, réinitialiser un monde nouveau, où il lui faudra trouver de nouveaux repères. Elle fait prendre conscience de l'impérieuse nécessité qu'il y a à revoir notre train de vie, qui se fait aujourd'hui au détriment des générations futures. Tout est à repenser : notre manière de vivre, l'économie, l'équilibre entre les pays, l'exploitation des ressources de notre planète… Nous ne pourrons continuer à laisser des gens mourir dans les mines de métaux précieux pour que d'autres puissent se pavaner dans le luxe. Là où, aujourd'hui, ce sont 200 millions de personnes qui vivent dans un pays qui n'est pas celui où ils sont nés, ce sera six fois plus dans les quinze ans à venir. La notion de développement durable doit intégrer celles de santé et de bien-être durables pour tous. Il est capital de bien savoir vers quel type de développement nous allons et de veiller à ce qu'il n'aille pas durablement à l'encontre du vivant, de sa liberté, de sa pérennité. Rigueur et responsabilité sont des concepts incontournables, au même titre que vision et action justes. De la vigilance est requise à l'égard du progrès technologique qui s'annonce au niveau de l'information, des biotechnologies, des nanotechnologies, des neurosciences... Les grandes entreprises de demain n'existent pas encore aujourd'hui. Sachons remettre l'accent sur une industrie éthique, car l'avenir du monde lui appartient.

Oui, ce travail sur soi de l'humanité est absolument nécessaire si l'on ne veut pas que la famine continue à toucher environ un milliard de personnes, que les conditions de vie des plus démunis, et ceci quels que soient les pays, soient de plus en plus difficiles, qu'un recul notoire de l'accession à l'éducation, à la santé, au progrès, soit de plus en plus d'actualité. Les effets de cette crise jamais vécue par la planète seront très longs. Ceci dit, n'oublions jamais que seuls les hommes ont conduit à son déclenchement du fait de leurs illusions, de leur cupidité, de leur naïveté, de leur stupidité, de leur égoïsme. C'est en comprenant et en analysant son passé, en agissant ici et maintenant que l'humanité pourra éviter la remise en cause de sa pérennité, d'être prise à son propre piège. Les humains, tout comme le reste du vivant, ne doivent pas être réduits à des sujets d'expérimentation enrichissant un faible nombre ; ils sont au contraire à considérer comme une fin en soi, l'ultime motivation.

L'avenir de l'homme est lié à celui de la nature. Agresser celle-ci revient à nous faire du mal à nous-mêmes car nous ne sommes jamais que l'un de ses maillons, même si nous pouvons présenter un danger pour elle. Prenons du recul, raisonnons avec nos deux cerveaux, favorisons l'équilibre yin et yang de la nature mais aussi de notre être, trop souvent exposé au stress quotidien du système dans lequel nous vivons. Ayons le courage de nous remettre en question pour sauver les générations futures et ne pas les priver d'un possible bonheur sur Terre. Remercions les lanceurs d'alerte, pour lesquels la justice reconnaît depuis 2004[92] le droit d'informer et de dénoncer ce qui pourrait être potentiellement dangereux.

Nous avons vu dans les trois parties de ce livre que le travail sur soi est un concept à plusieurs étages – individuel, collectif, humanitaire, tous trois étant interdépendants et inter-influents. Le travail sur soi est la condition *sine qua non* pour devenir yog'entrepreneur, ou yog'entreprise. Pour cela, le minimum requis est d'avoir une vision juste en étant attentifs à nos intentions, à la portée de nos agissements vis-à-vis d'autrui, de soi-même, de son entreprise et/ou autres(s) collectivité(s) d'appartenance, en faisant en sorte de ne pas nuire mais au contraire d'apporter un bien-être durable aux autres, en ne nous laissant pas dominer par des pensées et des émotions négatives. Devenir un leader reconnu est sans nul doute un objectif à atteindre, car alors on est à même d'influer positivement sur son entourage, on prend conscience de sa responsabilité globale, du poids de ses décisions.

92. Lire *Alertes santé*, André Cicolella et Dorothée Benoît Browaeys, Fayard, 2005.

Le travail sur soi procure de la sérénité, du calme, une maîtrise de soi, y compris dans des situations de stress. Cet état d'être a des conséquences positives à l'égard de toutes les parties prenantes de l'entreprise ou autre entité humaine. C'est ainsi que, partant de l'individu pour aller vers l'humanité en général, chaque être humain, chaque groupe d'hommes et de femmes, chaque pays, le monde lui-même peuvent comprendre quel est leur écosystème, s'intéresser de la manière la plus globale qui soit à leur mission dans la société en s'appuyant sur des valeurs morales, humaines et universelles, en ayant une conduite juste. Au niveau économique, un travail d'équipe inter-entreprises, prenant aussi en compte leurs parties prenantes, doit avoir lieu, les grandes entreprises devant s'intéresser aux plus petites, comprenant leurs sous-traitants. La réussite de l'autre est la condition de sa propre réussite.

Le leader va dans une direction où les autres ne sont pas allés, il défriche. Dès lors qu'il choisit d'œuvrer de manière éthique, il fera en sorte d'apporter la meilleure qualité de produits et de services à la société. Le yog'entrepreneur est clairement un leader éthique[93] sachant conjuguer humanisme et gains financiers, stratégie et création de valeur pour l'humanité, épanouissement des individus et

93. Concept évoqué par Recherches & Évolution, l'école des leaders éthiques.

efficience des organisations. Il contribue à plus de joie, plus d'équilibre, plus de sens, plus de qualité, plus de bonheur, plus de bien-être pour son entourage. Il ressent dans son cœur ce qui est vécu au niveau planétaire. C'est un visionnaire, un pionnier, un développeur, avide de responsabilités, de logique, de cohérence, d'équilibre tant pour lui que pour les autres.

Il devient vital pour l'humanité d'aller vers une politique d'égalisation du niveau de vie, de savoir reculer et réorienter lorsque cela est nécessaire. Que chacun prenne conscience qu'il travaille pour vivre et que le but ne consiste pas à vivre pour cela. La situation mondiale actuelle nous conduit à comprendre que la cause est l'être humain, que c'est vers lui qu'il faut revenir, dans une vision d'accompagnement, de partage, de reconnaissance… Le yog'entrepreneur, la yog'entreprise ont à travailler principalement sur trois axes pour favoriser l'évolution de la société et du monde dans une optique éthique :

– le savoir-être, pour être citoyen du monde et avoir confiance en ses capacités ;

– l'écocitoyenneté, pour apporter des solutions concrètes aux enjeux planétaires, qui sont énormes ;

– la coéducation, pour un meilleur épanouissement et de bons résultats.

De par sa vision globale, le yog'entrepreneur est à même de se repositionner au niveau de son savoir-être : dans ce qu'il est, ce qu'il ressent, ce qu'il voit, ce qu'il pense... Cela couvre un espace beaucoup plus large de savoir-faire. Tout le savoir-faire est ainsi teinté de savoir-être.

Nous avons toujours le choix. Sachons donc nous donner les moyens afin que les effets soient porteurs pour la planète et qualitatifs pour l'avenir et pour les futures générations. Réorientons notre regard vers notre potentiel global (cœur, corps, raison) pour bien percevoir ce que l'on ressent au fond de soi-même. Ainsi, le yog'entrepreneur, adepte du travail sur soi, accepte le contexte et accepte de voir les opportunités. Il cherche d'abord ce qui est juste au fond de lui, dans son cœur, non dans sa tête. Il utilise son intelligence pour rendre possible ce qui paraît impossible.

Sept principes pour se sortir globalement de la situation actuelle ont été mis en exergue par Jacques Attali(94) :

– le respect de soi, qui, pour une entreprise, est l'envie de survivre en ayant des valeurs permettant d'avoir une authentique raison d'être ;
– l'intensité, qui consiste à avoir des projets à long terme pour assurer sa pérennité tout en vivant l'instant présent de manière intense ;
– l'empathie, demandant de se mettre à la place des autres, de ses clients, de ses fournisseurs, de

94. Lors d'une conférence à l'Arsenal (Metz) le 5 novembre 2009. On retrouve cela dans son livre *La Crise, et après ?*, Fayard, 2009.

ses concurrents, de ses banques, des administrations, de ses salariés..., de toutes ses parties prenantes, ceci en imaginant leurs réactions, leurs besoins ;

– la résilience, c'est-à-dire la résistance aux chocs par le biais d'une trésorerie saine et d'une bonne et régulière analyse des risques ;

– la créativité, qui consiste à profiter des menaces pour changer soi-même, les comprendre et penser en opportunité, assumer la prise de risque, être ouverts aux conseils ;

– l'ubiquité, c'est-à-dire la faculté d'être présent en plusieurs endroits à la fois, d'être prêt à tout changer ; c'est une disponibilité mentale pour être « nomade » dans ses activités ;

– la révolution, c'est-à-dire savoir se révolter si tout est inacceptable, dans le respect de ses valeurs, ceci en étant assez fort pour tout changer.

Une telle attitude est clairement en cohérence avec le yoga. C'est pourquoi relier sa philosophie au fonctionnement de l'entreprise offre une réelle réponse à la problématique que nous connaissons aujourd'hui. L'étude des Yoga-Sûtras de Patanjali permet d'ailleurs d'aller encore plus en profondeur à ce sujet.

De tradition orientale, le yoga se propage de plus en plus dans les pays occidentaux, où il est perçu comme une discipline de bien-être et de connaissance de soi. Il permet un rapprochement entre le vécu intérieur des individus et l'environnement dans lequel ils évoluent, il contribue à faire coïncider l'individuel et le collectif pour ainsi aller globalement vers un renforcement au plan humain. Il conduit naturellement vers la phase adulte, aide à la responsabilisation, à la prise en compte et à la considération de l'autre. La pratique du yoga stimule le fait d'agir ici et maintenant de manière juste, de rassembler autour d'une cause humaine et noble. C'est une réponse au mal-être que connaissent nos sociétés, un symbole d'unité, de lien, entre les individus, avec l'environnement, la planète, l'écosystème. Le yoga conduit au détachement et mène à la découverte de notre être profond, pour ainsi rapprocher au mieux notre personnalité de notre humanité primitive en développant notre propre potentiel, privilégier l'intérêt collectif plutôt qu'individuel, et enfin guider les pratiquants vers une démarche éthique. Notre société arrive à un tournant, au bout de l'illusion de la prospérité, de la richesse matérielle et financière comme valeur. Le yoga prend toute sa justification pour remettre en avant les valeurs humaines et universelles, pour voir sa richesse intérieure. En période de crise, la restitution de la connaissance donne toute son importance au yoga, dont la mission actuelle est de réensemencer l'ensemble des dispositions mentales humaines, d'activer la conscience collective, pour que le stress cesse de se transmettre par voie génétique dès lors que l'on perçoit mieux quoi faire de sa vie, quel en est le sens.

Nous vivons à une époque où l'humanité prend conscience de la complexité au sens le plus large du terme. La physique quantique et l'observation du cosmos révèlent la complexité de la matière ; la génétique, la biologie cellulaire, la paléontologie, celle du vivant ; l'anthropologie, la sociologie, l'histoire, celle des sociétés humaines ; les neurosciences, la psychologie, la psychanalyse, celle du psychisme humain ; la globalisation, les circuits financiers, les institutions internationales, celle de l'économie ; l'informatisation, les organisations en réseaux, les firmes multinationales, celles des systèmes industriels ; etc. Le yoga est un excellent moyen pour apprendre à appréhender cette complexité, à méditer sur ses différents aspects, afin de vivre, progresser, évoluer en la prenant en considération dans toutes nos actions.

Enfin, je voudrais souligner qu'un yog'entrepreneur se doit d'être attentif à son écologie intérieure, de méditer à son sujet pour d'autant mieux comprendre, assimiler, s'approprier la problématique environnementale et sociétale qui se pose à la planète. Initier une démarche d'écologie intérieure, c'est être attentif au respect de sa propre vie, se préparer à être conscient dans sa vie au quotidien, prendre de la distance avec les fantaisies et les conditionnements de son mental, s'éveiller à la réalité de la nature qui soutient notre vie, se rendre compte de la chance que l'on a de pouvoir faire bouger notre matière dans l'espace. L'écologie extérieure n'a aucun sens s'il n'y a pas d'écologie intérieure par rapport à soi-même. Cette dernière nous permet de préserver ou de retrouver des liens avec l'environnement, la nature, la vie, pour ainsi favoriser les pensées justes. Si le yog'entrepreneur sait inscrire l'altruisme au cœur de ses préoccupations, alors il fera honneur à la grande famille des êtres vivants dont il fait partie et affichera sa vision juste à cet égard. Le sauvetage de la planète passera par une économie altruiste, la conviction de faire mieux ensemble, d'aller au-delà de nos possibilités, en faisant en sorte que notre monde ne soit pas que technique. Tenons compte globalement de la scène vivante que représente notre planète, véritable miracle de l'univers. Cessons d'être une fausse note dans la symphonie universelle, de nous éloigner de la source vivante de l'intelligence manifestée dans la Nature. Le yog'entrepreneur cultive l'amour altruiste, la compassion, la sérénité, il s'adonne à un apprentissage assidu de ces notions et les intègre au fur et à mesure de sa progression dans la vie. Il est à même de développer le potentiel qui est en lui et accepte sa propre transformation ainsi que celle inhérente à son expérience du monde. Il a une manière d'être plus libre, sereine, forte, altruiste, entraîne son esprit et médite quotidiennement. Comparable à un messager, à un yogi, il est le message vivant de ce qu'il enseigne et défend. Le yog'entrepreneur a compris que la liberté n'était pas de faire tout ce qui lui passe par la tête car il serait alors l'esclave de son mental. Plus il y aura de yog'entrepreneurs et de yog'entreprises en ce monde, plus la notion de bien-être national brut prendra du sens.

Bibliographie

ADDED Edgard, DARTIGUEPEYROU Carine, RAFFARD Wildrid, SALOFF-COSTE Michel, *Le DRH du troisième millénaire*, Pearson Éducation France, 2007.

AGLIETTA Michel, *La Crise, comment en est-on arrivé là ? Comment en sortir ?*, Michalon, 2008.

ASSOCIATION POUR LA BIODIVERSITÉ CULTURELLE, *Les Créatifs culturels en France*, Éditions Yves Michel, 2007.

BEAUDOIN Jean-Pierre, *Le Dirigeant à l'épreuve de l'opinion*, Pearson Éducation France, « Village Mondial », 2008.

BELLENGER Lionel, *Comment managent les grands coachs sportifs*, ESF éditeur, 2003.

BELPOMME Dominique, *Avant qu'il ne soit trop tard*, Fayard, 2007.

BERJOT Sophie et DELELIS Gérard, *Psychologie sociale en vingt-trois fiches*, Dunod, 2005.

BOURGUINAT Henri et BRYS Éric, *L'Arrogance de la finance*, La Découverte, 2009.

CHOPRA Deepak, *Le Livre des coïncidences, vivre à l'écoute des signes que le destin nous envoie*, Dunod, 2004.

CLOT Yves, *Travail et Pouvoir d'agir*, PUF, 2008.

COLLIGNON Gérard, *Comment leur dire… La process communication*, Inter Éditions, 2005.

DAIGNE Jean-François et JOLY Xavier, *Tempêtes sur la finance*, Flammarion, 1988.

DALAÏ-LAMA et VAN DEN MUYZENBERG Laurent, *Ce que le bouddhisme peut apporter aux managers*, Vuibert, 2008.

DE BAKER Paul, *Le Management vert*, Dunod, 1992.

DE BOISREDON Marianne, *Inventer une économie yin et yang*, Presses de la Renaissance, 2006.

DE CHERISEY Laurent, *Recherche volontaire pour changer le monde*, Presse de la Renaissance, 2008.

DESMARAIS Lorraine, *Totalement humain, totalement divin*, Éditions Quebecor, 2006.

DESSERTINE Philippe, *Ceci n'est pas une crise, juste la fin d'un monde*, Éditions Anne Carrière, 2009.

DITTRICH Kathi et LEITZMANN Claus, *Ces aliments qui nous protègent. Des substances bioactives dans notre assiette*, Terre vivante, 2001.

DRACEA Andrei, *Mangez et guérissez*, Éditions EDI-Inter, 1999.

EMOTO Masaru, *L'Eau et le Devenir de la Terre*, Guy Trédaniel Éditeur, 2006.

EMOTO Masaru, *L'Eau, mémoire de nos émotions*, – Guy Trédaniel Éditeur, 2006.

GOLDSMITH Édouard, *Le Tao de l'écologie. Une vision écologique du monde*, Éditions du Rocher, 2002.

GOVERNATORI Jean-Marc, *Doubler son pouvoir d'achat, c'est possible !*, Le Courrier du livre, 2008.

GRAMME Daniel, Un programme de bon sens au service de votre santé, Drico, 1998.

HAAS Nadette et Richard, *Purifiez votre eau de table. La santé à 100 %*, Le Grand Livre du mois, 2008.

HOCHET Xavier, Transformer l'entreprise, de la décision à l'action, Odile Jacob, 2008.

HULOT Nicolas et RABHI Pierre, *Graines de possibles*, Calmann-Lévy, 2006.

HULOT Nicolas, *Pour un pacte écologique*, Calmann-Lévy, 2006.

JACQUARD Albert, *Tentatives de lucidité*, Stock, 2004.

JURGENSEN Philippe, *L'Économie verte, comment sauver notre planète*, Odile Jacob, 2009.

KLEIN Jean, *Transmettre la lumière*, Éditions du Relié, 1993.

MANDALA Patrick, *Traditions indiennes*, Dangles, 2004.

NHAT HANH Thich, *La paix en soi, la paix en marche*, Albin Michel, 2006.

OLIVAUX Yann, *La Nature de l'eau*, Marco Pietteur Éditeur, 2007.

ORSENNA Erik, *Voyage aux pays du coton, petit précis de mondialisation*, Fayard, 2006.

PACCALET Yves, *L'Humanité disparaîtra, bon débarras !*, Arthaud, 2006.

PARAMAHAMSA PRAJNANANANDA, *Le Yoga originel, chemin de vie, chemin d'éveil*, Éditions du Dauphin, 2005.

PARISOT Laurence et MEDEF, *Besoin d'air*, Seuil, 2007.

PELT Jean-Marie, *C'est vert et ça marche !*, Fayard, 2007.

PELT Jean-Marie, *La Raison du plus faible*, Fayard, 2009.

PELT Jean-Marie, *La Terre en héritage*, Fayard, 2000.

PELT Jean-Marie, *Les Langages secrets de la nature*, Fayard, 1996.

PELT Jean-Marie, *Nature et Spiritualité*, Fayard, 2008.

PERLAS Nicanor, *La Société civile, le troisième pouvoir*, Éditions Yves Michel, 2003.

PORTAL Christian, *Pour une médecine écologique*, Éditions Alphée-Jean-Paul Bertrand, 2009.

RABHI Pierre, *Conscience et Environnement*, Éditions du Relié, 2006.

RAY Paul H. et ANDERSON Sherry Ruth, *L'Émergence des créatifs culturels*, Éditions Yves Michel, 2001.

RICARD Matthieu et XUAN THUAN Trinh, *L'Infini dans la paume de la main, du big-bang à l'éveil*, Fayard, 2000.

RICARD Matthieu, *Plaidoyer pour le bonheur*, Nil Éditions, 2003.

ROJZMAN Charles, *Sortir de la violence par le conflit, une thérapie sociale pour apprendre à vivre ensemble*, La Découverte, 2008.

ROSSETTE-CAZEL Alain, *Quelle eau buvez-vous ?*, Quintessence, 2008.

SALMON Anne, *La Tentation éthique du capitalisme*, La Découverte, 2007.

SALOFF-COSTE Michel, DARTIGUEPEYROU Carine, RAFFARD Wilfrid, *Le Dirigeant du troisième millénaire*, Éditions d'Organisation, 2006.

SEIGNALET Jean, L'Alimentation ou la troisième médecine, OEIL, 2004.

SÉRALINI Gilles-Éric, *Nous pouvons nous dépolluer !*, Éditions Josette Lyon, 2009.

SERVAN-SCHREIBER David, *Anticancer, prévenir et lutter grâce à nos défenses naturelles*, Robert Laffont, 2007.

SERVAN-SCHREIBER David, *Guérir le stress, l'anxiété et la dépression sans médicaments ni psychanalyse*, Robert Laffont, 2003.

TARDAN-MASQUELIER Ysé, *L'Esprit du yoga*, Albin Michel, 2005.

Remerciements

Mes premiers remerciements iront à mon éditrice, Sophie Piermont-Lamy, reconnue dans le monde de l'édition, pour la richesse de sa contribution.

Un an et demi a été nécessaire à la rédaction de ce second livre. Ceci dit, comme pour mon premier ouvrage, il n'a été possible que grâce à toutes les personnes qui jalonnent mon chemin de vie et sèment dans mon mental. Qu'elles en soient toutes remerciées.

En particulier, je souhaite souligner l'aide et le soutien de :

– Catherine Sertelet, mon épouse,

– Jean-Marie Pelt et son collaborateur Franck Steffan,

– Laurent Bouffies et Juliette Compagnon,

– Francis Pennarun alias Swami Paramatma,

– Priscilla Purgatorio,

– Anita Beaujot,

– Désiré Ohlmann,

– Stéphane Solotareff,

– Jean-Marie Combel

pour leurs conseils et relecture.

En plus de ceux-ci, le soutien moral de ma mère, mes enfants, mes sœurs, Maurice Daubard, mes collaborateurs, mes amis de l'École de Yoga Satyananda, a beaucoup compté et m'a motivé à persévérer dans ma démarche.

À tous, je suis et resterai à jamais reconnaissant.

Achevé d'imprimer en France en juin 2010
Dépôt légal : juin 2010
N° d'impression : 151254